Das große Buch der Passionsblumen

Peter Klock

Das große Buch der Passionsblumen

Lagerstrœmia Verlag Peter Klock

Die Deutsche Bibliothek –
CIP-Einheitsaufnahme

Klock, Peter:
Das grosse Buch der Passionsblumen/ Peter
Klock. [Ill.: Thorsten A. Klock]. – Hamburg:
Lagerstroemia-Verl. Klock,
1996

ISBN 3-929248-02-6

Impressum

Klock, Peter:
Das große Buch der Passionsblumen

unter Mitarbeit von
Dr. Frauke Gaedcke
Christopher Howell
Monika L. Klock
Thorsten A. Klock
Cor Laurens
John Vanderplank

© 1996 by Lagerstrœmia Verlag
Peter Klock, Stutsmoor 42
D-22607 Hamburg

Das Werk, einschließlich aller seiner Teile, ist urheberrechtlich geschützt. Die Verwertung außerhalb der engen Grenzen des Urheberrechtsgesetzes ist – auch auszugsweise – ohne Zustimmung des Verlages unzulässig und strafbar. Das gilt ebenso für Vervielfältigung, Übersetzung, Verfilmung, Mikroverfilmung und die Verarbeitung mit und in elektronischen Systemen.

Buchidee: Monika L. Klock
Illustrationen: Thorsten A. Klock
Lektorat: Redaktionsbüro
Gisela Merz-Busch, Hamburg
Übersetzungen: Gisela Merz-Busch, Peter
Klock, Gerrit Niemann, alle Hamburg
Einbandgestaltung: Lagerstrœmia WA und
Angela Paquin, Hamburg
Druckvorbereitung: SST Satz- und Scannertechnik GmbH, Hamburg
Lithos: Helmut Gass, SST, beide Hamburg
Druck und Bindung: Westermann Druck
GmbH, Werk Zwickau
Gesamtherstellung:
Lagerstrœmia Verlag Peter Klock, Hamburg
Gedruckt in Deutschland

Foto Umschlagvorderseite: Passiflora caerulea „Constance Elliot"

Foto Umschlagrückseite: Passiflora caerulea, P. racemosa, Früchte von P. mollissima und P. cumbalensis

Seite 1: Passiflora gritensis

Seite 2: Bogota, im Hintergrund die Anden. Heimat vieler Passionsblumenarten

Seite 5: Passiflora caerulea „Constance Elliot"

Seite 11: Passiflora caerulea

Seite 12: Passiflora alata

Seite 40: Passiflora quadrangularis

Seite 44: Hybride (P. manicata x P. antioquiensis oder P. mixta)

Seite 68: Passiflora 'Amethyst'

Seite 240: Briefmarken, Motive mit Passionsblumen

Seite 271: Passiflora caponii

P. x linearosea

Vorwort

Verläßliche Informationen über die vielen Arten der Passionsblumen sind im Gegensatz zu dem zunehmenden Angebot dieser lianenartig wachsenden Pflanzen und ihrer immer größer werdenden Beliebtheit bei uns nur sehr rar. Wer spezielle Kulturhinweise oder Informationen zum Anbau dieser auch sehr wertvolles und schmackhaftes Obst liefernden Pflanzen kennenlernen möchte, ist gewöhnlich angewiesen auf Veröffentlichungen überwiegend aus dem englischen und spanischen Sprachraum. Doch für „Schulenglisch" sprechende Bevölkerungskreise ist es nicht einfach, entsprechende Texte zu lesen und den fachbezogenen Inhalt wirklich genau zu verstehen. Dasselbe gilt natürlich auch für das Spanische. Auch diesen Schwierigkeiten soll mit der Herausgabe des vorliegenden Buches Abhilfe geschaffen werden.

In einer großen Zahl von Beschreibungen werden nicht nur die im Pflanzenhandel angebotenen gängigen Arten und Hybriden vorgestellt, sondern auch die meisten der in vielen botanischen Gärten und privaten Sammlungen anzutreffenden Passionsblumen. Außerdem werden sehr seltene und in ihrer Heimat fast ausgerottete Arten beschrieben, die wegen ihrer Schönheit und ihrer ausgefallenen Blüten oder ihres ungewöhnlichen Wuchses weiterkultiviert und so vor ihrem Untergang bewahrt werden sollten.

An Hand der Textbeschreibungen, der vielen detaillierten Zeichnungen typischer Blattmerkmale, der Fotos und der im Tabellenwerk aufgeführten Daten kann der Leser sich ähnelnde Passionsblumen unterscheiden lernen und vorhandene identifizieren. Er wird auch mit den vielen Nutzungsmöglichkeiten dieser Pflanzen vertraut gemacht. Dazu gehören der Anbau obstliefernder Arten in Staaten mit tropischem und subtropischem Klima sowie die Nutzung von Teilen der Pflanze als Droge und die Kultur als Zierpflanze.

Die umfangreichen Informationen in diesem Buch wurden von anerkannten Fachautoren erstellt. John Vanderplank schrieb unter anderem über die Hybridisierung und stellt viele der Passionsblumenkreuzungen vor, Dr. Frauke Gaedcke berichtet über die Verarbeitung von *Passiflora incarnata* zu einer praktisch nebenwirkungsfreien Phytodroge, und Cor Laurens beschreibt seine neuesten Züchtungen. Christopher Howell von der „Passiflora Society International" bringt sein umfangreiches Wissen ein über neue Arten, Kulturbedingungen und Blütenbiologie und Thorsten Klock fertigte die aufschlußreichen Zeichnungen. Peter Klock stellt die vielen Passionsblumenarten vor und berichtet über die Kulturerfordernisse in unserem Klimabereich und die Vermehrungsmöglichkeiten.

Zudem mußten viele Beiträge aus dem Englischen und Spanischen ins Deutsche übertragen werden – eine nicht immer einfache Aufgabe.

Von einigen seltenen Arten stand nicht immer erstklassiges Fotomaterial zur Verfügung. Da manche dieser Passionsblumen jedoch noch niemals in diesem Rahmen der Öffentlichkeit vorgestellt wurden, wollten wir auf eine Veröffentlichung der Aufnahmen dennoch nicht verzichten.

Der Herausgeber hat sich bemüht, sämtliche Informationen zu überprüfen und mögliche Fehler auszuschließen. Doch ist die Gattung Passiflora so umfangreich und komplex, daß aus dem Leserkreis sicher manche Anmerkungen und Vorschläge hervorgehen. Wir sind allen denjenigen dankbar, die uns weitere Informationen oder Änderungsvorschläge zukommen lassen, die wir dann in eine nächste Auflage einfließen lassen können.

Peter Klock

Passionsblume

Am Geländer der Terrasse
Wächst sie mondelang heran.
Regen taucht ihr Blatt ins Nasse.
Alle schaun und denken dran.

Eines Morgens ist ihr Orden
Aufgestellt und offenbar,
Blaue Strahlen, weiße Borden,
Wo nur grün die Knospe war.

Eine Blüte sonder Regel,
Die uns ängstigt und gefällt:
Helle Hammer, dunkle Nägel
Überm Leidenskreis der Welt.

Georg von der Vring

Wissenswertes über die Gattung Passiflora

Passionsblumen mit ihrem ungewöhnlichen Wuchs und ihren einmaligen, exotisch anmutenden Blüten sind seit Hunderten von Jahren populär und sehr beliebt nicht nur in ihrer Heimat, sondern auch in Europa. Viele wachsen als Lianen im südamerikanischen Urwald.

Spanische Missionare der Neuen Welt sahen in dieser Pflanze die Passion Christi. Die drei Griffel sollen die drei Nägel der Kreuzigung darstellen, die Staubbeutel die Wunden, der langgestreckte Fruchtknoten den Kelch und der Strahlenkranz die Dornenkrone. Weitere Blütenteile wurden ebenso in diese Richtung interpretiert. So sollen die zehn Kelch- und Kronblätter die zehn bei der Kreuzigung anwesenden Apostel darstellen, Petrus und Judas fehlten; die drei Deckblätter wurden als Dreieinigkeit gedeutet.

Auf welche Passionsblumenart diese Beschreibungen letztendlich zurückgehen, konnte nicht geklärt werden. Bei Betrachtung der Illustration in Richard Folkarts 1884 erschienenem Buch „Plant Lore, Legends, and Lyrics", scheint es nicht ausgeschlossen, daß neben der Originalvorlage auch ein wenig die Phantasie mitgespielt hat.

Die Spanier betrachteten das Entdecken dieser Pflanze als Zeichen, die Indianer zum Christentum zu bekehren. Sowohl die wissenschaftliche als auch die volkstümliche Bezeichnung der Pflanzenfamilie und der Gattung haben in der Deutung der Blüte ihren Ursprung. Passiflora bedeutet „Leiden" und „Blüte".

Zeichnungen und Beschreibungen dieser „wunderbaren Blüten" und der Pflanze kamen nach Europa, und 1610 präsentierte Jacoma Bosio diese öffentlich in Rom. Seitdem stieg ihre Beliebtheit zusehends. Mittlerweile werden viele ihrer zahlreichen Arten in Gärten und Gewächshäusern kultiviert. Es gibt sicher kaum einen bekannten großen botanischen Garten, der *Passiflora* nicht bieten kann.

Passionsblumendarstellung aus „Plant Lore, Legends and Lyrics"

13

Besonders in England, aber auch in anderen Staaten Europas und Amerikas wurden zahlreiche Kreuzungen zwischen verschiedenen Arten durchgeführt. Das Ergebnis war überaus erfolgreich. Viele dieser Hybriden, die sich unter anderem auszeichnen durch besonders große und auffällig gefärbte Blüten oder durch sehr schmackhafte, saftreiche Früchte, sind noch heute im Handel. Doch auch reinweiß blühende Hybriden haben sich wegen ihrer Schönheit durchgesetzt und gehören heute zu den vielverkauften Passifloren.

Wegen der intensiven Beschäftigung mit dieser Pflanzengattung und den daraus resultierenden umfangreichen erfolgreichen Kreuzungen fällt es nicht selten schwer, Arten und Hybriden sicher zu unterscheiden sowie Hybriden bestimmten Elternpflanzen zuzuordnen. Erschwerend kommt die Vielzahl der Arten hinzu. Bei den im Handel oft unter bestimmten Artnamen angebotenen Pflanzen handelt es sich häufig um Hybriden, von denen es sich bei einem Elternteil um Passiflora caerulea handelt, der "Ur-Passionsblume", der ersten nach Europa eingeführten.

Die Klassifikation

Die Passionsblumen haben wegen ihrer sehr auffälligen und ungewöhnlichen Blüten schon in der Vergangenheit das Interesse der Menschen geweckt. Reisende und Auswanderer in die „Neue Welt" waren angetan von ihrer Schönheit und Mannigfaltigkeit. Viele Arten wurden in Kultur genommen. Es entstanden „natürliche" Kreuzungen, Hybriden, die dann ihrerseits Elternpflanzen weiterer Generationen wurden. Ihre oft recht einfache Kreuzbarkeit ließ viele unterschiedliche Formen entstehen, die zuweilen nur noch schwer zu unterscheiden waren und sind.

Viele Botaniker, Pflanzenforscher und Taxonomen haben es sich zur Aufgabe gemacht, wild wachsende Passionsblumen genauestens zu beschreiben und sie anhand ganz bestimmter Merkmale zu unterscheiden. So wurden mittlerweile über 500 Arten der Gattung *Passiflora* beschrieben, und es kommen immer wieder weitere neu entdeckte Arten hinzu. Aus der Vielzahl der Synonyme, also der unterschiedlichen Bezeichnungen für dieselbe Art, ist schon zu erkennen, wie schwierig es ist, eine Art wirklich eindeutig zu beschreiben. Auch wird daran deutlich, wie viele Botaniker sich mit dieser Gattung beschäftigen.

Es ist üblich, daß der Erstbeschreiber einer Art diese auch benennen darf. Daran halten sich die Wissenschaftler. Wenn dennoch für eine Art viele unterschiedliche Namen (Synonyme) existieren wie zum Beispiel für *Passiflora edulis*, so kann daraus geschlossen werden, daß die überwiegende Zahl der Beschreiber „ihre" Art für bisher noch nicht beschrieben hielten. Oft sind es nur kleine Unterschiede, die eine Art von der anderen abgrenzen. Häufig sind es allerdings auch nur zufällige Erscheinungen an der Pflanze, die wegen der geringen Anzahl der zur Verfügung stehenden und untersuchten Exemplare nicht repräsentativ sein können. Das gilt insbesondere dann, wenn zur Untersuchung – wie in der Vergangenheit nicht selten – nur Herbarexemplare zur Verfügung stehen. Auf diese Weise sind unterschiedliche Bezeichnungen von verschiedenen Autoren für gleiche Arten entstanden.

Verwirrung in der Nomenklatur dieser Pflanzengattung wird gelegentlich auch deshalb hervorgerufen, weil geläufige Namen für bestimmte Arten nicht diejenigen sind, unter denen sie erstmals beschrieben wurden. Wird das erkannt, erfolgt eine Umbenennung. Auch neuere Forschungsergebnisse lassen Namensänderungen notwendig werden. Das kann zum Beispiel dann der Fall sein, wenn festgestellt wird, daß dieselbe Art unter verschiedenen Namen aufgeführt wird (siehe in den Pflanzenbeschreibungen *P. morifolia* und *P. warmingii*). Ebenso sind neuere Züchtungen gelegentlich unter falschem Namen im Handel anzutreffen. Werden diese Pflanzen von Sammlern erstanden, vermehrt und weitergegeben, ist das Durcheinander groß. Und schließlich trägt es zur besseren Überschaubarkeit der Gattung nicht bei, wenn interessierte Laien und Wissenschaftler nach eigenen Ermittlungen eine offensichtlich falsche Benennung kurzerhand umändern. Selbst wenn eine unkorrekte Namensgebung oder Autorennennung vorgelegen hat, sollte eine Umbenennung nur in Absprache und dann global erfolgen.

Die im vorliegenden Buch genannten Bezeichnungen lehnen sich in erster Linie an diejenigen an, die im derzeit wohl wichtigsten Werk über die Gattung *Passiflora*, „The American Species Of Passifloraceae" von Ellsworth Paine Killip, verwandt wurden.

Passionsblumen gehören zur Familie der Passionsblumengewächse, Passifloraceae. Hier wiederum bilden sie die Gattung *Passiflora* mit ihren Arten, die ihrerseits in 23 Untergattungen, den Subgenera, gegliedert werden. Einige von diesen sind wiederum unterteilt in Sektionen, und schließlich sind einige Sektionen unterteilt in Serien. Das mag zuerst etwas verwirrend erscheinen und

Curubaplantage in Kolumbien

dem „Neueinsteiger" vielleicht sogar einen Teil seines Mutes nehmen, ist aber wohldurchdacht und nicht nur für den Taxonomen von großem Wert. Jedermann, der sich etwas eingehender mit dieser Pflanzengattung beschäftigt oder beschäftigen möchte, erhält alleine durch den Hinweis auf die Zugehörigkeit zur entsprechenden Untergattung bzw. auf die Sektion wichtige Hinweise auf die

15

Pflanze und kann sie so bereits gegenüber anderen Arten derselben Gattung eingrenzen.

Oft sind die Kulturerfordernisse der zu einer bestimmten Untergattung zählenden Pflanzen ähnlich, was für den Kultivateur und Pflanzensammler sehr hilfreich sein kann. Besonders dann, wenn es sich um eine noch recht unbekannte oder seltene Art handelt, deren Kulturansprüche noch nicht beschrieben wurden.

Folgend sind die 23 Untergattungen aufgeführt und kurze Hinweise auf jeweils typische Merkmale gegeben. Nur die wichtigsten und größten Untergattungen Plectostemma, Tacsonia, Passiflora, Dysosmia und Astrophea wurden im Rahmen dieses Buches eingehender beschrieben. Zu den Beschreibungen wird jeweils eine Vertreterin der entsprechenden Untergattung genannt, gelegentlich auch mehrere.

1. **Subgenus Apodogyne**
   Krautartig wachsende Kletterpflanze mit zwei winzigen Blattstieldrüsen: *P. multiflora*, eine Art.

2. **Subgenus Astephia**
   Krautartig wachsende Kletterpflanze

ohne Nektardrüsen am Blattstiel: *P. penduliflora*, eine Art.

3. **Subgenus Tryphostemmatoides**
   Schlanke, krautartig wachsende Kletterpflanze mit drüsenlosen Blattstielen und sechseckigen Früchten: *P. gracillima*, zwei Arten.

4. **Subgenus Deidamioides**
   Krautartig wachsende Kletterpflanze, Blattstiel mit zwei bis vier Nektardrüsen: *P. deidamioides*, eine Art.

5. **Subgenus Plectostemma**
   Krautartig wachsende Kletterpflanzen, Blätter meist kräftig gefärbt, der Blütenstiel trägt gewöhnlich eine verhältnismäßig kleine Blüte, Koronafilamente fadenförmig, Früchte meist nicht signifikant, über 140 Arten. Derzeit sind führende Botaniker der Ansicht, es sei zutreffender, das Subgenus Plectostemma in Decaloba (DC) Rehb. – jetzt Sektion Decaloba DC dieser Untergattung – umzubenennen. Siehe hierzu auch Kapitel „Neue Arten".

Sektion Cieca:
Blattstiele mit gewöhnlich zwei kugelförmigen, aufsitzenden oder gestielten Drüsen: P. gracilis.

Sektion Mayapathanthus:
Blattstiele mit zwei narbenartigen Drüsen, winzige Deckblätter: *P. obovata*.

Sektion Decaloba:
Blattstiele drüsenlos, Deckblätter sehr schlank oder borstig: *P. lutea*. Unterteilt in weitere acht Serien.

Sektion Xerogona:
keine Deckblätter vorhanden: *P. capsularis*.

Sektion Pseudodysosmia:
Blattstieldrüsen langgestielt, drei Deckblätter: *P. adenopoda*.

Sektion Pseudogranadilla:

Neuentdeckte Plectostemmaart aus West-Venezuela

keine Blattstieldrüsen, drei blattarti-
ge Deckblätter: *P. menispermacea*.
Sektion Hahniopathanthus:
keine Blattstieldrüsen, zwei oder drei
sehr große Deckblätter: *P. hahnii*.

6. **Subgenus Chloropathanthus**
Krautartig wachsende Kletterpflanze
mit zweidrüsigen Blattstielen: *P. viridiflora*, zwei Arten.

7. **Subgenus Murucuja**
Krautartig wachsende Pflanze mit
drüsenlosen Blattstielen, Nebenblätter linear oder borstenförmig: *P. or-
biculata*, vier Arten.

8. **Subgenus Pseudomurucuja**
Krautartig wachsende Kletterpflanze, Blattstiele drüsenlos, Nebenblätter borstig, Blütenkelch kegelförmig:
P. cuprea, fünf Arten.

9. **Subgenus Psilanthus**
Krautartig wachsende Kletterpflanze, Blattstiele drüsenlos, Blütenkelch
zylindrisch, länger als die Kelchblätter: *P. hyacinthiflora*, vier Arten.

10. **Subgenus Adenosepala**
Holzige Kletterpflanze mit 2 Blattstieldrüsen nahe der Basis: *P. ernesti*,
eine Art.

11. **Subgenus Tacsoniopsis**
Krautartig wachsende Kletterpflanze
mit blattartigen Deckblättern und
winziger Korona: *P. bracteosa*, eine
Art.

12. **Subgenus Rathea**
Krautartige Kletterpflanze mit sehr
kleinen Blattstieldrüsen. Blütenkelch zylindrisch: *P. andina*, eine Art.

13. **Subgenus Tacsonia**
Die Passionsblume der Anden.
Krautartige oder leicht holzige Kletterpflanzen, die Blattstiele tragen oft
Drüsen, diese sind sehr klein. Die
großen Deckblätter sind freistehend
oder teilweise verwachsen. Die ge-

P. mixta

wöhnlich purpurnen oder roten Blü-
ten sind sehr ansehnlich. Die Kelch-
röhre ist zylindrisch und mit einer
Ausnahme (*P. insignis*) länger als die
Kelchblätter. Der Strahlenkranz be-
steht aus einer bis zwei Reihen, er ist
oft zu Knötchen zurückgebildet. Die
Arten dieser Untergattung sind eine
Hauptnektarquelle für Kolibris:
*P. lanata, P. eriocaula, P. trianae,
P. pinnatistipula, P. cumbalensis,
P. macrochlamys, P. mollissima,*

17

Blüte einer neuentdeckten Tacsoniaart (Venezuela) (oben)

Neuentdeckte Tacsoniaart (Merida, Venezuela) (rechts)

P. mesadenia, P. mixta, über 35 Arten.

14. Subgenus Granadillastrum (Manicata)

Krautartige Kletterpflanzen mit großen Deckblättern. Glockiger Kelch urnenförmig bis kurz-zylin

drisch, kürzer als die Kelchblätter: *P. semiciliosa, P. manicata,* fünf Arten.

15. Subgenus Distephana

Gewöhnlich holzige oder krautartige Kletterpflanzen mit quirlig wachsenden, am Rande drüsigen Deckblättern, sehr variabel in Größe und Form. Viele Arten haben sehr auffällige, brillantrote Blüten: *P. glandulosa, P. callimorpha, P. vitifolia,* sieben Arten.

16. Subgenus Calopathanthus

Krautartig wachsende Kletterpflanze, Deckblätter borstig, Blütenstand traubenartig: *P. racemosa,* eine Art.

17. Subgenus Tacsonioides

Krautartig wachsende Kletterpflanzen, freistehende Deckblätter, Korona zwei- bis fünfreihig: *P. luetzelburgii, P. tarapotina, P. umbilicata,* vier Arten.

18. Subgenus Passiflora (Granadilla)

Unterteilt in weitere 15 Serien. Krautartig, selten holzige Kletterpflanzen, Blattstiel mit unterschiedlich vielen Drüsen. Blätter ungelappt bis siebenfach gelappt, gewöhnlich jedoch drei- bis fünffach gelappt. Deckblätter ganzrandig oder gezackt, oft groß, freistehend oder verwachsen. Die Blüten sind gewöhnlich groß und besonders ansehnlich gefärbt, oft duftend. Kelch kürzer als die Kelchblätter, glockenförmig, der Strahlenkranz besteht aus unterschiedlich vielen Reihen, die Koronafilamente sind unterschiedlich gefärbt. Die Früchte sind oft sehr groß: *P. bahiensis, P. caerulea, P. capparadifolia, P. dasyadenia, P. edulis, P. incarnata, P. marginata, P. nigradenia, P. pedata, P. quadrangularis,* 120 Arten.

P. caerulea
'Constance Elliott'

19. Subgenus Dysosmia

Krautartig wachsende Kletterpflanzen, gelegentlich auch kleine Büsche; Nebenblätter tief fädig gespalten. Die Blattstiele besitzen keine wirklichen Nektardrüsen, doch oft sitzen an den Spitzen der Haare kleine Drüsen. Daher haben viele Arten einen strengen Geruch. Die Deckblätter sind zwei- bis dreifach gefiedert, an ihren Spitzen drüsig. Der Strahlenkranz besteht aus vier bis fünf Reihen: *P. arida, P. clathrata, P. foetida, P. lepidota, P. palmeri, P. vestita*, zehn Arten.

20. Subgenus Dysosmioides

Krautartig wachsende Kletterpflanze, Blattstiele ohne wirkliche Drüsen, doch oft tragen die Haarspitzen Drüsen: *P. campanulata, P. vilosa*, vier Arten.

21. Subgenus Polyanthea

Holzige Kletterpflanze, aus fünf bis neun Einzelblättern zusammengesetzte Blätter, zwei Blüten an den Blütenstielen, die in einer Ranke enden: *P. cirrhifolia*, eine Art.

22. Subgenus Astrophea

Bäume, Büsche oder holzige Kletterpflanzen, bei denen die Ranken oft zu Dornen reduziert sind oder ganz fehlen. Wenn Blattstieldrüsen vorhanden, sind diese narbenartig, die Blätter sind einfach. Blüten einzeln oder paarig, gelegentlich auch mehrblütig, zumeist weiße Kelch- und Blütenblätter mit gelblicher Korona. *P. spinosa* und *P. pyrrantha* sind die einzigen wirklich orangefarbenen Passionsblumen. Kurze Koronafilamente, dreieckiger Fruchtknoten, über 50 Arten.

Sektion Dolichostemma:

Pflanzen kletternd oder baumartig, Blütenkelch glockenförmig, Korona fünfreihig: *P. haughtii*.

Sektion Cirrhipes:

holzige Kletterpflanze, die Blütenstiele enden in einer Ranke, Korona dreireihig: *P. cirrhipes*.

Sektion Euastrophea:
Baum oder Busch, gewöhnlich ohne Ranken, Blütenstiele stehen einzeln oder paarig, Korona zwei- bis dreireihig: *P. arborea*, *P. emarginata*, *P. engleriana*, *P. ocanensis*, *P. ovata*.
Sektion Leptopoda: kletternder Busch, offensichtlich ohne Ranken, traubiger Blütenstand: *P. leptopoda*.
Sektion Pseudoastrophea:
kletternder Strauch oder holzige Kletterpflanze, Blütenstiele kurz, einzeln oder in Paaren: *P. candida*, *P. citrifolia*, *P. elliptica*, *P. hexagonocarpa*, *P. pentagona*.
Sektion Botryastrophea:
kletternder Strauch oder holzige Kletterpflanze, eine Art Strauch oder kleiner Baum.

Dilkea parviflora

Blüten traubenartig oder traubenähnlich. Blütenkelch länger als die Kelchblätter: *P. cauliflora*, *P. quelchii*, *P. skiantha*, *P. spictata*, *P. spinosa*.

23. Subgenus Tetrapathaea
Eine Art aus Neuseeland.
Die Zuordnung bestimmter Arten zur Gattung *Passiflora* und wiederum deren Zuordnung in die oben genannten Untergattungen ist dem zeitlichen Zuwachs an Erkenntnissen unterworfen. So ist in den letzten Jahrzehnten manche selbständige Gattung in die Gattung *Passiflora* übergegangen, weil deren typische

Merkmale eine eigene Gattung nicht mehr rechtfertigten. Hierzu zählen zum Beispiel die jetzigen Untergattungen Tacsonia, Cieca, Deidamioides, Astrophea und Tetrapathaea. Andere mit *Passiflora* verwandte Gattungen konnten hingegen ihre Selbständigkeit wegen der größeren Unterschiede der Arten beibehalten. Genannt seien hier *Adenia* und *Dilkea*.

Verwandte Gattungen

Die Gattung *Passiflora* ist eine derjenigen, die zur Familie der Passifloraceae zählen. Verschiedene Gattungen dieser Familie sind recht nahe verwandt mit *Passiflora*, manche von ihnen wurden in der Vergangenheit nach umfangreichen Untersuchungen und Forschungen *Passiflora* zugeschlagen.

Die ehemalige Gattung *Tetrapathaea* umfaßte lediglich eine Art aus Neuseeland. Sie wird inzwischen zur Gattung *Passiflora* gezählt. Nach Rangrückstufung ist Tetrapathaea nunmehr 23. Untergattung (Subgenus) der Gattung *Passiflora*.

Der deutsche Botaniker und Gartendirektor Friedrich K. Medikus begründete 1787 die Gattung *Cieca*, in die er alle Passionsblumen ohne Blütenblätter (Kronblätter) aufnahm. Hierzu zählten *P. suberosa* (*Cieca suberosa*) und *P. holosericea*. Auch wiederbelebte er die beiden von Tourneforte begründeten Gattungen *Murucuja* und *Granadilla*. Hermann August Theodor Harms, deutscher Botaniker am Botanischen Museum Berlin, zählte in der ersten Auflage von „Die natürlichen Pflanzenfamilien" die vier „Neue Welt" Gattungen *Dilkea*, *Mitostemma*, *Tetrastylis* und *Passiflora* zur Familie der Passifloraceae. In der zweiten

Auflage analysierte Harms diese Familie sehr sorgsam und teilte die Gattung *Passiflora* nunmehr in 21 Sektionen und unterschied Subsektionen und Serien. Ellsworth P. Killip überarbeitete diese Einteilung, die er in weiten Teilen prinzipiell beibehielt. Die Sektionen erhob er in den Rang von Untergattungen. Die einstige Gattung *Cieca* ist jetzt eine der Sektionen der Untergattung Plectostemma. *Murucuja* und *Granadilla* wurden zu Untergattungen. Letztere mit dem jetzt üblichen Namen Passiflora. Diese Einteilung ist die heute anerkannte.

Frühere Autoren betrachteten auch die Familie Caricaceae zur Familie Passifloraceae gehörig, doch diese Ansicht konnte den Erkenntnissen weiterer Forschungen nicht standhalten.

Aus dem tropischen Afrika stammt die Gattung *Adenia* aus der Familie der Passifloraceae. *A. venenata* wird in Nigeria für medizinische Zwecke kultiviert. Auch sollen Teile der Pflanze zu rituellen Stammesbräuchen verwandt werden. *A. lobata* wird in Sierra Leone örtlich kultiviert. Die Stengel und Blätter werden getrocknet und als Arzneimittel verwendet. Auch ein Fischgift wird daraus zubereitet. Die Früchte der *Adenia*-Arten sollen giftig sein.

Die Gattung *Dilkea* ist heimisch im Amazonasbecken. Ihre Arten sind gewöhnlich holzige Lianen. Sie stammen aus dem Unterholz des tropischen Regenwaldes und sind sehr selten. Auch in Herbarien sind sie nur vereinzelt anzutreffen. Ihre Blüten haben eine zweireihige Korona.

Dilkea parviflora ist eine holzige Kletterpflanze mit vier bis sechs Zentimeter großen weißen Blüten. Die bis 45 cm langen, eiförmigen und spitz zulaufenden Blätter stehen am Triebende in Büscheln.

Die eiähnlichen, nahezu aufsitzenden Früchte haben eine Größe von zwei bis drei Zentimetern und sind umgeben von einer ledrigen gelben Schale.

D. retusa wächst buschiger, ihre Blüten sind weiß bis sehr leicht rötlich; die Blätter erreichen eine Länge um 25 cm.

D. johannesii ist ein kleiner Busch mit kletternden Zweigen, gewöhnlich ohne Ranken. Die weißen Blüten erreichen einen Durchmesser um fünf Zentimeter. Die eiähnlichen, spitz zulaufenden Früchte werden bis neun Zentimeter lang.

D. acuminata wächst als Kletterstrauch mit weißen Blüten und bis zu 35 cm langen lanzettlichen, abrupt spitz zulaufenden Blättern.

D. wallisii ist eine sehr hoch kletternde holzige Pflanze mit weißen Blüten. Die fast lanzettlichen Blätter werden bis 15 cm lang.

Die Arten der ebenfalls zur Familie Passifloraceae zählenden Gattung *Ancistrothyrsus* sind nur wenig bekannt. Es handelt sich bei ihnen um kletternde Sträucher oder holzige Lianen. Ihre wenigen weißen Blüten erscheinen am Stamm. Die vier Kelch- und vier Blütenblätter sind spitz zulaufend. Die Korona ist einreihig, die Früchte sind fein behaart.

Ancistrothyrsus tessmannii wurde beschrieben anhand wild wachsender Pflanzen aus dem Norden Perus, nahe der Grenze zu Ekuador. Vor kurzem wurden von der Wissenschaftlerin Linda Escobar Exemplare der Art auch im Amazonasgebiet Kolumbiens entdeckt. *Ancistrothyrsus* ähnelt *Dilkea* in vielerlei Hinsicht. Doch unterscheiden sich die Arten der Gattung in ihren schuppenartigen Drüsen auf den Blättern und ihrer einreihigen Korona.

21

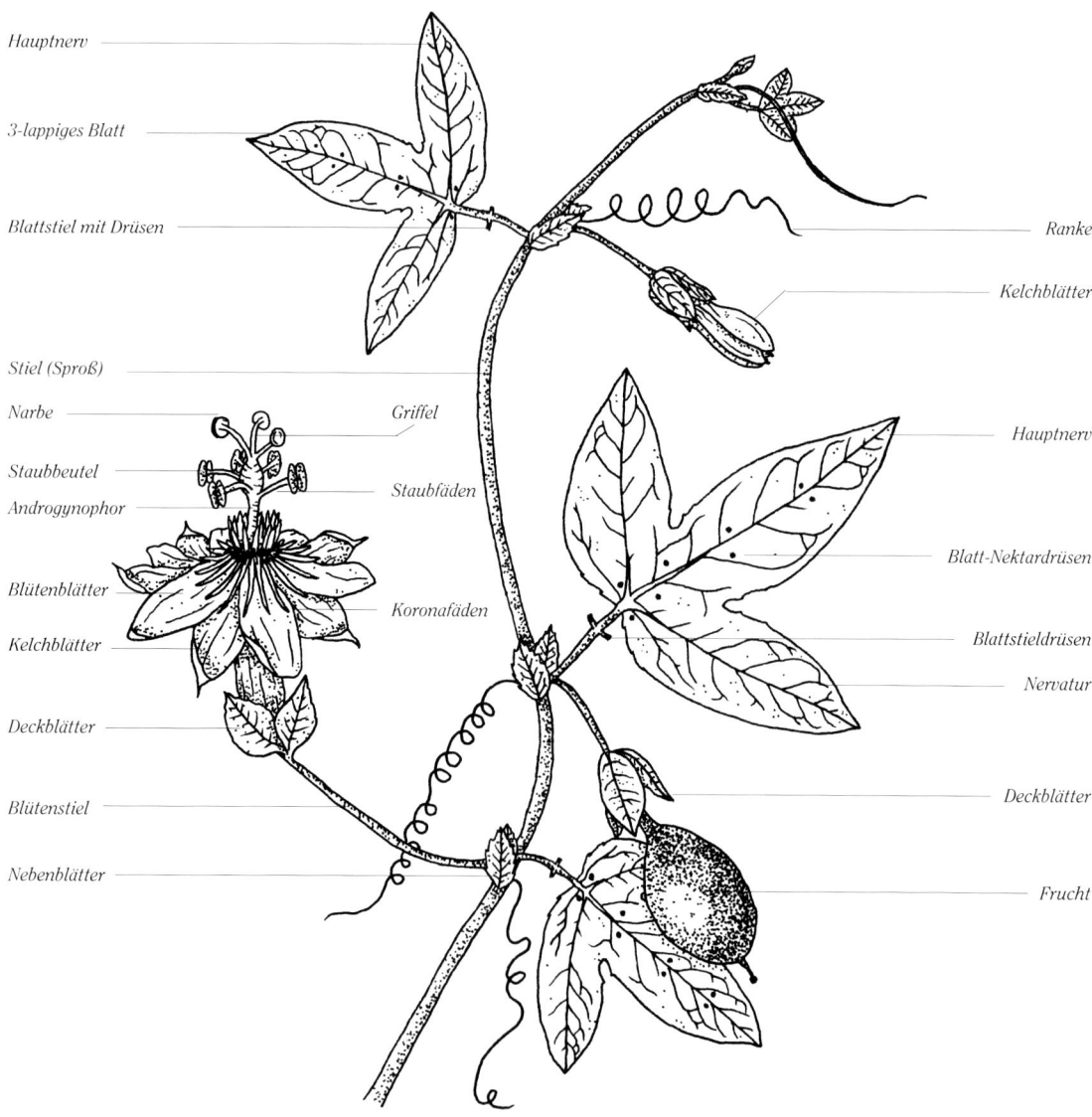

Hauptnerv

3-lappiges Blatt

Blattstiel mit Drüsen

Ranke

Kelchblätter

Stiel (Sproß)

Narbe

Griffel

Staubbeutel

Androgynophor

Staubfäden

Hauptnerv

Blatt-Nektardrüsen

Blütenblätter

Kelchblätter

Koronafäden

Blattstieldrüsen

Nervatur

Deckblätter

Blütenstiel

Deckblätter

Nebenblätter

Frucht

Aufbau der Pflanze

Das prinzipielle Verständnis in den Aufbau der Pflanze erleichtert es, die gewünschten Informationen aus den Artenbeschreibungen zu entnehmen. Insbesondere ist es wichtig, die Geschlechtsorgane der Pflanze zu kennen, wenn daran gedacht wird, selbst einmal verschiedene Arten zu kreuzen. Die einzelnen Teile und Organe der Passionsblumen werden in der Literatur zum Teil unterschiedlich benannt. Die Zeichnungen sollen deutlich machen, um welche Pflanzenteile es sich jeweils handelt.

Der Habitus: Bei den Passionsblumen handelt es sich überwiegend um krautige oder verholzende Kletterpflanzen mit Ranken oder ähnliche Sträucher. Einige Arten der Untergattung Astrophea wachsen auch zu kleineren Bäumen heran.

Der Sproß oder Stiel: Er ist gewöhnlich rund oder drei- bis fünfeckig. Bei vielen Arten der Untergattung Plectostemma ist der Stiel gestreift oder entsprechend eingekerbt.

Die Ranken: Sie sind gewöhnlich achselständig und stehen einzeln, gelegentlich entstehen sie auch aus der Verlängerung der Blütenstiele.

Die Nebenblätter: Sie sind unterschiedlich, von borstenartig bis breit eiförmig. Sie sind oft maßgeblich bei der Einteilung von Arten in die Untergattungen. So sind die Ränder der Nebenblätter in den Untergattungen Plectostemma und Murucuja gewöhnlich ganzrandig, während sie bei Passiflora und Tacsonia auch gezähnt sein können oder tief eingeschnitten bei Dysosmia. Bei Astrophea sind sie borstenförmig und fallen schon bald ab.

Die Blätter: Sie variieren stark in ihrer Form, insbesondere in den Untergattungen Passiflora und Plectostemma. Sie können ungelappt, aber auch zwei- bis siebenfach gelappt sein. Zuweilen sind sie sehr dünn, oft auch ledrig derb, behaart oder unbehaart, drüsig oder frei von Drüsen. Auch die Blattgröße schwankt zwischen den Arten von wenigen Zentimetern bis zu über einem Meter.

Die Nektardrüsen: An fast allen *Passiflora*arten sind in irgendeiner Form Nektarien vorhanden. Häufig befinden sie sich auf den Blattstielen aufsitzend oder an kleinen Stielchen, an den Rändern oder den haarigen Spitzen der Deckblätter (Brakteen) oder unter, manchmal auch auf den Blättern. Die An- oder Abwesenheit dieser Drüsen an bestimmten Pflanzenteilen ist ein Kriterium zur Zuordnung in die entsprechende Untergattung. In der Untergattung Plectostemma wiederum besteht eine enge Wechselbeziehung zwischen der An- oder Abwesenheit von Blattstieldrüsen und der Form der Samen. Wegen dieser Merkmale – weniger hinsichtlich vorhandener oder nicht vorhandener Blütenblätter und des Aufbaus der Blüte – erfolgt die Einteilung der Untergattung Plectostemma in Sektionen.

Die Blütenstiele: Bei den meisten Arten stehen die Blütenstiele einzeln oder in Paaren in den Blattachseln und tragen eine Blüte. Bei wenigen Arten stehen sie auch büschelig, Beispiel *P. multiflora*. Traubenartig oder -ähnlich sind sie bei *P. racemosa* und einigen Arten der Untergattung Astrophea angeordnet. Bei den Untergattungen Trychostemmatoides, Deidamioides und Polyanthea sowie einer Sektion von Astrophea enden die Blütenstiele in einer Ranke und tragen zwei Blüten.

Die Deckblätter: Die Deckblätter oder Brakteen umschließen mehr oder weni-

23

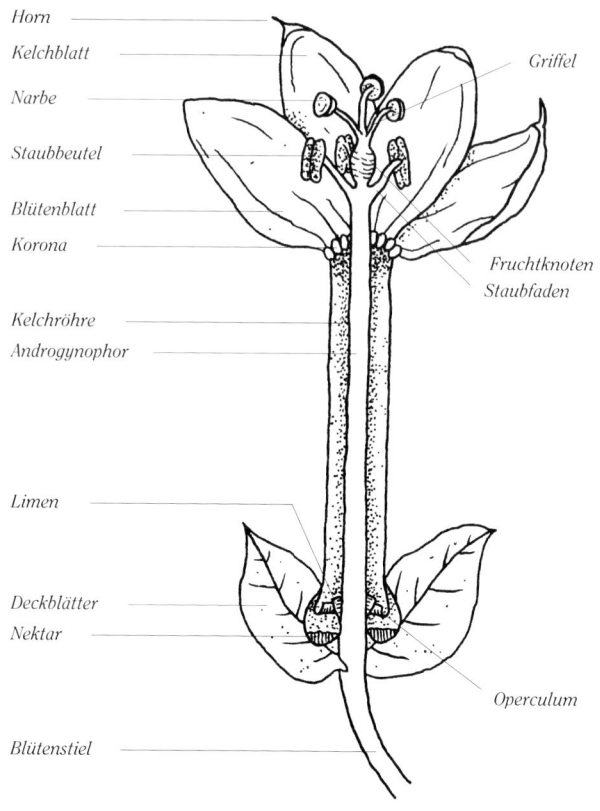

Horn

Kelchblatt

Narbe

Staubbeutel

Blütenblatt

Korona

Kelchröhre

Androgynophor

Limen

Deckblätter

Nektar

Blütenstiel

Griffel

Fruchtknoten
Staubfaden

Operculum

**Blütenaufbau
Beispiel
Tacsonia**

Deckblätter gewöhnlich unübersehbar blattartig, manchmal auffällig gefärbt.

Die Kelchröhre: Gelegentlich auch Blütenröhre (flower tube) oder nur Kelch genannt. Sie ist kegel- oder topfförmig bei den Untergattungen Plectostemma, Tryphostemmatoides, Passiflora, Dysosmia und Adenosepala; mehr oder weniger glockenförmig bei Murucuja und Pseudomurucuja sowie kurzröhrig bei dem größeren Teil von Chloropathanthus und Distephana sowie teilweise bei Granadillastrum, Calopathanthus und Astrophea. Lang-zylindrisch ist sie bei Psilanthus und Tacsonia sowie bei Teilen von Astrophea.

Bei Arten mit kurzer Kelchröhre ist sie gewöhnlich grün oder grünlich. Ist sie besonders groß, weist sie eine auffällige Farbigkeit auf. Meist ist sie rot, rosa, purpurn, lila oder orange, selten reinweiß.

Die Kelchblätter: *Passiflora*arten haben immer fünf Kelchblätter beziehungsweise Sepalen. *Dilkea* kann auch vier haben. Ihre Form schwankt von sehr schmal bis eiförmig, und sie weisen gewöhnlich die gleiche Färbung auf wie die Kelchröhre. Bei vielen Arten sind die Sepalen rückseitig gekielt und besitzen nahe der Spitze eine grannenartige Ausstülpung, das Horn.

Die Blütenblätter: Sie werden auch Kronblätter oder Petalen genannt. In der Untergattung Chloropathanthus und bei einigen Arten der Untergattung Plectostemma sind Blütenblätter nicht vorhanden. Bei Rathea entstehen sie unterhalb der Kelchröhrenöffnung, meistens jedoch an ihrem Rand. Sie sind weiß, grünlich oder gelblich gefärbt bei den meisten Plectostemmaarten und bei Murucuja, Pseudomurucuja, Passiflora und Tacsonia besonders intensivfarbig. Die Blüten-

ger zumeist den unteren Teil der Blüte, manchmal fallen sie schon frühzeitig ab. Wenige Arten der Untergattung Plectostemma haben keine Deckblätter. Ihre Form und Größe sowie ihre Lage am Blütenstiel sind wichtige Merkmale zur Einteilung einer Art in die korrekte Untergattung bzw. Sektion. In der Untergattung Plectostemma – ausgenommen die Vertreter der Sektionen Pseudogranadilla und Hahniopathanthus – sind die Deckblätter nahezu strichförmig linear oder borstenförmig und sind verstreut um den Blütenstiel. In den Untergattungen Passiflora und Tacsonia sowie in zwei Sektionen von Plectostemma sind die

blätter sind oft kleiner und dünner als die Kelchblätter.

Die Korona: Sie wird auch Strahlenkranz oder Nebenkrone genannt und besteht aus einer Anzahl fädiger Reihen, die am inneren Rande des Kelchs bis zur Basis des Androgynophors entstehen. Sie sind ringförmig angeordnet. Die Fäden werden Koronafilamente genannt, alle zusammen sind die Korona. Die Koronafilamente sind oft besonders gefärbt und in zwei oder drei Farben gebändert. Es handelt sich jedoch nicht immer um fadenartige Reihen. Die einzelnen Koronaelemente können auch zungen- spateloder sichelförmig geformt sein, rund oder eckig. Bei den meisten Tacsoniaarten sind die Koronafilamente zu kleinen, knöllchenförmigen Gebilden reduziert, bei *P. laurifolia* überragen sie die Kelch- und Blütenblätter, bei der neuentdeckten Art *P. fieldii* stehen sie aufrecht auf dem Kelchrand und weisen einen auffällig großen Durchmesser auf.

In der Taxonomie ist die Art und Ausbildung des Strahlenkranzes von großer Bedeutung.

Das Operculum: Es ist in unterschiedlicher Form oder gar nicht (*Astephia*, *Dilkea*) vorhanden. Bei Tryphostemmatoides ist es eine dünne, ungefächerte Membran. Auch bei Dysosmiaarten ist es nicht fächerartig und am Rande gezähnt, bei Pseudomurucuja entsteht es an der Spitze der Röhre. Bei Calopathanthus, Chloropathanthus, Psilanthus, Tacsonioides und Astrophea steht es aufrecht und ist gewöhnlich gefranst oder zum Teil gespalten. Das Operculum ist in seiner Erscheinung maßgeblich bei der Unterscheidung der Untergattungen.

Der Nektarring: Das ist ein flacher Ring am Boden des Kelches innerhalb des Operculums. Er ist so benannt, weil

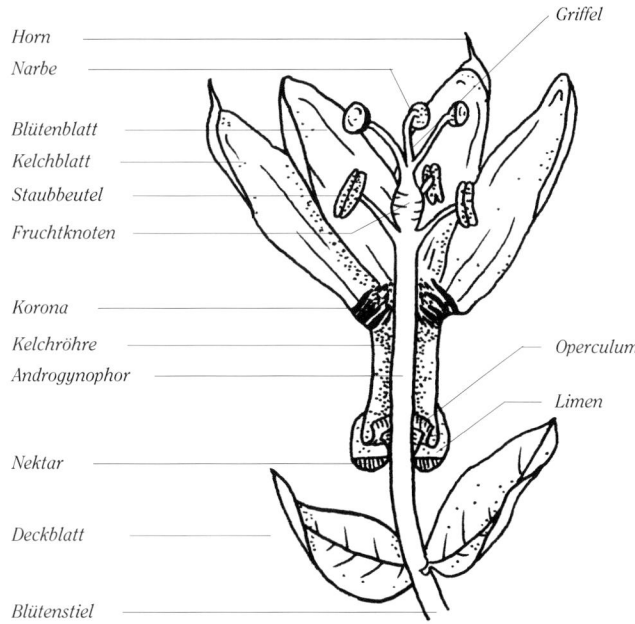

sich dort der Nektar in der Blüte befindet. Bei einigen Arten fehlt der Nektarring.

Das Limen: Es ist dem Nektarring ähnlich. Bei Dysosmia und in vielen Arten der Untergattung Passiflora ist es eine tassenförmige Membran mit einem breiteren Rand, nahe der Basis des Androgynophors. Bei vielen Arten ist das Limen nicht vorhanden.

Das Androgynophor: Das ist ein aufrecht stehendes, zumeist weißes, gelbliches oder grünes, seltener rosafarbenes stengelartiges Gebilde innerhalb der Blüte. Es trägt Sexualorgane der Pflanze. An ihrer Spitze, unterhalb des Fruchtknotens, sitzen an den einzeln stehenden fünf Staubfäden fünf Staubbeutel.

Die Staubfäden und Staubbeutel: An den fünf grün, gelblich oder rosa gefärbten Staubfäden (Filamente) sitzen die fünf Staubbeutel (Antheren), die männlichen Sexualorgane der Blüte.

Blütenaufbau
Beispiel
Granadillastrum

Horn
Narbe
Blütenblatt
Kelchblatt
Staubbeutel
Fruchtknoten
Korona
Kelchröhre
Androgynophor
Nektar
Deckblatt
Blütenstiel
Griffel
Operculum
Limen

25

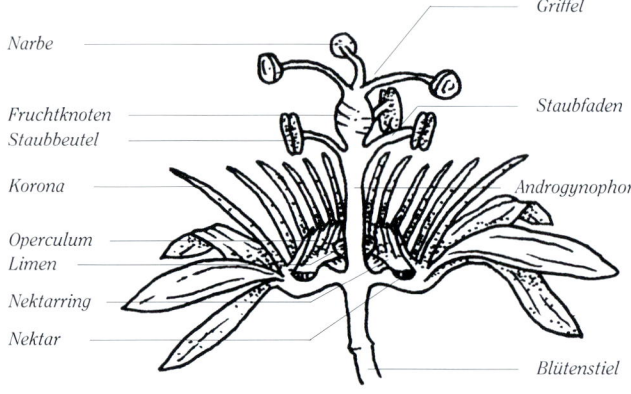

Griffel

Narbe

Fruchtknoten
Staubbeutel

Korona

Operculum
Limen

Nektarring

Nektar

Staubfaden

Androgynophor

Blütenstiel

**Blütenaufbau
Beispiel
Plectostemma**

Die Griffel und Narben: An den Griffeln sitzen die Narben. Sie tragen den hellbraun- bis orangefarbenen Pollen, bei Plectostemma und den meisten Arten von *Passiflora* sind die Griffel häufig im unteren Bereich zusammengewachsen.

Der Fruchtknoten: Auch Ovarium genannt. Er sitzt am oberen Ende des Androgynophors, oberhalb der Filamente

und ist rund, eiförmig oder elliptisch, drei- oder sechseckig, behaart oder kahl. Bei Arten der Untergattung Astrophea ist der Fruchtknoten am oberen Ende breit und gestutzt. Nach erfolgter Befruchtung entwickelt sich hieraus die samenhaltige Frucht.

Die Früchte: Sie sind bei Plectostemma gewöhnlich rundliche dunkelblaue bis schwarze Beeren mit einem Durchmesser bis zu zwei Zentimetern. Die roten oder gelben Früchte von Dysosmia werden größer, die Schale ist zumeist kräftiger. Die Früchte der Passifloraarten (Granadilla) erreichen sehr unterschiedliche Größen und können bei *P. quadrangularis* das Volumen eines Kürbisses annehmen. Bei manchen Tacsoniaarten sind die Früchte von gurken- bzw. bananenähnlicher Form.

Die Samen: Sie sind gewöhnlich flach und haben eine harte Schale. Zudem sind sie in zwei Gruppen zu unterscheiden. Die einen haben Furchen, die anderen

*P. biflora mit
Zebra Butterfly
(Heliconius charitonius)*

weisen eine netzartige Struktur auf. Nach Killip sollen die gefurchten Samen von Arten stammen, deren Blattstiele drüsenlos sind und die netzartigen von Arten, deren Blattstiele mit Drüsen ausgestattet sind. Die Sektion Hahniopathanthus soll eine Ausnahme darstellen.

Schmetterlinge und Passionsblumen

Viele Passionsblumenarten stellen Futterpflanzen für Raupen verschiedener Arten des *Heliconius*-Schmetterlings dar. Wohl keine andere Pflanzengattung hat so unterschiedliche Blattformen entwickelt wie die Arten der Gattung *Passiflora*. Diese Unterschiedlichkeit ist das Resultat einer Koevolution zwischen *Passiflora* mit den Arten des *Heliconius*-Schmetterlings, dessen Raupen sich von der Pflanze ernähren. Aus diesem Grunde werden diese Schmetterlinge gelegentlich auch Passionsblumenschmetterlinge genannt. Um sich selbst vor dem Fraß der Schmetterlingsraupen zu schützen, haben die Passionsblumen im Laufe der Evolution verschiedene Blattformen entwickelt. So ahmen sie andere Pflanzen nach, die nicht von Schmetterlingen besucht werden. Auf diese Weise versuchen sich die Passionsblumenarten vor dem Raupenfraß zu schützen.
Einen anderen Schutzmechanismus stellen feine, gebogene steife Härchen an Blättern und Blattstielen mancher Arten dar. In diesen können sich Schmetterlingsraupen verfangen, hängenbleiben und schließlich verhungern. Sie können die Raupen auch derart verletzen, daß sie Gewebeflüssigkeit verlieren und verenden.

Schmetterlingslarven (Butterfly World)

Mimikry

Doch die meisten Arten haben weitere Verteidigungsmechanismen entwickelt. So locken die süßen, Nektar hervorbringenden Drüsen an den Blattstielen, Nebenblättern, Blättern, Brakteen und anderen Pflanzenteilen Ameisen und parasitierende Wespen an, die sich ihrerseits auch von den Eiern und Larven der *Heliconius*-Schmetterlinge ernähren.
Viele weitere Arten haben Eiattrappen – oft sogar in typischen Legemustern – an verschiedenen Pflanzenteilen entwickelt, weil *Heliconius*-Larven kannibalistisch auch Artgenossen fressen. Daher legen Schmetterlinge dort keine Eier ab, wo schon Gelege sind oder wo der Eindruck erweckt wird, es würden sich dort bereits Eiablagen befinden. Einige wenige Arten haben zudem im Laufe der Zeit Giftstoffe (Cyanide) entwickelt, die die an

ihren Blättern fressenden Raupen töten. Doch wiederum gibt es Schmetterlingsarten, die mittlerweile eine Immunität ausgebildet haben und nach dem Fressen von Pflanzenteilen und der Einlagerung dieser Gifte in ihr Körpergewebe ihrerseits giftig und somit vor Feinden geschützt sind.

Die Koevolution zwischen Schmetterlingen und manchen Pflanzen ist besonders ausgeprägt. Daher können diese Schmetterlinge länger leben als die meisten anderen. Sie sind in der Lage, Nährstoffe aus dem Pollen bestimmter Gattungen der Familie der Cucurbitaceae aufzunehmen. Als Gegenleistung bestäuben sie die Blüten. In ihrer Heimat, den Tropen der Neuen Welt, besteht eine en-

ge Beziehung zwischen den *Heliconius*-Schmetterlingen und den beiden Pflanzenfamilien Passifloraceae und Cucurbitaceae. Während die Passionsblumengewächse den Raupen der Schmetterlinge Nahrung sind, sind die erwachsenen Schmetterlinge „Gäste" der Melonengewächse.

Bei Tageslicht fliegende Motten (*Dioptinae*) befallen verschiedene Arten der Passionsblumen-Untergattung Astrophea. Die meisten dieser Motten gehören der Gattung *Getta* an.

In verschiedenen Teilen der Welt wurden große Passionsblumensammlungen nur deshalb angelegt, um die attraktiven tropischen *Heliconius*-Schmetterlinge zu züchten.

Passionsblumen
richtig pflegen

Grundsätzliche Erfordernisse

Die Kultur von Passionsblumen ist im allgemeinen nicht schwierig, wenn die Grundbedürfnisse der Pflanzen erfüllt werden. Die meisten Arten scheinen nicht überempfindlich hinsichtlich der Zusammensetzung des Bodens zu sein, denn sie wurden in ihrer Heimat wildwachsend gefunden, sowohl in Gegenden mit saurer Erde als auch in nassen Gebieten mit alkalischem Boden.

Die Pflanzen sind Flachwurzler und sollten gemulcht werden, um die Wurzeln zu schützen und übermäßiger Verdunstung vorzubeugen. Einige Arten sind empfindlich gegenüber Sauerstoffmangel und Pilzkrankheiten, wenn keine gute Wasserführung gewährleistet ist. Wegen des kräftigen, wuchernden Wachstums der Pflanzen sind ausreichende Belüftung und Hygiene notwendig, um die Entwicklung von Krankheiten zu unterbinden. Ein Spalier und erforderlichenfalls ein Beschneiden sind dem guten Wuchs förderlich.

Im kommerziellen Anbau werden die Passionsfruchttriebe an Drahtspalieren gezogen. In der Natur nutzen die Pflanzen Bäume und große Büsche als Rankgerüst. So nehmen sie auch bei starken Winden keinen Schaden. Pflanzen in Kulturen sind gewöhnlich nicht windgefährdet, wenn sie gut verwurzelt und ernährt sind. Jungpflanzen hingegen können durch starken Wind erheblichen Schaden erleiden und müssen daher ausreichend geschützt werden.

In südamerikanischen und südostasiatischen Staaten werden Passionsblumenarten an einem gut zwei Meter hohen Draht gezogen. Die Seitentriebe biegen sich fruchtbehangen herab. Diese Art der Passionsfruchtkultur ist zwar arbeitsintensiv, aber letztendlich auch einträglich. Da Passionsblumen Früchte nur an jungen Trieben bilden, sollte ein Beschneiden nicht während der Hauptblütezeit erfolgen.

Werden die Pflanzen in gutem, kräftigen Zustand gehalten und entsprechend ihren Bedürfnissen mit Nährstoffen versorgt, können sie problemlos weit über 20 Jahre alt werden – manche sogar über 100 Jahre.

Verschiedene Arten sind anfällig gegenüber Nematoden und Bodenpilzen. Daher muß befallener Boden entsprechend vorbehandelt oder es muß auf geeignete Wurzelstöcke veredelt werden (siehe Kapitel Pflanzenschutz und Vermehrung).

Passionsblumen sind in Gebieten, in denen sie wegen der klimatischen Gegebenheiten während einer langen Zeit im Jahr wachsen, starke Zehrer und benötigen ausreichend Nährstoffe. Zu große Stickstoffgaben bewirken jedoch nur die Ausbildung besonders langer Internodien, ohne dadurch die Blüte zu fördern.

29

P. caerulea,
P. caerulea x P. racemosa

gerüst aus Eisendraht gezogen. Diese Pflanzen benötigen regelmäßige Volldüngergaben, wobei der Stickstoffanteil nicht zu niedrig liegen darf. Grundsätzlich ist zur Kultur viel Licht erforderlich, um die Pflanzen zum Blühen zu veranlassen. Das gilt auch für die in einem Zimmer gehaltenen Passionsblumen.

Viele Arten blühen nur in Zeiten mit langen Tagen, also mit langer Sonnenscheindauer. Andere Arten blühen fast das ganze Jahr, und wieder andere sind in dieser Beziehung unberechenbar. Werden Langtag-Arten neben einer Straßenlaterne oder einem hellen Gartenlicht gehalten, kann sich der Standort positiv auf das Blühverhalten auswirken. Passionsblumenarten, deren Heimat das Andengebirge ist, gedeihen besser, wenn sich warme Tage mit kühlen Nächten abwechseln.

Bodenansprüche

Passionsblumen sind hinsichtlich des Bodens nicht besonders anspruchsvoll. In ihrer Heimat wachsen verschiedene Arten auch in sandigen und nährstoffarmen Böden. Allerdings können sie sich mit ihren langen Wurzeln auch aus weiter entfernt und tiefer liegenden Regionen mit Nährstoffen versorgen. Die Hauptwurzelmasse, die zur Versorgung der Pflanze beiträgt, erreicht jedoch nur eine Tiefe um 40 Zentimeter. Daher ist über einen längeren Zeitraum sehr trockener Boden für viele Arten (z. B. P. edulis) schädlich.

Bei der Kultur im Kübel, wobei die Wurzeln nur die Nährstoffe aufnehmen können, die ihnen angeboten werden, sollte daher durchlässige und nährstoffreiche Pflanzerde verwandt werden. Geeignet ist auch eine Mischung aus etwas

Soll das Blühen und die Fruchtbildung angeregt werden, müssen kaliumbetonte Dünger eingesetzt werden. Passionsblumen leiden häufig an Eisen-, Magnesium- und Manganmangel. Verzögertes Wachstum kann infolge Zinkmangels auftreten. Daher ist es in Kulturen üblich, regelmäßig zu düngen. Zu empfehlen sind zusätzliche Blattspritzungen mit Spurenelementen.

In Containern kultivierte Passionsblumen werden meist an einem Rank-

gröberem, sauberem Sand mit abgelagertem Kompost. Da Kompost aus eigener Herstellung nicht selten Unkrautsamen und Schädlinge enthält, sollte dieser vor der Verwendung sterilisiert werden. Das erfolgt gewöhnlich durch Dämpfanlagen. Kleinstmengen können auch durch eine halbstündige Hitzebehandlung bei etwa 120° Celsius in einem Backofen sterilisiert werden. Bei der Verwendung fertiger Erden ist ein Sterilisieren nicht mehr erforderlich.

Auch lehmhaltige Erden können zur Kultur verwandt werden. Diese besitzen eine gute Wasserspeicherfähigkeit. Der Lehmanteil sollte allerdings nicht zu hoch liegen.

Fertige Pflanzerden haben häufig einen hohen Torfanteil, dessen saure Reaktion durch Aufkalken gemindert wird. Da Passionsblumen am besten in neutralem Boden gedeihen, sollte auf den pH-Wert geachtet werden. Optimal ist ein Wert zwischen 6,5 und 7,5. Nährstoffe können dann von der Pflanze problemlos aufgenommen werden. Bei einem deutlich höheren pH-Wert tritt Chlorose auf.

Bei Kübelpflanzung sollte immer an den Einbau einer Drainageschicht gedacht werden, Auf diese Weise ist ein sicherer Schutz vor schädlicher Staunässe gegeben.

Gießen und Düngen

Passionsblumen müssen stets genügend Wasser erhalten, sie vertragen Trockenheit schlecht. Wasser ist ein äußerer Wachstumsfaktor und unverzichtbar und verantwortlich für die Lösung und den Transport der Nährstoffe. Ebenso ist Wasser unabdingbar für die Photosynthese, für den gesamten Aufbau der Pflanze, als Wärmespeicher und -puffer sowie als Transportmedium für Assimilationsprodukte. Außerdem sorgt es für die Aufrechterhaltung des Turgors der Zellen, dem Druck des Zellsaftes auf die Zellwände der Pflanze. Unzureichende Wasserversorgung wirkt sich negativ aus auf die Blüten-, Frucht- und Samenbildung. In Plantagen kann dadurch ein erheblicher Ertragsausfall eintreten. Nimmt der Turgor ab, welkt die Pflanze und kann schließlich – bei zunehmender Verdunstung – absterben und vertrocknen.

Werden Passionspflanzen im Freien kultiviert und ist im Sommer mit Trockenperioden zu rechnen, sollte auf dem Boden unter den Pflanzen eine Mulchschicht, zum Beispiel aus Stroh oder Laub, aufgetragen werden, die die Verdunstung und damit die Austrocknung des Bodens verhindert oder erheblich einschränkt. Doch sind die Pflanzen auch empfindlich gegenüber dauernassem Boden. Ihre Wurzeln würden darin faulen und absterben.

Passionsblumen sind Starkzehrer. Sie müssen daher während der gesamten Wachstumszeit regelmäßig mit einem Volldünger versorgt werden. Er muß alle Hauptnährstoffe enthalten sowie Spurenelemente. Oft kann es von Vorteil sein, in monatlichem Abstand während der Wachstumszeit zusätzlich mit einem Eisendünger in Chelatform zu düngen.

Es ist günstig, den Dünger zusammen mit dem Gießwasser zu verabreichen. In Gartenbaubetrieben wird das Gießwasser durch einen Düngemischer geleitet, wobei die eingestellte Düngemittelkonzentration während des Gießvorganges genau eingehalten wird. Seit einiger Zeit sind solche Geräte auch für den Kleinanwender im Handel. Sie eignen sich ebenso zur exakten Düngung aller anderen Pflanzen.

Damit die Pflanzen die verabreichten Nährstoffe aufnehmen können, darf die Erde weder zu sauer noch übermäßig alkalisch reagieren. Der neutrale Bereich ist der günstigste. Besonders aufmerksam muß gedüngt werden, wenn große Passionsblumen in kleinen Gefäßen stehen. Hier darf weder überdüngt werden – der Boden würde versalzen und die Pflanze könnte absterben – noch darf zu wenig Dünger gegeben werden. Daher ist es zweckmäßig, in kurzen Abständen mit dem Gießen den Volldünger 0,1-0,2 prozentig zu verabreichen.

Werden die Pflanzen im Frühjahr getopft, kann der Pflanzerde ein Dauer- bzw. Depot-Volldünger untergemischt werden, wodurch eine regelmäßige und ausreichende Versorgung bis zum Herbst gewährleistet ist und weitere Düngergaben in der Regel ausbleiben können. Es sind verschieden lang wirkende Dauerdünger im Handel. So kann der jeweils gewünschte ausgewählt werden. Eine Nachdüngung ist möglich. Dabei wird der Dünger in erforderlicher Menge auf den Boden gestreut und leicht eingearbeitet. Die Wirkstoffe werden nur bei feuchtem Boden abgegeben.

Hin und wieder ist zu lesen, Passionsblumen sollten wenig gedüngt werden, um dadurch das Blühen auszulösen oder zu fördern. Doch das ist falsch, das Gegenteil ist richtig. Nur durch ausreichende Düngergaben wird das Triebwachstum angeregt, und nur in den Blattachseln der neuen Triebe bilden sich einmalig die Blüten.

Im Winter ist das Düngen erheblich einzuschränken, ebenso das Gießen. In dieser Zeit ist lediglich darauf zu achten, daß der Boden nicht austrocknet. In 4- bis 8wöchigem Abstand wird leicht gedüngt, abhängig auch von einem eventuellen Treiben der Pflanze.

Wird unter geeigneten Umständen durchkultiviert, sind die Wasser- und Düngergaben im erforderlichen Umfange aufrechtzuerhalten.

Allgemeine Kulturbedingungen

Licht – Wärme – Umtopfen – Beschneiden – Spaliere

Passionsblumen benötigen viel Licht. Während des Winters sollte zusätzlich beleuchtet werden, um den Pflanzen einen 12-Stunden-Tag bieten zu können (Näheres im Kapitel Überwinterung).

Ihnen sollte nach Möglichkeit die ihrer Herkunft entsprechende Umgebungstemperatur geboten werden. Ebenso muß der Boden ausreichend temperiert sein – ein Problem, das bei der Überwinterung zu schaffen machen kann.

Jungpflanzen sollten nicht in zu große Töpfe pikiert und nur sehr zurückhaltend gedüngt werden. Die Wurzeln haben das Bestreben, nach außen zu wachsen. Aus diesem Grunde würden größere Töpfe nicht genügend durchwurzelt, und ein späteres Umtopfen könnte problematisch werden. Bei erhöhter Düngergabe verringert sich das Bestreben der Pflanze kleiner, selbst kräftige Wurzeln zu bilden.

Ist der Ballen gut durchwurzelt, kann jederzeit umgetopft werden. Sind Schnittmaßnahmen vorgesehen, sollten sie anschließend erfolgen.

Die Pflanze wird beschnitten, wenn es aus optischen Gesichtspunkten erforderlich erscheint. Einige Arten sind so starkwüchsig, daß ein Rückschnitt immer wieder notwendig wird. Zur Auslichtung empfiehlt es sich, die ausgewählten Triebe bis zu ihrer Basis, der Verzweigung, fortzuschneiden. Die beste Zeit zum Schneiden liegt zu Beginn des Wachstums, beim ersten neuen Austrieb. Im übrigen kann bei Bedarf während des ganzen Jahres beschnitten werden. Es ist zu bedenken, daß die Blütenbildung an neuen Trieben stattfindet. Daher kann die Verjüngung einer „blühfaulen" Pflanze diese zur Blüteninduktion veranlassen.

Passionsblumen sind Kletterer, daher ist ein Spalier erforderlich. Am einfachsten ist es, gebogene, ggf. mit grünem Kunststoff überzogene Eisendrähte zu verwenden. Dekorativer und haltbarer sind Spaliere aus Holz- bzw. Bambuskonstruktionen, die in den Kübel eingelassen werden. Bei der Kultur im Freiland oder an einer Hauswand kommen dafür auch Bäume, Büsche oder bespannte Wände in Frage. Vor dem winterlichen Einräumen müssen die Kletterpflanzen dann kräftig zurückgeschnitten werden.

Von krautartig wachsenden Passionsblumen werden vor dem Einräumen alle abgestorbenen Triebe entfernt.

Blüte und Bestäubung

Passionsblumen zählen zu den faszinierendsten und schönsten Pflanzen in der Natur, von denen manche Arten wertvolle Früchte produzieren. Einige wenige Arten können Blüten an langen Stielen ausbilden *(P. vitifolia)*, während *P. racemosa* einen traubenartigen Blütenstand hat. Die meisten *Passiflora*arten blühen am jungen Holz.

Die Farben der Passionsblumenblüten wechseln von unauffälligem Lila und Weiß zu spektakulären Schattierungen in Blau und Purpur, Rosa, Lachs und lebhaftem Rot. In der Natur orientieren sich die Bestäuber oft an der Blütenfarbe: Rot- und orangefarbene Blüten werden gerne von kleinen Vögeln besucht, während auf Blau und Weiß Insekten „fliegen" und für eine Bestäubung sorgen.

Bestimmte Insekten wie Bienen sind fähig, das ultraviolette Licht wahrzunehmen, das die weißen oder blauen Blüten reflektieren. Das rote Licht der roten Blüten nehmen sie nicht wahr. Das ist der Grund, warum rote Blüten wie die von *P. coccinea* oder *P. vitifolia* nur sehr selten von ihnen besucht werden, die weißen Blüten der Purpurgranadille, der Gelben oder der Roten Passionsfrucht sowie die purpurnen Blüten von *P. cincinnata* jedoch regelmäßig.

Die leistungsfähigsten Bestäuber sind große Insekten wie z. B. Bienen (Schwarze Biene, *Xylocopa* sp.) oder Hummeln, aber auch Wespen, (Schwarze Wespe, *Polystes* sp.) und Blattsägebienen. Wegen ihrer geringeren Größe müssen Honigbienen die Blüten häufiger besuchen, um eine sichere Bestäubung zu gewährleisten. Doch sind sie die Hauptbestäuber in vielen Anbauländern. In Florida werden in Passionsfruchtplantagen Bienenstöcke aufgestellt. Auf diese Weise wird auch eine Fremdbestäubung gesichert.

Das Blühen von Passionsblumen findet in erster Linie während Langtag-Perioden statt, bei Tageslängen von 12 Stunden oder mehr. Nur dann werden Blütenknospen an zuwachsenden Nodien angelegt. An älteren, bereits differenzierten Nodien findet keine Blütenknospenanlage mehr statt. Solange die Tageslänge nicht abnimmt und die Pflanze wächst, also neue Nodien bildet, wird die Blüteninduktion fortgesetzt. Der Pflanze müssen also stets optimale Wachstumsbedingungen geboten werden, damit sie blüht und fruchtet.

P. edulis f. flavicarpa,
kräftiglila Blütenform

Viele *Passiflora*arten besitzen selbstunverträglichen Pollen in unterschiedlicher Ausprägung. Einige Arten setzen Früchte nach Bestäubung mit eigenem Pollen an, während für andere eine Fremdbestäubung von entfernten Rassen der gleichen Arten erforderlich ist. Die meisten Passionsblumenarten liegen hinsichtlich ihrer Bestäubungserfordernisse irgendwo dazwischen. Auch die selbstbestäubenden tragen nach Fremdbestäubung meistens besser. *P. edulis* ist gewöhnlich selbstbestäubend, während *P. edulis* f. *flavicarpa* auf Fremdbestäubung angewiesen ist. Hybriden zwischen diesen beiden sind mehr oder weniger selbstbestäubend. Selbstbestäubende Selektionen von *P. edulis* f. *flavicarpa* erbringen kleine Ernten von oft hohlen Früchten. Wird aber für Fremdbestäubung gesorgt, kann mit größeren Ernten saftreicher Früchte gerechnet werden. Daher ist zu empfehlen, in Plantagen unterschiedliche Sorten oder Arten zu pflanzen, die eine Fremdbefruchtung gewährleisten.

Auf Hawaii und in Queensland (Australien) haben sich verschiedene Blühcharakteristika der Gelben, Roten und Purpurnen Passionsfrucht manifestiert. Die Blüten der Purpurgranadille öffnen sich morgens und schließen sich gewöhnlich mittags, während die Gelbe Passionsfrucht ihre Blüten nicht vor Nachmittag öffnet und zur Nacht wieder schließt. Das Blühverhalten der Roten Passionsfrucht liegt dazwischen.

In Florida und Kalifornien sind die Blühcharakteristika nicht so unterschiedlich. In Kalifornien blüht sowohl die Purpurne als auch die Gelbe Passionsfrucht von morgens an. Doch es wurden auch einige Purpurgranadillen beobachtet, deren Blüten sich erst abends öffneten. Die Blüten der Roten Passionsfrucht ähneln denen der Gelben.

Studien hinsichtlich möglicher Umwelteinflüsse auf die erfolgreiche Bestäubung und Selbststerilität haben zu keinem Ergebnis geführt. Feuchtigkeit und Tageszeit bei der Bestäubung der Riesengranadille *(P. quadrangularis)* waren die Parameter einer weiteren Untersuchung. Wenn die Griffel trocken werden, ist die Empfänglichkeit für Pollen behindert, ihr Keimen ist dann ausgeschlossen. Dieses ist morgens und bei Handbestäubung nicht der Fall, wenn die Bestäubung gleich nach dem Öffnen der Blüte erfolgte. In Kalifornien ist Selbststerilität bei einigen Arten überwunden worden. Zum Beispiel durch künstliches Bestäuben der Blüten von *P. vitifolia* vor dem Öffnen der Blüten. Die Keimhemmung ist dann noch nicht ausgebildet.

Die Befruchtung erfolgt etwa vier Stunden nach der Bestäubung. Die sich bildende Frucht ist nach 50–60 Tagen reif und marktfähig *(P. edulis in Kolumbien)*.

Wintergarten- und Kübelkultur

Passionsblumen lassen sich gut in Pflanzgefäßen ziehen. Durch die Wahl der Kübelgröße wird der zukünftige Wuchs der Pflanze entscheidend mitbeeinflußt. In großen Gefäßen bildet sich eine große Wurzelmasse, die die Pflanze besonders gut mit Nährstoffen – sofern sie in Form von Dünger zugeführt werden – versorgen kann. Der Zuwachs wird dann stark sein und kann einen häufigeren Rückschnitt erforderlich machen. Das trifft vor allem auf die kräftigwüchsigen Arten wie *P. alata* und *P. quadrangularis* zu.

Pflanzen in großen Kübeln eignen sich sehr gut zur Kultur in einem geräumigen Wintergarten. Wird das Pflanzgefäß frei aufgestellt, muß ein Spalier als Rankhilfe angebracht werden. Geeignet als Rankhilfe ist auch eine mit Schnüren

bespannte oder anderweitig vorbereitete Wand.

Viele in Kübeln kultivierte Passionsblumen können vom späten Frühjahr bis zum Herbst auch an geschützter Stelle im Freien gehalten werden. Allerdings kann das spätere Einräumen der an einem Spalier groß gewordenen Pflanzen erhebliche Probleme mit sich bringen. Notfalls muß dann kräftig zurückgeschnitten werden.

P. 'Jeanette'

Insbesondere dann, wenn Passionsblumen als Kübelpflanzen in torfhaltige Substrate gepflanzt wurden, sollte in gewissen Abständen der pH-Wert kontrolliert werden. Der Boden kann versauern, der pH-Wert sinken. Das bedeutet eine erhebliche Gefahr für die Wurzeln, die in saurem Boden absterben können. Auch bei deutlich ansteigendem pH-Wert – ausgelöst zum Beispiel durch kalkhaltiges, hartes Wasser – leiden die Pflanzen. Das zeigt sich zuerst in chlorotisch verfärbten Blättern, die oft nicht mehr zu normaler Größe heranwachsen.

35

Bei der Auswahl der Erde sollte auch auf Strukturstabilität geachtet werden, damit nicht im Laufe der Zeit eine unerwünschte Verdichtung eintritt und eine schlechte Abführung überschüssigen Wassers auftritt. In Torfsubstraten tragen Weißtorfanteile zur gewünschten Strukturstabilität bei. Ebenso zusätzliche Gaben von Perlite oder Blähton, das sind hohlraumreiche mineralische Zusatzstoffe zu Erden.

Sollen Wintergärten und Gewächshäuser direkt mit Passionsblumen bepflanzt werden, ist ein besonders starker Wuchs zu erwarten. Die Auswahl der Pflanzerde muß auch in diesem Fall nach den hier und im Kapitel Bodenansprüche genannten Kriterien getätigt werden.

Es darf dabei auch nicht außer acht gelassen werden, daß sehr viele Passionsblumenarten keinen auf Dauer kalten Boden vertragen.

P. x allardii

Wird das Gewächshaus oder der Wintergarten nur frostfrei oder leicht temperiert gehalten, muß der Bodenbereich besonders isoliert und zusätzlich beheizt werden. Für die meisten tropischen Arten sollte die Bodentemperatur bei 16° Celsius und höher liegen.

Pflanzen im Wohnbereich

Einige Passionsblumen eignen sich gut als Zimmerpflanzen. Häufig im Angebot des Pflanzenhandels sind *P. caerulea*, P. 'Amethyst', *P.* 'Constance Elliot' und *P. vitifolia* anzutreffen. Sie werden in recht kleinen Töpfen kultiviert, sodaß ihr Wurzelwachstum begrenzt bleibt und damit auch ihr oberirdischer Zuwachs. Das hat gewöhnlich keinen negativen Einfluß auf ihre Blühfreudigkeit. Diese ist in erster Linie abhängig von einem sehr hellen Standort – möglichst an einem Südfenster, ausreichender Wärme, Düngung und einem feuchten, warmen Substrat. Die einzelnen Blüten sind jedoch nur einen bis zwei Tage geöffnet. Die Erde darf nie naß sein, gegossen wird daher erst dann, wenn die Oberfläche trocken geworden ist. Auf einem Untersatz darf sich wenige Zeit nach dem Gießen kein Wasser mehr befinden. Gedüngt wird am einfachsten mit einem flüssigen mineralischen oder organischen Mittel, das nach Herstellerangaben verdünnt und ausgebracht wird. In den Wintermonaten wird bei stagnierendem Wuchs weniger gegossen und selten gedüngt.

Wenn es möglich ist, sollte besonders im Winter für eine Erhöhung der Luftfeuchtigkeit gesorgt werden. Übliche trockene Heizungsluft in Wohnzimmern ist nicht ideal.

Fühlen sich die Pflanzen wohl, kann der Zuwachs trotz der Kultur in kleinen Töpfen erheblich sein. Dann ist ein häufigeres Gießen und Düngen sehr wichtig. Erforderlichenfalls muß zusätzlich in größere Töpfe umgetopft werden.

Für die Zimmerkultur ist auch die Purpurgranadille *(P. edulis)* bestens geeignet. Jungpflanzen können ohne Schwierigkeiten aus den Samen der häufig angebotenen Früchte angezogen werden. Auf der Fensterbank entwickeln sie sich schnell zu üppig wachsenden dekorativen grünen Rankpflanzen, die immer wieder zurückgeschnitten werden müssen. Andernfalls würden ihre Triebe leicht eine Länge von 10 Metern erreichen. Ein Rückschnitt ist der Blütenbildung nicht hinderlich, denn diese bilden sich nur an neugewachsenen Trieben. Obwohl diese Art an der Fensterbank nicht so problemlos und reich blühen wird wie beispielsweise *P. caerulea*, ist sie doch mit ihren glänzendgrünen Blättern auffällig dekorativ.

Zur Kultur im Zimmer sind viele weitere Arten und Sorten geeignet (siehe Tabellenteil).

Freilandkultur

Im Freiland können nur solche Arten oder Hybriden kultiviert werden, die in dem entsprechenden Gebiet auch winterhart sind. In Mitteleuropa oder Gebieten mit ähnlichem Klima lassen sich eigentlich nur drei Arten im Freien kultivieren, und diesen sollte man zusätzlich einen Winterschutz bieten. Bei den Arten handelt es sich um *P. caerulea*, *P. lutea* und *P. incarnata*. Letztere ist möglicherweise die winterhärteste und überdauert diese Jahreszeit häufig auch ohne zusätzlichen Schutz. Sie ist auch die einzige winterharte Passionsblume mit schmackhaften, eßbaren Früchten. Auch einige Hybriden können unter den gleichen Bedingungen im Freien gehalten werden. Dazu zählen *P.* x *colvillii*, P. 'Incense' und *P.* 'Constance Elliot'.
In Europa können diese Arten sicher in einigen meeresnahen Gebieten kultiviert

werden. Dazu gehören der Südwesten Englands mit den vorgelagerten Inseln, Teile Irlands, die Insel Helgoland und natürlich der gesamte Mittelmeerraum. Auch küstennahe Gebiete haben oft ein ausgeglicheneres, für die Kultur günstigeres Klima.

Manche Arten, insbesondere die Tacsonien, stammen aus den Anden und wachsen dort in Höhenlagen um 2.000 bis 3.000 Meter. Dort sind sie nicht selten auch stärkeren Frösten ausgesetzt und vertragen diese ohne Probleme. Allerdings bewirken die Fröste im Ursprungsland nie ein Durchfrieren des Bodens, wie es bei uns im Winter häufiger der Fall ist. Arten aus diesen Gebieten können insbesondere im Sommer im Freien kultiviert werden. Wenn sie in Töpfen stehen, können sie auch eingegraben werden. So wird die Standsicherheit erhöht und der Zeitpunkt des Einräumens kann sehr lange hinausgezögert werden, weil das den Wurzelballen umgebende zusätzliche Erdreich einen Wärmepuffer darstellt und ein Frieren des Bodens bei den ersten herbstlichen oder winterlichen Frösten verhindert. Tacsonien wachsen besonders gut in warmen, aber verregneten Sommern. Dadurch wird ihr Wärme- und Feuchtigkeitsbedarf befriedigt.

Manche nicht winterharte Passionsblumenarten wachsen im Sommer dennoch gut im Freien, wenn sie in einem geräumigen, gitterartigen Behälter kultiviert werden. Die Pflanzen werden nach den letzten Frösten mit dem offenen, drahtballenähnlichen Gefäß an die vorgesehene Stelle im Freien gepflanzt. Sehr günstig hierfür ist die Südwand eines Gebäudes, an dem sich eine Rankhilfe befindet. Während des Sommers kann die

37

*Plantagenarbeiter
in einer Maracuja-Anlage
in Kolumbien*

Pflanze wachsen, blühen und fruchten. Sie wird rechtzeitig vor dem Winter beziehungsweise vor Auftreten zu niedriger Temperaturen mitsamt dem Gitterbehälter ausgegraben. Die Pflanze wird dann kräftig zurückgeschnitten, ebenso die aus dem Gitterkorb herausgewachsenen Wurzeln. Die Überwinterung erfolgt in einem geeignet großen Kübel. Fehlendes Substrat wird locker nachgeschüttet.

Plantagen

In den Anbauländern von Passionsfrüchten werden die in Foliencontainern angezogenen Setzlinge in Reihen mit einem Abstand von zwei bis drei Metern gepflanzt. Bei der Kultur an Drahtspalieren beträgt der Abstand der einzelnen Pflanzen zueinander etwa drei Meter. Werden Pfähle als Rankhilfe gesetzt, kann der Abstand der Pflanzen zueinander erheblich geringer gewählt werden.

Bei der Kultur an Drahtspalieren werden die Drähte gewöhnlich in drei Reihen gespannt. Sind die Pflanzen fruchtbehangen, kann man oft kaum noch aufrecht unter Ihnen gehen.

Die Ernte von Früchten der P. edulis erfolgt in Kolumbien und anderen Ländern mit tropischem Klima nahezu durchgängig das ganze Jahr. In Südafrika ist das Wachstum während des kühleren Winters reduziert.

In Kolumbien werden verschiedene Anbauverfahren angewandt. Ein häufig gewähltes Verfahren ist folgendes: Zwischen den Reihen besteht ein Abstand von vier Metern, zwischen den Pflanzen drei Meter. Die Pflanzen werden an Drahtspalieren gezogen und können wegen des breiten Raumes zwischen den Reihen gut beerntet werden. Außerdem ist eine optimale Belüftung gegeben, und die Blätter haben viel Platz. Pflanzenschutzmaßnahmen sind einfach durchzuführen.

P. edulis f. flavicarpa, Plantage in Kolumbien

P. edulis f. flavicarpa, Blüte

Überwinterung

Kälteverträglichkeit

Obwohl verschiedene *Passiflora*arten heimisch sind im Nordosten der Vereinigten Staaten und dem unteren Südamerika, wo Minustemperaturen nicht zu den Seltenheiten zählen, gibt es nur wenige Arten, die Frost oder sehr kalte Wintertemperaturen ohne Schutz überleben können. Arten mit fleischigen Wurzeln sind in dieser Beziehung widerstandsfähiger als solche mit faserigen Wurzeln. *P. lutea* ist die kälteresistenteste Art, aber bislang noch nicht erfolgreich mit wertvollen Fruchtsorten gekreuzt worden.

Robert J. Knight jr. von der USDA Tropical Research Station in Miami hat versucht, die Kältetoleranz von Passionsblumen zu erhöhen, häufig unter Einbeziehung von *P. incarnata*. Tetraploide Arten wurden von Dr. Knight unter Anwendung von *Colchicin* gezüchtet. Die Universität von Florida in Gainesville arbeitet an Kreuzungen zwischen tetraploiden *P. incarnata* Pflanzen und sowohl normalen (2n=18), als auch tetraploiden *P. edulis*- und *P. edulis* f. *flavicarpa* Pflanzen. Man hofft, den Umfang kommerzieller Fruchtproduktion zu erweitern.

Wegen der Früchte wurde *P. incarnata* mit mehreren tropischen Arten gekreuzt. Die daraus entstandenen Hybriden haben einen Teil der Kältetoleranz geerbt. 'Incense' ist eine Kreuzung aus *P. incarnata* x *P. cincinnata* mit wunderschönen Blüten und recht guten Früchten. Sie wächst gut im Nordosten der USA, aber überlebt die Winter nicht immer. *P. incarnata* x *P. coccinea*-Hybriden werden wegen ihrer Blüten und Winterhärte hoch bewertet. *P. caerulea* zeigt hinsichtlich ihrer Winterhärte ähnliche Resultate.

Viele aus den Anden stammenden Tacsonien tolerieren milden Frost und eignen sich zum Kreuzen, zudem produzieren sie auch vorzügliche Früchte. Manche Arten wachsen sogar in kühleren Gebieten viel besser als in sehr warmen.

Winterquartiere

Viele Passionsblumen lassen sich im Sommer zufriedenstellend kultivieren, doch im Winter bereiten ein Großteil dieser Arten Probleme.

Grundsätzlich sollte die Überwinterung in einem sehr hellen Gewächshaus erfolgen bei den für die kultivierten Pflanzen optimalen Temperaturen. Doch das ist – gerade dann, wenn viele Arten kultiviert werden – überwiegend nur in begrenztem Umfange möglich. Es ist sehr von Vorteil, wenn die Pflanzen zu Beginn der Überwinterung mehr oder weniger stark zurückgeschnitten werden. Da sie im allgemeinen starkwüchsig sind und an jungen Trieben blühen, kann mit dieser Maßnahme nicht nur eine pro-

41

blemlosere Überwinterung erreicht, sondern auch der nächstjährige Austrieb gefördert werden.

Licht

Die meisten tropischen Arten benötigen im Winter erheblich mehr Sonnenlicht, als es uns hier geboten wird. Daher sollte im Winter eine zusätzliche Beleuchtung installiert werden, um den Pflanzen einen 12-Stunden-Tag bieten zu können. Zur zusätzlichen Beleuchtung sind besonders gut spezielle Leuchtstofflampen (Fluora, GroLux) geeignet, die in einem Abstand von 30 bis 50 Zentimetern über den Pflanzen angebracht werden. Sehr große und stark belaubte Pflanzen benötigen unter Umständen zusätzliche Lichtquellen, damit sich die Pflanze nicht unterhalb ihrer Blätter in andauerndem Schatten befindet. Noch besser, aber erheblich teurer in der Anschaffung sind Quecksilber-Hochdruck-Lampen, die 1 bis 1,50 Meter über den Pflanzen angebracht werden. Belichtet wird tagsüber 12 Stunden, am einfachsten mittels einer entsprechend programmierten Schaltuhr.

Belüftung

Da die Pflege der Pflanzen in der kalten Jahreszeit mit sehr vielen notwendigen Kompromissen behaftet ist, muß das Machbare optimal erfolgen. Sehr wichtig ist eine gute Belüftung des Winterquartiers. Auf diese Weise wird insbesondere dem Befall mit Schädlingen vorgebeugt. Auf die Pflanzen abtropfendes Kondenswasser muß schnell abtrocknen, es wäre sonst ein idealer Keimplatz für Pilzsporen. Stehende trockene Luft begünstigt zudem die Vermehrung von tierischen Schädlingen. Haben sich erst einmal Spinnmilben eingenistet, sind sie im Winter kaum noch gänzlich auszurotten. Das gilt auch für einen Befall mit Schildläusen, besonders an hartlaubigen Arten.

Ein ausreichend dimensionierter Ventilator sollte zeitweise oder permanent für eine Luftumwälzung sorgen. Auch muß bei geeignetem Wetter gelüftet werden.

Heizung

Ebenso wie ausreichendes Licht ist es unerläßlich, auch im Winter für die erforderlichen Mindesttemperaturen zu sorgen. Doch nicht wenige Pflanzenliebhaber machen – gerade bei der Kultur empfindlicher Passionsblumenarten – einen manchmal folgenschweren Fehler. Sie richten sich nach den Temperaturangaben aus unterschiedlichsten Tabellen, und dennoch gehen Pflanzen im Winter ein oder leiden extrem und werden sehr unansehnlich. Überleben sie dann mit Mühe und Not den Winter, siechen sie in der Folgezeit doch dahin, oft ohne sich jemals wieder zu erholen.

Die Ursache hierfür liegt in der Fehlinterpretation der Tabellen, die so manchesmal von Autor zu Autor nur übernommen werden. Passionsblumen stammen überwiegend aus den Tropen und deren Hochlagen, wo ein zu unseren Gegebenheiten völlig unterschiedliches Verhältnis von Luft- zu Bodentemperaturen herrscht. Ist einer Tabelle zum Beispiel zu entnehmen, *P. coriacea* sollte im Temperaturbereich zwischen 10 und 15° Celsius überwintert werden, und stellt man den Thermostaten seines Gewächshauses auf 13° Celsius ein, kann es durchaus passieren, daß die Pflanze dennoch sehr leidet oder gar eingeht.

Passionsblumen benötigen nicht nur eine bestimmte Umgebungstemperatur, von ausschlaggebender Wichtigkeit ist auch die Bodentemperatur. In ihrer Heimat fällt sie, auch bei gelegentlich niedrigeren Lufttemperaturen, kaum unter 20° Celsius ab. Aus diesem Grunde gedeihen viele Tacsonien auch in den Hochlagen der Anden, obgleich die Temperaturen dort nachts auch erheblich fallen können. Der Boden bleibt dabei stets temperiert.

Im Gewächshaus kann die dort zu überwinternde, im Kübel stehende Passionsblume im günstigsten Fall eine Bodentemperatur aufweisen, die der Umgebungstemperatur entspricht. Allerdings müßten dann sämtliche Außenwände beziehungsweise Scheiben und der Boden dann nach unten sehr gut isoliert sein und die Temperatur Tag und Nacht konstant und gleichmäßig im ganzen Raum gehalten werden. Doch das ist rein theoretisch und für die Praxis nicht relevant.

Abhängig vom Standort im Gewächshaus, dessen Größe und der Art der Heizung ist es nicht ungewöhnlich, wenn die Temperatur im Topf um 10° Celsius unter der mit dem Thermostat eingestellten Temperatur liegt. Befindet sich der Kübel gar an einer Außenwand, kann bei bestimmten Heizsystemen in sehr kalten Wintern der Boden im Topf sogar gefrieren. Und das bedeutet für die beispielhaft genannte *P. coriacea* den Tod – trotz 10–15° Celsius Umgebungstemperatur.

Aus diesen Gründen sollte, gerade bei besonders wertvollen oder seltenen tropischen Arten, sorgsam überwintert und für eine ausreichende Bodentemperatur gesorgt werden. Ein Aufstellen der Pflanzen auf Podeste oder Tische oder isolierende Unterlagen wie dicke Styroporplatten kann schon einige Grade bringen. Auch sollten die empfindlichsten Arten nicht an Außenwände oder in die Nähe von Türen gestellt werden. Dort kann im Winter sehr kalte Zugluft die Pflanzen schädigen.

Das sicherste jedoch ist eine Bodenheizung mit thermostatischer Regelung. Die bei diesen Systemen vorgewählte Temperatur in Verbindung mit der optimal eingestellten Umgebungstemperatur überträgt sich auf den Wurzelbereich. So gelingt die Überwinterung problemlos.

Besonders für kleinere Gewächshäuser eignen sich elektrische Bodenheizkabel, die in Sand eingebettet werden. Ein Thermostat sorgt für eine konstante Bodentemperatur. In größeren Gewächshäusern ist eine zentrale Warmwasserheizung zu empfehlen, deren Rohre unter den Kulturtischen und an den Außenwänden verlegt werden. Solche und ähnliche Systeme sorgen gleichzeitig auch für die gewünschte Umgebungstemperatur.

Vermehrung

Passionsblumen werden gewöhnlich durch Stecklinge vermehrt, die sich leicht bewurzeln. Pflanzen mit gewünschten Eigenschaften müssen geklont, also aus Pflanzenteilen vermehrt werden.

Die Bewurzelung von Pflanzenteilen unter Sprühnebel führt zu sichersten Ergebnissen. Spezielle Bewurzelungshormone sind nicht notwendig, aber sie schaden auch nicht. Wenn während der Hauptwachstumszeit Stecklinge mit drei Nodien (Knospen) geschnitten und gesteckt werden, kann bei warmem Wetter beziehungsweise bei warmer Umgebungstemperatur nach zwei Wochen mit einer ausreichenden Bewurzelung gerechnet werden. In vielen Teilen Europas, aber auch in den USA und anderen Teilen der Welt mit gemäßigtem Klima, sind die Nächte kühl. Hier sollte eine Bodenheizung eingesetzt werden, wenn ein besonders guter Bewurzelungserfolg gewünscht wird. Eine gute Belüftung der Vermehrungseinrichtungen ist notwendig, um Pilzinfektionen und durch Bakterien ausgelöste Krankheiten, insbesondere an Blättern und Trieben, zu verhindern. Ein besonders gut wasserabführendes Bewurzelungsmedium sollte verwandt werden. Bewährt haben sich unter anderem Perlite oder eine Mischung aus Perlite und Sphagnummoos beziehungsweise Torfmoos, weil diese Substanzen auch Sauerstoff binden, der sehr wichtig ist bei der Wurzelbildung.

Die bewurzelten Stecklinge werden in einen Topf mit sehr leicht vorgedüngter, durchlässiger Pflanzerde pikiert und vorläufig halbschattig aufgestellt. Das Substrat darf gerade in dieser Phase der Be- und Durchwurzelung nicht austrocknen. Jeweils nach einigen Tagen werden die jungen Pflanzen immer mehr der Sonne ausgesetzt, so daß sie schließlich in voller Sonne weiterkultiviert werden.

Auch ohne die Verwendung einer Sprühnebelanlage können Passionsblumen vegetativ vermehrt werden, wenn auch die Zeit bis zur ausreichenden Bewurzelung erheblich länger dauern kann und der Erfolg oft weniger positiv ausfällt. Weiterhin kann wegen der längeren Anzuchtzeit das Risiko einer Infektion erhöht sein. Die Stecklinge müssen in lockere Anzuchterde gesteckt und absonnig plaziert werden. Ein der Verdunstung und der Wasseraufnahme der jungen Pflanzen angepaßtes Gießen oder Besprühen ist unerläßlich und für die Bewurzelung von entscheidender Wichtigkeit.

Einige Passionsblumenarten bilden Wurzelausläufer. Auch sie können zur Anzucht neuer identischer Pflanzen verwandt werden.

Auch Veredlungen werden vorgenommen. In erster Linie dort, wo im Boden für die meisten *Passiflora*arten schädliche Nematoden vorkommen oder wo andere Krankheitskeime in der Erde nicht ausgeschlossen werden können. Die üblichen Unterlagen sind Sämlinge der Gelben Passionsfrucht (*P. edulis* f. *flavicarpa*). Gelegentlich wird auch die Wasserlimone (*P. laurifolia*) oder die Bananen-Passionsfrucht (*P. mollissima*) als Wurzelstock benutzt.

Passionsblumen, die von Samen angezogen werden, erwachsen in den meisten Fällen zu sehr kräftigen Pflanzen. Allerdings ist die Qualität und Größe ihrer Früchte nicht immer voraussehbar. Nicht außer acht gelassen werden darf bei der Vermehrung aus Samen auch die Möglichkeit, daß Fremdbestäubung stattgefunden hat und die Samen in den Früchten die Merkmale verschiedener Eltern aufweisen und somit Hybriden darstellen.

Wurden die Blüten ausgewählter Pflanzen handbestäubt, können bestimmte gewünschte Eigenschaften wie Frucht- oder Fruchtfleischfarbe, Geschmack, Produktivität, Kälteresistenz und Widerstandsfähigkeit gegenüber Krankheiten beeinflußt werden. Die Samen der nach der Bestäubung heranwachsenden Früchte besitzen dann möglicherweise Gene, die die erwünschten Qualitäten tragen. Nach der Aussaat der Samen werden diejenigen Pflanzen selektiert, die den Zuchtvorgaben am ehesten entsprechen oder mit ihnen gar identisch sind. Diese Pflanzen können jetzt entweder vegetativ weitervermehrt werden, wobei ihre angezüchteten Eigenschaften erhalten bleiben, oder auch zur weiteren Zucht verwendet werden.

Die Leichtigkeit, mit der *Passiflora*arten erfolgreich gekreuzt werden können, haben sie in der ganzen Welt bei Pflanzenzüchtern und Hobbybotanikern so beliebt gemacht. Bei den Kreuzungen entstehen oft neue, andersartige und unterschiedlich gefärbte atemberaubend schöne Blüten und Früchte mit überraschenden Qualitäten. In den letzten 200 Jahren wurden Hunderte neuer Hybriden gezüchtet, von denen sich einige noch immer im Angebot von Baumschulen und Gärtnereien befinden.

Generative Anzucht

Die Anzucht beziehungsweise Vermehrung aus Samen ist die in der Natur am häufigsten verbreitete Art. Auf diese Weise können Pflanzen im Laufe der Zeit sich verändernden Umweltbedingungen durch natürliche Auslese besser anpassen und somit ihr Fortbestehen sichern.

Die Aussaat kann während des ganzen Jahres vorgenommen werden. Sie erfolgt in sterile, nahezu ungedüngte, durchlässige Anzuchterde. Die Samen werden mit Erde abgedeckt. Wichtig zur erfolgreichen raschen Keimung ist eine Bodentemperatur von möglichst 24–26° Celsius. Der Boden muß feucht, darf aber nicht naß sein. Dauernasser Boden ist sauerstoffarm und kann in Fäulnis übergehen. Samen würden dann zu Faulen beginnen, ebenso schon aufgelaufene Pflänzchen. Die notwendige Bodenwärme kann durch eine Bodenheizung oder, für kleine Zimmergewächshäuser, durch eine Bodenheizplatte gewährleistet werden. Zu empfehlen ist der Betrieb mit einer thermostatischen Regelung.

Die auflaufenden Sämlinge sind empfindlich. Sie benötigen eine hohe Luftfeuchtigkeit. Daher ist es ratsam, bei der Anzucht in einem Zimmergewächshaus dieses mit einer klaren Abdeckhaube zu versehen. Bei der Anzucht im Winter sollte zusätzlich beleuchtet werden. Besonders geeignet hierfür sind Leuchtstoffröhren mit einem zusätzlichen An-

46

teil an UV-Licht. Das sind u. a. die Marken Gro–Lux von Philips und Fluora von Osram. Für kleine Zimmergewächshäuser eignen sich auch entsprechende Aquarienleuchten. Unterbleibt die winterliche zusätzliche Beleuchtung, können die Jungpflanzen vergeilen und erhebliche Probleme bei der später erforderlichen Abhärtung bereiten.

Die Zeit bis zur Keimung kann sehr unterschiedlich lang sein. Gewöhnlich mag sie 20–30 Tage dauern, doch kann auch eine erheblich längere Zeit verstreichen. Bei der Aussaat zuvor lange gelagerter Samen von *P. quadrangularis* erschienen bei einem Keimversuch erste Sämlinge bereits nach 12 Tagen, andere aus derselben Charge erst nach 8 Monaten. Bei einer Untersuchung der bis zu diesem Zeitpunkt noch nicht aufgelaufenen Samen stellte sich zudem heraus, daß von weiteren Samen die Embryoanlage gut entwickelt war und es offensichtlich nur noch eine Frage der (weiteren) Zeit war, bis auch diese Samen auflaufen würden. Passionsblumensamen verschiedener Arten sind bei einem weiteren Keimversuch zu einem großen Prozentsatz noch nach einer Lagerungszeit von drei Jahren bei einer Lagertemperatur um 15° C aufgelaufen.

Nachdem die Sämlinge eine Größe von 5–10 Zentimetern erreicht haben, werden sie in kleine Töpfe umgesetzt. Das Pikieren muß sorgfältig und wurzelschonend vorgenommen werden. Da die Wurzeln der Pflänzchen noch nicht in den Boden gewachsen, sondern nur in ihn hineingedrückt sind, wäre ein starkes Wässern oder ein nasser Boden in diesem Stadium besonders gefährlich und könnte die Sämlinge abtöten. Auch sollten die Pflanzen nach dem Pikieren langsam an die geänderten Kulturbedingungen ge-

wöhnt werden. So ist es ratsam, sie gelegentlich mit Wasser zu besprühen und sie nur langsam intensiverem Sonnenlicht auszusetzen.

Nach einigen weiteren Wochen können die Pflanzen dann in großvolumigere Gefäße gepflanzt werden. Viele Arten blühen und fruchten schon im ersten

Samen von Passiflora quadrangularis

P. edulis-Sämlinge werden pikiert

Jahr nach der Aussaat, wenn die Kulturbedingungen den Ansprüchen der Pflanzen genügen.

In ihrer Heimat benötigt eine aus Samen angezogene *P. edulis* Pflanze bis zur ersten Blüte etwa sechs Monate, die Hauptproduktionszeit beträgt daran anschließend noch einmal 14 Monate. In dieser Zeit finden drei Haupternten während jeweils zwei Monaten statt.

Vegetative Anzucht

Die sortenechte Anzucht von Pflanzen erfolgt gewöhnlich durch die ungeschlechtliche Vermehrung. Zu diesem Zwecke werden Pflanzenteile dazu veranlaßt, Kallus (Wundgewebe) zu bilden und aus ihm heraus Wurzeln zu differenzieren. Diese wiederum sorgen dann in Verbindung mit den über die Blätter gewonnenen Assimilaten für die Ernährung der neuen Pflanze. Aus diesem Ablauf kann auch schon das mit der vegetativen Vermehrung verbundene Anwachsrisiko erkannt werden: Es ist die verstreichende Zeit vom Beginn des Steckens beziehungsweise vom Zeitpunkt des Abtrennens des Stecklings von der Mutterpflanze bis zur Bewurzelung und der damit verbundenen Selbstversorgung. Je länger dieser Zeitraum ausgedehnt ist, desto größer wird das Anwachsrisiko. Es ist von entscheidender Wichtigkeit, daß der Steckling möglichst wenig Wasser verdunstet und nicht schon abstirbt, bevor er Wurzeln bilden kann. Daher ist es ratsam, Stecklinge unter Sprühnebelbedingungen in feuchtes Substrat zu stecken. Hierbei beträgt die relative Luftfeuchtigkeit 100 Prozent. Ein Austrocknen des Stecklings unterbleibt somit. Doch ist die Stecklingsvermehrung nicht das einzige Verfahren der ungeschlechtlichen Vermehrung.

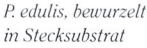

P. edulis, bewurzelt in Stecksubstrat

Stecklingsvermehrung

Stecklinge, die während der Wachstumszeit vom Frühjahr bis zum Sommerende geschnitten und gesteckt werden, wachsen am schnellsten an und sind besonders wüchsig. Als Stecklinge eignen sich insbesondere alle kräftig gewachsenen Triebe. Sie werden von der ausgewählten Mutterpflanze abgeschnitten und in Stücke mit jeweils zwei bis vier Blättern geteilt, die Ranken abgeschnitten. Sind die oberen Blätter des Triebes ausgereift, können auch sie zum Stecken verwandt werden (Kopfstecklinge). Oft haben Passionsblumenarten lange Internodien. Diese Stielabschnitte zwischen den Knospen (Nodien) werden auf etwa 2 cm zur Knospe gekürzt.

Ob die Blätter der Stecklinge abgeschnitten, eingekürzt oder ganz erhalten werden sollen, wird unterschiedlich bewertet und ist von den Anzuchtgegebenheiten abhängig. Kann die Bewurzelung des Stecklings nur an einem Ort erfolgen, an dem es unmöglich ist, Einfluß auf die Luftfeuchtigkeit zu nehmen beziehungsweise diese erforderlichenfalls zu erhöhen, mag es angebracht sein, die Blätter mehr oder weniger stark einzukürzen. Damit wird die für die schädliche Verdunstung maßgebliche Oberfläche verkleinert. Andererseits liefern die Blätter beziehungsweise deren Restflächen dann weniger der für die Pflanze notwendigen Assimilate. Stehen jedoch optimale Anzuchtbedingungen zur Verfügung, ist es gewöhnlich üblich und vorzuziehen, die Blätter – mit Ausnahme der sehr großen Blätter einiger Arten – nur wenig einzukürzen oder sie zu belassen. Im Erwerbsanbau sind ein weiterer Gesichtspunkt für das Einkürzen der Blätter Platzprobleme.

Gesteckt wird anschließend, unter Beachtung der Polarität, in ein spezielles Anzuchtsubstrat, in Perlite, Torfmoos oder direkt in Torfsubstrate. Werden spezielle Torfquelltöpfe, Quader aus Blumenstecksubstrat oder Topfanzuchtplatten zum Stecken verwandt, wird das später erforderliche Pikieren erheblich vereinfacht und sicherer. Die jungen Pflänzchen brauchen dann nicht mitsamt ihren zarten Wurzeln aus dem Boden genommen und pikiert zu werden, sondern können mit dem kleinen Anzuchtgefäß in größere Töpfe umgepflanzt werden. Der Materialeinsatz ist hier zwar größer, der Erfolg jedoch oft sicherer.

Der Bewurzelungserfolg kann bei einigen Arten durch den Einsatz von Bewurzelungshormonen positiv beeinflußt

Anzuchtquartier in Kolumbien

werden. Zu diesem Zwecke werden die fertigen Stecklinge vor dem Stecken mit dem unteren Bereich des Triebes in 3-Indolyl-Buttersäure (z. B. Rhizopon AA 0,5) gestippt. Das überschüssige Pulver wird abgestreift. Allerdings sind die Bewurzelungserfolge auch ohne Hormone gewöhnlich so groß, daß auf den Einsatz von Hilfsstoffen zumeist verzichtet werden kann.

Die weitere Kultur erfolgt unter hoher Luftfeuchtigkeit bei einer Bodentemperatur um 25° Celsius und viel Licht, jedoch nicht bei voller Sonneneinstrahlung. Bei der Benutzung von Bewurzelungshormonen darf die Bodentemperatur nicht über 25° Celsius ansteigen.

Die Bewurzelung kann bereits nach zwei bis vier Wochen so weit fortgeschritten sein, daß pikiert werden kann. Ein recht sicheres Zeichen dafür, das ausreichend Wurzeln gebildet worden sind, ist ein Wachstumsschub von 5–15 cm.

Nach dem Pikieren in größere Töpfe werden die Pflanzen, wie bei der Anzucht der Sämlinge beschrieben, langsam abgehärtet. Dann sollten sie auch der vollen Sonne ausgesetzt werden.

49

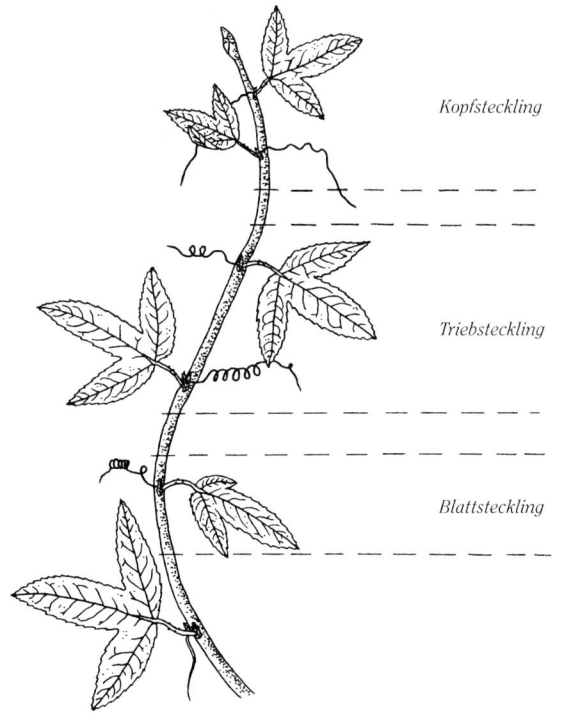

Kopfsteckling

Triebsteckling

Blattsteckling

Stecklingsvermehrung

*Bewurzelter und
ausgetriebener Steckling*

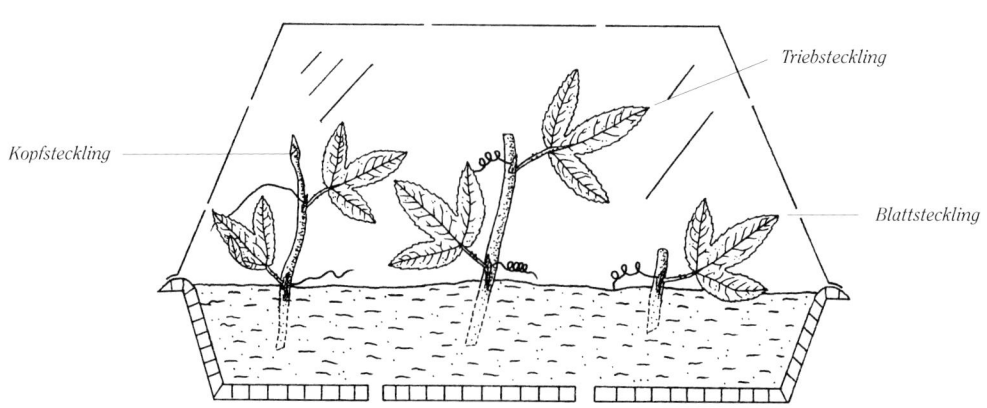

Kopfsteckling

Triebsteckling

Blattsteckling

Stecklinge, die im Herbst oder Winter geschnitten und gesteckt wurden, benötigen eine erheblich längere Zeit zur Bildung von Wurzeln. Wichtig ist eine ausreichend hohe Bodentemperatur und eine möglichst hohe Luftfeuchtigkeit sowie viel Licht. Die Verwendung einer Zusatzbeleuchtung (siehe „Generative Vermehrung") ist unerläßlich. Dennoch kann die Bewurzelung Monate dauern. Während dieser recht langen Zeit muß besonders auf Infektionen durch Pilze und Schädlingsbefall geachtet werden. Gelegentliches Lüften ist zu empfehlen. Bei Pilzbefall müssen sofort Gegenmaßnahmen getroffen werden, notfalls unter Einsatz eines geeigneten Fungizides. Auch Schädlingsbefall, der allerdings seltener auftritt, muß bekämpft werden.

Vermehrung aus Wurzelstücken und Ausläufern

Die Vermehrung von Passionsblumen aus Wurzelstücken ist bei einigen krautartig wachsenden wie *P. caerulea, P. incarnata* und *P. lutea* sowie bei verschiedenen ihrer Hybriden möglich, jedoch unüblich, weil es erheblich einfachere Methoden gibt. Allerdings kann dieses Verfahren notwendig sein, wenn die entsprechende Pflanze im Freien gehalten wird und möglicherweise bei sehr frühen Frösten im Herbst oberirdisch erfriert und abstirbt. Dann können die Wurzeln ausgegraben und die dicksten, fleischigsten von ihnen in 10–15 cm lange Stücke geschnitten werden. Diese Wurzelstücke werden anschließend waagerecht in geeignet große Gefäße in durchlässige Anzuchterde gepflanzt und kühl überwintert. Im Frühjahr werden sie austreiben und können später mitsamt des durchwurzelten Ballens wieder ins Freiland gepflanzt oder im Kübel weiterkultiviert

werden. Diese Arten bilden auch gelegentlich im Sommer Ausläufer, die mit einem Teil ihrer Wurzeln von der Mutterpflanze abgetrennt und in ein Gefäß gepflanzt werden können.

Absenken und Abmoosen (Markottieren)

Diese beiden Verfahren der vegetativen Vermehrung sind sich sehr ähnlich. Stets werden Triebteile angeregt, sich zu bewurzeln, ohne zuvor von der Mutterpflanze abgetrennt worden zu sein. Es ist also ein sicheres Verfahren, bei dem man schnell schon große Pflanzen anziehen kann. Allerdings ist die Ausbeute insgesamt sehr gering. Zu empfehlen ist es auch bei Arten wie *P. cinnabarina, P. herbertiana, P. racemosa*, bei denen sich Stecklinge schwieriger bewurzeln.

Absenken

Ungefähr 20–40 cm unterhalb der Triebspitze wird ein Blatt und die Ranke vorsichtig abgeschnitten. Sind Nebenblätter vorhanden, werden diese auch entfernt. Anschließend wird in einem Bereich von etwa 1 cm die Rinde eingeschnitten und teilweise entfernt. Manche Züchter empfehlen, den verwundeten Bereich zusätzlich mit einem Bewurzelungshormon zu behandeln. Der ganze Trieb wird dann auf den Erdboden herabgebogen und einige Zentimeter tief, zum Beispiel mit einem Haken, befestigt. Ist die Erde feucht und warm, setzt an der verwundeten Stelle schon nach wenigen Wochen Wurzelwachstum ein. Anschließend wird der bewurzelte abgesenkte Trieb von der Mutterpflanze abgetrennt und kann seinerseits eingetopft oder im Freien ausgepflanzt werden. Auf diese Weise vermehrte Pflanzen sind besonders wüchsig und wachsen schon bald zu kräftigen Exem-

51

a: *Bewurzelter Absenker,*
von der Mutterpflanze
abgetrennt
b: *Mutterpflanze mit*
abgesenktem und
fixiertem Trieb

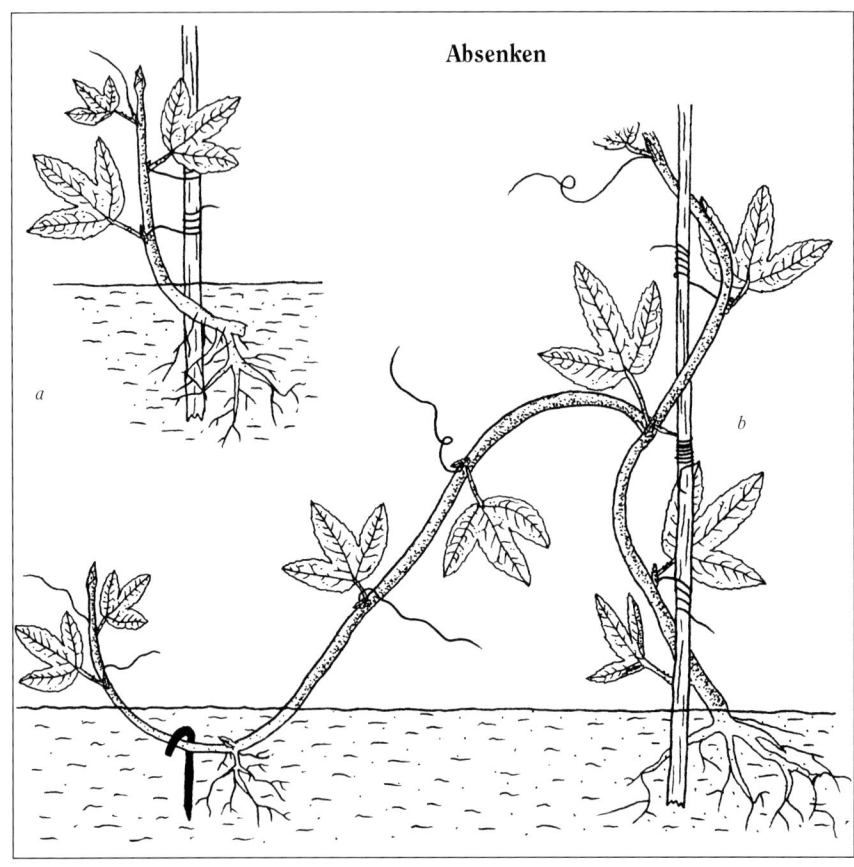

Absenken

plaren heran. In der Heimat vieler Passionsblumenarten, den Tropen Südamerikas, ist das Absenken die einfachste Vermehrungsmethode, wenn nicht gerade große Pflanzenmengen benötigt werden.

Abmoosen oder Markottieren
Der englische Ausdruck für dieses Verfahren ist „Air-Layering" und bedeutet „Luftableger". Er besagt das Wesentliche Viele Pflanzen lassen sich durch Abmoosen vermehren. In erster Linie wird diese Vermehrungsmethode angewandt bei Arten, die sich nur schwer bewurzeln, und bei solchen, von denen schnell große

Exemplare herangezogen werden sollen. Ganz typisch für die Anzucht durch Markottage ist die Vermehrung der Litschipflanze (*Litchi chinensis*) und der Wampi (*Clausena lansium*), einem südostasiatischen Edelobst, sowie verschiedener Ficusarten und mancher Zierpflanzen. Das Verfahren wird nachweislich schon seit weit über tausend Jahren angewendet.

Zum Abmoosen wird ein kräftiger Trieb ausgewählt, der auch mehrjährig sein darf. Dieser wird von oben nach unten mit einem etwa 1–2 cm langen schrägen Einschnitt versehen, nahezu parallel zum Trieb. Die Einschnittstelle wird mit einem kleinen Steinchen oder einem anderen Gegenstand auseinandergehalten. Anschließend wird unterhalb der Schnittstelle eine Manschette aus dünner Folie befestigt. Die dabei entstehende Tasche wird mit feuchtem Sphagnum oder Torfmoos oder einem anderen leichten Anzuchtsubstrat gefüllt und oberhalb der Schnittstelle zusammengebunden. Die Einschnittstelle kann zusätzlich mit Bewurzelungshormonen bestäubt werden, als Manschette eignet sich auch kräftige Aluminiumfolie. Der Trieb muß an einem Spalier oder sonstigem Stab befestigt werden, weil er sich wegen seines Gewichtes sonst herabbiegen würde oder gar abbrechen könnte.

Die Bewurzelung kann schon nach wenigen Wochen einsetzen, wenn dieses Verfahren während der Wachstumszeit im späten Frühjahr angewendet wird. Nach erfolgter kräftiger Bewurzelung – eine sichere Kontrolle ist durch vorsichtiges Öffnen der Manschette möglich – wird der Trieb unterhalb der Bewurzelungszone abgetrennt und sogleich in ein ausreichend großes Gefäß gepflanzt und an einem Spalier fixiert. Es ist nicht ungewöhnlich, daß auf diese Weise vermehrte Pflanzen während des Abtrennens und Topfens schon in Blüte stehen oder bereits Früchte ausgebildet haben.

Veredeln
Es gibt unterschiedliche Gründe, Passionsblumen zu veredeln. So kann auf diese Weise die Kälteresistenz verbessert, die Fruchtqualität angehoben und – sicher der wichtigste Grund – es können die Wachstumsbedingungen und die Toleranz gegenüber bestimmten Böden und Schädlingen verbessert werden.

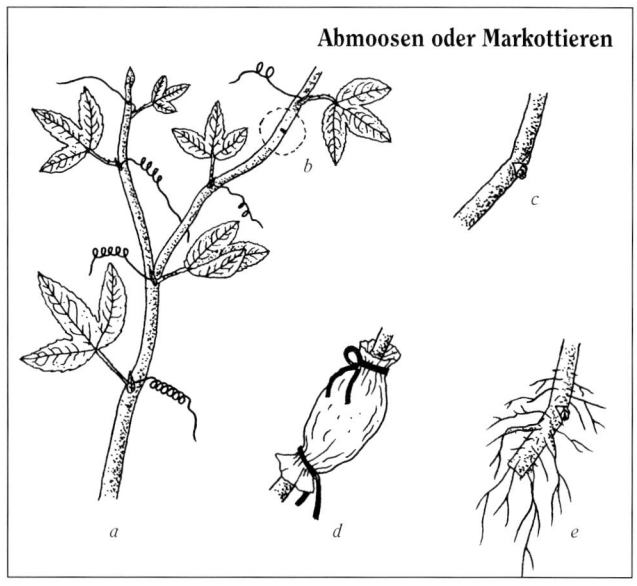

Abmoosen oder Markottieren

a: mehrjährige Pflanze
b: hier wird der Trieb angeschnitten
c: die Schnittstelle wird mit einem kleinen Gegenstand auseinandergedrückt
d: fertiger Verband
e: abgetrennte, erfolgreich bewurzelte neue Pflanze

Die Veredlung auf *P. caerulea* kann die Kälteverträglichkeit empfindlicherer Arten wesentlich erhöhen. Allerdings in Grenzen. Denn der Wurzelstock akzeptiert zwar einen kälteren Boden als die aufveredelte Art, doch die Möglichkeit, die Kultur der so gezüchteten Pflanze bei einer wesentlich niedrigeren Umgebungstemperatur durchzuführen, wird dadurch nicht geschaffen.

Pflanzen, die wegen ihrer Blüten oder ihres besonderen Wuchses kultiviert werden, stammen gewöhnlich aus generativer (aus Samen) oder vegetativer (aus Pflanzenteilen) Vermehrung. Veredelt wird in erster Linie aus wirtschaftlichen Gründen. So gedeihen die meisten Passionsblumenarten, die wegen ihrer Früchte gezogen werden, nicht auf nematodenhaltigen Böden. Ist es nicht zu umgehen, auf diesen Böden *Passiflora*kulturen anzulegen, wird auf eine resistente Unterlage veredelt. Hierzu eignet sich besonders *P. edulis* f. *flavicarpa*, die ihrer-

53

Anplatten

a: Edelreis angeplattet
b: von der Seite gesehen

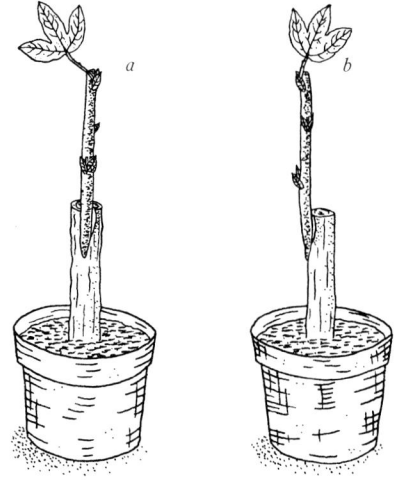

Anplatten

Ein übliches und einfach durchzuführendes Veredlungsverfahren ist das Anplatten, auch Anschäften genannt. Es ist dem Kopulieren im Obstbau sehr ähnlich. Hierbei muß der Wurzelstock zumindest gleichstark sein wie die aufzuveredelnde Sorte. Ideal ist ein Verhältnis der Durchmesser der Unterlage zur Edelsorte von 1:1 bis 2:1. Zuerst wird die Unterlage etwa 10–20 cm über dem Boden abgeworfen (abgeschnitten). Erfolgte der Schnitt mit einer Schere, können Quetschungen hervorgerufen worden sein, die ein gutes Abheilen der Schnittwunde und das Verwachsen mit dem Edelreis negativ beeinflussen würden. In diesem Fall sollte mit einem scharfen Messer (Kopuliermesser oder Hippe) nachgeschnitten werden. Anschließend wird an der Unterlage ein etwa 2 cm langer Schnitt ausgeführt, der besonders bei dickeren Unterlagen nur wenige Millimeter ins Holz gehen darf. Er wird von unten nach oben ausgeführt und endet an der Abwurfstelle.

Das aus dem mittleren Bereich eines Triebes stammende Edelreis sollte eine Länge von 10–15 cm haben mit möglichst kurzen Internodien (Abstände zwischen den einzelnen Knospen). Die Ranken werden abgeschnitten, ebenso große Nebenblätter. Die Blätter werden, abhängig von deren Größe, angeschnitten oder im unteren Bereich ganz entfernt. Anschließend wird das Edelreis unten mit einem auch etwa 2 cm langen schrägen Schnitt (Kopulationsschnitt) – möglichst gegenüber einer Knospe – versehen. Die Schnittbreite sollte der Breite des Schnittes an der Unterlage entsprechen. Dann werden beide Veredlungspartner im Bereich des angeschnittenen Holzes deckungsgleich übereinanderge-

seits sowohl geschlechtlich als auch ungeschlechtlich angezogen werden. Sie ist zudem resistent gegenüber *Phytophtora*, einer Pilzerkrankung, die zu Fäulnis führt. Veredlungen auf geeignete Unterlagen minimieren auch das Risiko, an Wurzel- und Stengelfäule zu erkranken. *P. caerulea* soll sich nach Untersuchungen in Südafrika besonders gut als Wurzelstock für *P. edulis* eignen, und zwar hinsichtlich ihrer Kälte- und Salztoleranz.

Veredlungsverfahren

Gerade aus dem Obstbau sind viele Veredlungsverfahren bekannt, die ein Veredeln zu jeder Jahreszeit und mit unterschiedlichstem Ausgangsmaterial ermöglichen. Das Veredeln von krautartig wachsenden Pflanzen schränkt die Anzahl der möglichen Verfahren ein.

Grundsätzlich muß sehr sauber gearbeitet werden. Schnittstellen dürfen nicht mit den Fingern in Berührung kommen. Zu groß wäre das Risiko, schädliche Keime oder aus dem Körper ausgeschiedene Salze zu übertragen.

legt und mit Bast oder einem speziellen Veredlungsgummi verbunden. Ist die Schnittstelle an der Unterlage etwas breiter als am Edelreis, muß nach dem Übereinanderlegen beider Veredlungspartner zumindest eine Seite bündig mit der entsprechenden Seite des anderen Partners übereinanderliegen. Nur so ist Kambiumkontakt gegeben und die Veredlung kann durch die Bildung neuer Leitungsbahnen in der Wachstumszone erfolgreich anwachsen.

Nach dem Verbinden der Veredlung wird mit Wachs verstrichen, um vor Verdunstung und eventuellem Schädlingsbefall zu schützen. Auch die obere Schnittstelle des Edelreises sollte mit Wachs verstrichen werden.

Die Veredlung wird anschließend warm und hell bei möglichst hoher Luftfeuchtigkeit aufgestellt. Ideal ist ein beheiztes Gewächshaus. Gewöhnlich schon nach wenigen Wochen ist die Veredlung angewachsen und beginnt auszutreiben. Wenn mit Bast verbunden wurde, muß der Verband zu diesem Zeitpunkt mit einem scharfen Messer aufgetrennt werden. Anderenfalls würde er einschnüren und könnte den Trieb abbrechen lassen. Wurde spezielles Veredlungsgummi in Verbindung mit durchscheinendem Baumwachs verwandt, erübrigt sich ein Aufschneiden. Durch den UV-Anteil am Tageslicht zersetzt sich das Gummi und zerreißt bei zunehmendem Dickenwachstum.

Ablaktieren mit Gegenzungen

Wer beim Veredeln ganz sicher gehen will, kann das Verfahren Kopulation mit Gegenzungen anwenden. Es ist zwar etwas aufwendiger in seiner Durchführung und es müssen einige Vorbereitungen getroffen werden, doch Erfolg hat damit

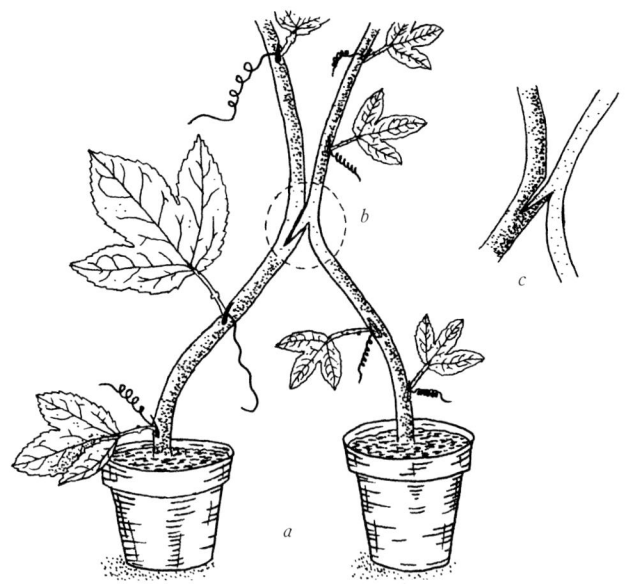

meistens auch der Ungeübte. Eine günstige Zeit zur Anwendung dieses Verfahrens liegt in der Vegetationszeit – bei uns vom späten Frühjahr bis zum Ausklang des Sommers. Steht ein helles Warmhaus zur Verfügung und wird durchkultiviert, kann während des ganzen Jahres auf diese Weise veredelt werden.

Voraussetzung: Es müssen sowohl Veredlungsunterlage (Wurzelstock) als auch Edelsorte in je einem Gefäß angezogen worden sein, und beide Pflanzen sollten an der beabsichtigten Veredlungsstelle nahezu den gleichen Durchmesser aufweisen.

Um die Veredlung durchführen zu können, werden beide Töpfe dicht nebeneinandergestellt. Die sich jeweils gegenüber befindlichen Seiten beider Stengel werden in gewünschter Höhe – etwa 15 bis 25 cm – mit einem etwa 2 cm langen schrägen Einschnitt versehen. Einer dieser Schnitte wird von oben nach unten ausgeführt, der andere von unten

Ablaktieren mit Gegenzungen

a: Zwei Pflanzen werden zum Veredeln nebeneinander gestellt

b: Die entgegengesetzt geschnittenen Zungen greifen ineinander, anschließend wird verbunden

nach oben. Hierbei entstehen zwei keilförmig zugeschnittene Stengelabschnitte, die anschließend ineinandergeschoben werden. Der Veredlungsbereich muß verbunden werden, damit ein sicherer Kambiumkontakt an den Rändern der Schnittstellen beider Veredlungspartner ermöglicht wird. Üblich hierfür sind Bast, Veredlungsgummi oder PE-Band. Die Weiterkultur bis zum Anwachsen sollte im Glashaus oder einem ähnlich geeigneten Raum bei ausreichender Luftfeuchtigkeit erfolgen. Ein Verstreichen mit Baumwachs braucht dann nicht zu erfolgen. Gewöhnlich wird der Veredlungsbereich bereits nach 2–4 Wochen sicher verwachsen sein. Der letzte Schritt ist das Trennen beider Pflanzen. Zu diesem Zweck wird der Wurzelstock oberhalb der Veredlungsstelle abgeschnitten, die Edelsorte darunter und der Verband entfernt. Es ist wichtig, die so geschaffene neue Pflanze zu stäben, damit nicht durch ein Umknicken und übermäßige Belastung des Veredlungsbereichs ein Ausbrechen erfolgt.

Bei diesem Verfahren wird die in einem Gefäß angezogene Edelsorte zwar bis zur Veredlungsstelle zurückgeschnitten, sie ist jedoch nach erneutem Austrieb immer wieder zu weiteren Veredlungen verwendbar.

Meristemvermehrung

Eine besondere Art der sortenechten Anzucht ist die Meristemvermehrung. Ein Meristem ist Bildungsgewebe, das von Sproßspitzen gewonnen wird. Aus den Zellen lassen sich unter geeigneten Bedingungen identische Pflanzen differenzieren. Die auf diese Weise angezogenen Klone werden „in vitro", im Reagenzglas, unter sterilen Bedingungen kultiviert,

anschließend in Töpfe oder auf Anzuchtplatten pikiert und in Glas- beziehungsweise Folienhäusern abgehärtet.

Auf diese Vermehrungsmethode haben sich in Europa spezielle Labors u. a. in Frankreich (diverse *Passiflora*arten), in Belgien (*P. caerulea*) und in den Niederlanden (u. a. *P. edulis*) spezialisiert. Versuche mit dieser Gattung werden in mehreren weiteren Labors unternommen. So angezogene Pflanzen sind gewöhnlich frei von Krankheiten, insbesondere von Virosen und Mykoplasmosen, können schnell in großen Mengen produziert werden und sind außerdem besonders wüchsig. Letzteres wird bei einigen auf diese Art vermehrten Obst- und Ziergehölzen allerdings als Nachteil angesehen.

Kommerzielle Vermehrung

In den Anbauländern von *Passiflora* zur Fruchtgewinnung wird sowohl generativ als auch vegetativ vermehrt. Das aus den Früchten gewonnene Saatgut wird nach Fermentation und Auswaschung getrocknet und gleich anschließend in Polyethylenbeutel (Foliencontainer) ausgesät. Mancherorts werden vor der Aussaat die Samenschalen angerauht, um sie so für Wasser aufnahmefähiger zu machen.

Die vegetative Vermehrung erfolgt durch bleistiftstarke Stecklinge mit 3–4 Knospen, die von ausgereiften Trieben gewonnen werden. Gelegentlich werden Auxine zur Förderung der Wurzelbildung eingesetzt. Die Bewurzelung erfolgt dann in Folientunneln oder in Sprühnebelanlagen.

Nachdem die Pflanzen eine Größe von 15–25 cm erreicht haben, werden sie abgehärtet und anschließend ins Freiland verschult.

Hybridisierung

Was genau ist eine Hybride?

Es ist ein Exemplar, das von genetisch unterschiedlichen Eltern abstammt.
Dazu gehören auch Hybriden innerhalb einer Art.

„F1-Hybriden" entstehen, wenn zwei ausgewählte Eltern gekreuzt werden. Stehen als Kreuzungspartner beispielsweise zwei *Passiflora caerulea* Pflanzen zur Verfügung, von denen die eine zu Beginn des Frühlings blüht und die andere erst gegen Ende des Sommers, könnten nach erfolgreicher gegenseitiger Bestäubung in den Früchten Samen reifen, aus denen Pflanzen gezogen werden könnten, die von Frühlingsanfang bis zum Sommerende blühen. Diese neuen Pflanzen sind F1-Hybriden, was erste Tochtergeneration bedeutet.

Kreuzte man die so angezogenen F1-Hybriden beziehungsweise ließe man sie sich selbst befruchten, dann wären die daraus hervorgehenden Pflanzen F2-Hybriden. Das kann entsprechend fortgesetzt werden.

Diese Verfahrensweise der Hybridisierung mag mühselig und langsam erscheinen, aber wenn man zum Beispiel eine länger blühende *Passiflora caerulea* haben möchte, die man aus Samen ziehen kann, wäre dieses der einzige Weg. Es könnte zehn Generationen oder länger dauern, um auf diese Art und Weise eine neue, langblühende Spielart oder Variante von *Passiflora caerulea* zu bekommen.

Eine artenspezifische Hybridisierung liegt dann vor, wenn zwei verschiedene Arten derselben Gattung gekreuzt werden. Hierbei werden nicht selten Pflanzen entstehen, die sich überraschend auffällig von beiden Elternteilen unterscheiden. So entstand, als *Passiflora alata* mit *Passiflora caerulea* gekreuzt wurde, eine sehr großblütige Hybride, die jetzt als *Passiflora x belotii* bekannt ist. Solche Hybriden wie *P. x belotii* sind gewöhnlich unfruchtbar. Wenn man sie dazu bringen kann, Früchte zu produzieren, sind diese oft hohl und haben nur wenige winzige, mißgebildete, nicht keimfähige Samen.

Warum werden Passionsblumenhybriden gezüchtet?

Es gibt dafür eine ganze Reihe wichtiger wirtschaftlicher, pharmazeutischer und wissenschaftlicher Gründe. Millionen von Dollar hat man zum Beispiel darauf verwandt, die wirtschaftlich verwertbare Ernte zu verbessern und krankheitsresistente Pflanzen von *Passiflora edulis*, *P. edulis* f. *flavicarpa*, *P. quadrangularis*, *P. ligularis* und *P. mollissima* zu züchten. Bisher sind nur wenige der pharmazeutischen Qualitäten von *Passiflora* untersucht worden. Wenn das jedoch einmal intensiv geschehen wird, ist sicher eine weitere Pflanzenhybridisierung notwen-

57

dig, um das genetische Material zu verbessern und den Ertrag sowie die spätere Qualität der Droge zu steigern.

Züchter und Gärtner sind derzeit besonders daran interessiert, neue spektakuläre Garten- oder Treibhaushybriden hervorzubringen. Hierbei richten sie ihr Augenmerk in erster Linie auf Variationen von Farbe, Form und Größe, die bei den Passionsblumen grenzenlos zu sein scheinen. Doch auch die Winterhärte ist ein wichtiges Kriterium.

Kreuzen unterschiedlicher Arten und Sorten

Der erste Bericht von einer Passionsblumen-Hybride stammt von Mr. Milne aus Fulham, London, 1821, der *P. caerulea* mit *P. racemosa* kreuzte. Joseph Sabine beschrieb diese wundervolle neue *Passiflora* in „Lodd. Bot. Cab 1821", und es gibt eine sehr hübsche Illustration davon in „Hort. Trans. Vol. 4, Pl. 9 1823", unterschrieben: „*Passiflora caerulea-racemosa*". Es war schon eine erstaunliche Wahl, diese beiden Sorten zu kreuzen, wenn man bedenkt, daß *P. caerulea* nicht gerade eng verwandt ist mit *P. racemosa*. Sie gehören nicht derselben Untergattung an. *P. caerulea* wurde als zarte Garten-Kletterpflanze angesehen und *P. racemosa* als Treibhaus-Kletterpflanze, aber trotz-dem ist diese Kreuzung wahrscheinlich die berühmteste von allen *Passiflora*-Hybriden geworden und kann in unterschiedlichen Formen unter vielen Namen erworben werden, wie z. B. 'Eynsford Gem', 'Victoria' und 'Tresederi'. Interessanterweise waren einige Kollegen von Joseph Sabine nicht so beeindruckt von Mr. Milnes Hybride wie Mr. Sabine selbst, und sie dokumentierten

ihre Meinung in einem Schreiben an ein Journal. Der letzte Satz ihres Briefes lautete: „Es scheint zur Zeit immer mehr in Mode zu kommen, Blumen miteinander zu vermischen und so bei den Pflanzen eine Art Maultier zu produzieren. Es ist fraglich, ob die Botanik, oder wenigstens der Gartenbau, von dieser Vorliebe einen Vorteil haben wird oder ob es zu irgend einem anderen Ergebnis führen wird außer zu bloßer Verwirrung."

Sie hatten sicher recht, was die „Verwirrung" betraf. Es gibt heute viele *Passiflora*-Hybriden, bei denen wir nicht sicher sein können, von welchen Ausgangspflanzen sie stammen oder wer ursprünglich für ihre Entstehung verantwortlich war. Einige Hybriden sind auch natürlich, ohne menschliches Zutun, entstanden. Zum Beispiel bei der Einführung fremder Arten, die sich prompt mit einheimischen *Passiflora*arten in den Tropen und Subtropen gekreuzt haben. Unglücklicherweise sind einige dieser Hybriden wieder in die Wildnis der Karibischen Inseln und Südamerikas, Afrikas und Australiens gelangt und stehen nun in erbittertem Wettstreit mit den ursprünglich dort heimischen Arten. Dabei wird sogar das Überleben einiger der weniger bekannten Passionsblumenarten gefährdet.

Im nördlichen Südamerika, Venezuela, Kolumbien und Ecuador, hat die natürliche Hybridisierung der Untergattung Tacsonia zu einem Alptraum für Botaniker geführt. *P. mollissima* wächst gewöhnlich in niedrigeren Höhen als ihre enge Verwandte *P. mixta*. Doch durch die fortschreitende Erschließung des Landes auch in Berglagen durch neue Straßen und Eisenbahnverbindungen haben sich diese beiden Arten auf einer mittleren Höhe natürlich vermischt. Die neue Hybride ist äußerst robust und durchsetzungsfähig, sowohl in niedrigeren wie in höheren Lagen bis zu 3.000 Metern. Inzwischen ist es schon an vielen Stellen schwierig geworden, eine der beiden ursprünglichen Arten zu finden.

Nach diesem anfänglichen Schauer so vieler neuer Hybriden im 19. Jahrhundert, schien die Beliebtheit und das Interesse an der Hybridisierung von Passionsblumen erst einmal aufzuhören, vielleicht auch als Folge von zwei großen europäischen Kriegen. Aber in der zweiten Hälfte des 20. Jahrhunderts kehrte das Interesse an Passionsblumen und der Hybridisierung mit neuer Kraft zurück. In den letzten zehn Jahren wurden mehr Hybriden gezüchtet als jemals zuvor.

In den USA haben Patrick Worley, Richard McCain, R. J. Knight jr. und H. F. Winters intensive Forschungen betrieben, nicht nur um neue, dekorative Hybriden zu züchten, sondern sie versuchten auch, dekorative, winterharte Passionsblumen zu produzieren, die eßbare süße Früchte hervorbrachten. Viele der Passionsblumen-Hybriden von P. Worley sind auch in Europa bekannt und werden kultiviert. Die bekannteste ist die *P. x sunburst.*

P. x violacea var.
'Tresederi'

R. J. Knight jr. ist der Züchter der Hybride *P.* x *incense*, die zweifellos die erfolgreichste und am weitesten verbreitete neue Passionsblume dieses Jahrhunderts in den USA und Europa geworden ist.

Auch in Europa wurden viele neue Hybriden gezüchtet. In Deutschland hat Monika Gottschalk eine Reihe von *P. caerulea* 'Constance Elliot'-Hybriden gezüchtet, darunter auch P. 'Fixstern' (*P.* 'Amethyst' x *P. caerulea* 'Constance Elliot') und *P.* 'Violet Star'. In Holland hat Cor Laurens zahllose neue Variietäten produziert. Einige von ihnen sind wirklich auserlesen, und obwohl sie bisher noch nicht weit verbreitet sind, werden sie die Herzen aller Liebhaber von Passionsblumen auf beiden Seiten des Atlantiks gewinnen. *P.* x *red inca* und *P.* x *purple haze* zum Beispiel sind solche erlesenen Neuzüchtungen. In Großbritannien vertreibt R. J. R. Vanderplank bereits einige seiner Hybriden, die jüngste ist die *P.* x *adularia*.

Professionelle Hybridisierung

Hybridisierung ist ein ernsthaftes Geschäft, und viele Zehntausende Dollar werden jedes Jahr von Forschungsinstituten und professionellen Züchtern dafür ausgegeben. Ständig wird versucht, kommerziell nutzbare Sorten der eßbaren Passionsblumenarten weiterhin zu verbessern. Viele dieser Forschungseinrichtungen sind meist in tropischen oder subtropischen Ländern wie Australien, Indien, Israel, Neuseeland und den USA zu finden. In jüngster Zeit hat sich die Forschung sowohl auf reine Arten als auch auf Hybriden konzentriert. Die jeweiligen Forschungsprogramme und die bei deren Umsetzung auftretenden Probleme können sehr vielfältig sein.

Auf Hawaii und Neuseeland ist die Bananen-Passionsfrucht *P. mollissima* am beliebtesten, aber ihre zarte Haut ist sehr empfindlich. Dadurch werden die Vermarktungsmöglichkeiten beeinträchtigt, und es ist praktisch unmöglich, dieses Obst in größerem Maße zu exportieren. Deshalb versuchen Pflanzenzüchter durch Hybridisierung Varianten von *P. mollissima* zu züchten, die widerstandsfähigere Schalen haben und einen Transport ohne Schadstellen und Qualitätsverlust überstehen.

In Australien, wo die Purpurgranadilla *P. edulis* bevorzugt wird, hat man über hundert namentlich gekennzeichnete Sorten entwickelt, die größere und süßere Früchte tragen und sehr ertragreich sind. Doch das Hauptproblem ist nicht die Qualität der Früchte oder deren Empfindlichkeit, sondern Schädlinge, die im Boden leben, die Nematoden (Fadenwürmer). Aus diesem Grund wurde die Varietät *P. edulis flavicarpa*, die Goldene Granadilla, eine natürlich vorkommende Hybride aus Südamerika, die eine natürliche Resistenz gegen Nematoden hat, eingeführt. Allerdings ist deren Frucht nicht vergleichbar schmackhaft. Da sie selbst im ausgereiften Zustand ziemlich sauer ist, haben Wissenschaftler versucht, beide Sorten zu kreuzen. So sollte eine Variante entstehen, die gegen Nematoden resistent ist, aber trotzdem süße eßbare Früchte von hoher Qualität trägt. Dieses Ziel wurde bislang jedoch nicht erreicht, hingegen hat sich das Projekt als sehr kostspielig und schwierig erwiesen. Aber im Zuge der Fortschritte in der Gentechnologie bei vielen wirtschaftlich wichtigen Nahrungsmitteln und Feldfrüchten, kann dieses Problem in Zukunft vielleicht auch bei *Passiflora* auf diese Weise gelöst werden – möglicherweise schneller als durch Hybridisation. Ob das letztendlich wünschenswert ist, bleibt dahingestellt.

Seit Jahren wurde in Kalifornien und Florida (USA) versucht, Pflanzen mit eßbaren Hybriden zu entwickeln, die kälteres, gemäßigteres Klima aushalten, sogar leichten Frost. Tatsächlich wurde *P.* x *incense* bei einem solchen Versuch in Florida gezogen. Sie hat sich inzwischen sogar als die beste unter den neuen dekorativen Hybriden der letzten Jahre etabliert. Doch obwohl *P.* x *incense* eßbare Früchte annehmbarer Größe hervorbringt, fehlt ihnen doch das exotische Aroma und die Süße von *P. edulis*. Man hat zwar Hybriden geschaffen und beide Pflanzen gekreuzt, aber die Nachkommen scheinen gerade die besten Eigenschaften beider Stammpflanzen verloren zu haben.

Viele tausend Tonnen Passionsfrüchte werden jährlich von der Konservenindustrie verarbeitet. Wie bei allen wirtschaftlichen Transaktionen liegt das Hauptinteresse darin, Kosten zu reduzieren und Gewinne zu optimieren. Daher ist die Entwicklung von Hybriden erforderlich, die große, süße, möglichst samenlose Früchte tragen, die nur wenig oder gar keine Kerne haben. Dies scheint bald möglich zu sein.

Und schließlich hat sich das Augenmerk der Forschung an den Universitäten auch auf die pharmazeutischen Eigenschaften der Pflanzen aus der Gattung *Passiflora* gerichtet. Dieses wird zu einem steigenden Bedarf an neuen Hybriden führen, die arzneiliche Wirkstoffe in größerer Menge enthalten.

Hybridisierungs-Praxis

Grundsätzlich ist es möglich, Hybriden aus Sorten einer Art oder aus unterschiedlichen Arten heranzuziehen. Folgend ist vom Kreuzen von Passionsblumenarten die Rede.

Die meisten Passionsblumen haben dieselbe Zahl von Chromosomen n = 6, 2n = 12. Wenn diese gekreuzt werden, gibt es fruchtbare Nachkommen. Wenn aber Hybriden von Eltern mit unterschiedlicher Chromosomenzahl angezogen werden, sind diese steril.
Jede Kreuzungskombination kann versucht werden, aber bei manchen ist die Erfolgswahrscheinlichkeit größer als bei anderen. Nach Vanderplank ist es schwierig, wenn es sich bei einem Elternteil unter anderem um *P. lutea*, *P. cuprea*, *P. perfoliata*, *P. coriacea* oder *P. quadriflora* handelt. Einige Hybriden sind unfruchtbar und können daher von Anfang an ausgeschlossen werden. *P.* x *allardii*, *P.* x *belotii* und *P. violacea* bringen ebenfalls Früchte hervor, die keine Samen tragen. Arten, aus denen sich bereitwillig Hybriden erzeugen lassen, sind ein guter Ausgangspunkt. Dazu zählen *P. caerulea*, *P. alata*, *P. incarnata*, *P. racemosa*, *P. quadrangularis*, *P. amethystina*, *P. coccinea*, *P. vitifolia*, *P. cincinnata*, *P. mollissima*, *P. mixta* und *P. manicata*. Einige Hybriden sind auch gute Elternpflanzen, wie etwa *P. alata* 'Ruby Glow', *P.* x *decaisneana* und *P.* x *amethyst*. Diese sind vielleicht für den Anfang die problemlosesten. Da es sich bei letzteren bereits um Hybriden handelt, ist die Wahrscheinlichkeit größer, daß bei den Nachkommen sehr große Variationen auftreten. Das eigene Kreuzen wird dadurch besonders interessant. Dagegen ist das Ergebnis einer Kreuzung zwischen wildwachsenden Ar-

Hybridisierungs-Technik

a: Pollen (Blütenstaub)
   einer Passionsblume
   wird übertragen auf
   die Narbe einer
   anderen Pflanze

b: Umgekehrt wird
   ebenso verfahren.
   Werden die Staub-
   blätter (Staubfäden
   und Staubbeutel) der
   bestäubten Pflanze
   entfernt, kann eine
   Selbstbestäubung
   verhindert werden

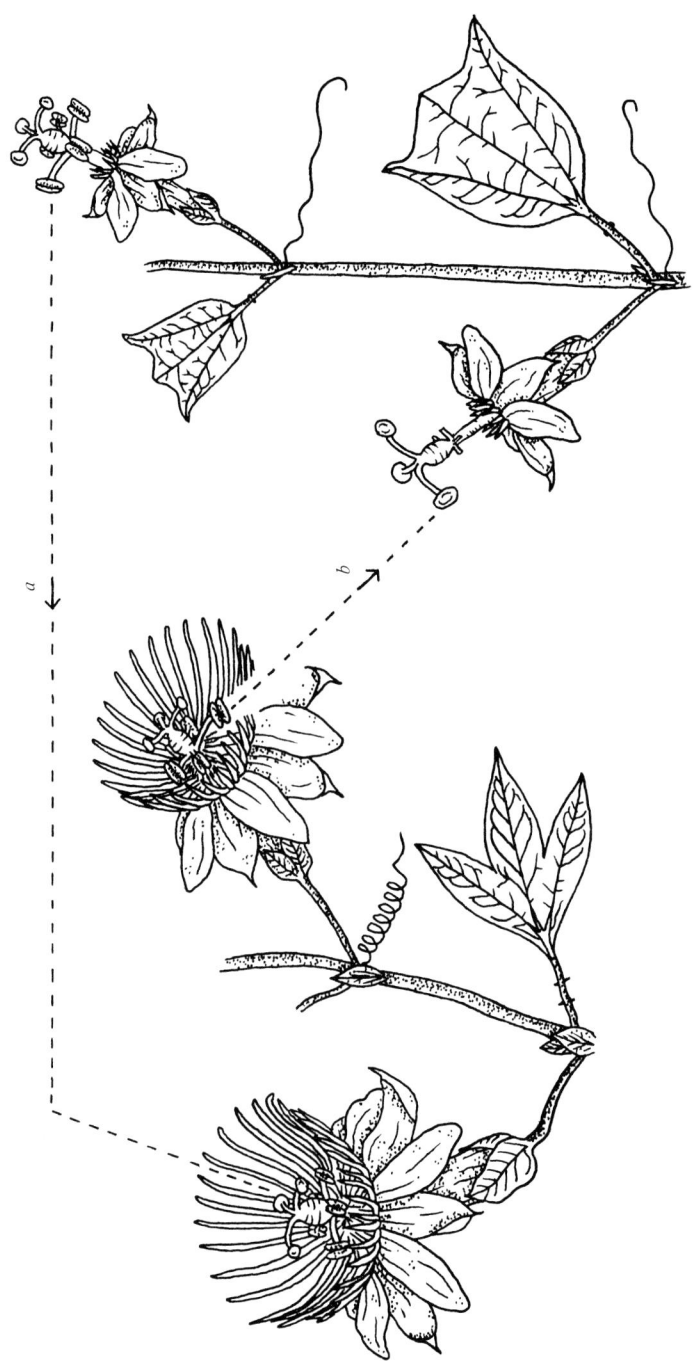

ten oft weniger spektakulär. Die neuen Pflanzen können sich in ihrem Phänotypus sehr ähnlich, zuweilen auch nahezu identisch sein.

Die jüngsten bekannten Hybriden sind aus dekorativen, großblütigen Arten und Sorten hervorgegangen. Obwohl die Blätter und Blüten mancher Wildarten auch sehr dekorativ sind, wurden diese kaum zur Hybridisierung herangezogen.

Die Untergattung Plectostemma ist die größte mit über 140 Arten. Viele von ihnen bieten gute Möglichkeiten für eine problemlose Hybridisierung, insbesondere Arten wie *P. trifaciata*, *P. organensis*, *P. misera*, *P. morifolia* und *P. gracilis*. Sie sind geschmückt mit sehr unterschiedlichen und schönen Schmuckblättern und ausgesprochen dekorativen Blüten. Von den kleinblütigen Hybriden hat sich einzig mit großem Erfolg nur *P.* x *sunburst* von Patrick Worley durchgesetzt; eine Augenweide – wenn nur der Geruch nicht wäre.

Man stellt sich die Fremdbestäubung oder Hybridisierung zweier Pflanzen immer als etwas sehr Schwieriges oder ausgesprochen Wissenschaftliches vor. Doch das trifft nicht zu. Mit etwas Übung ist es gar nicht schwer.

Wenn die ausgewählten Arten gleichzeitig blühen, wird Pollen vom Staubgefäß der einen Art mit einem kleinen, weichen Pinsel genommen. Passionsblumen haben fünf Staubgefäße im oberen Teil der Blüte, direkt unterhalb der drei Narben. Der entnommene Pollen wird dann sanft über der Unterseite der Narben (den drei Gebilden im oberen Teil der Blüte) der anderen Art abgestreift. Dann wird der Pollen der zweiten Blüte ebenso abgenommen und auf die Narben der ersten Art gebracht. Mit dieser Methode sind die Erfolgschancen verdoppelt. Mit etwas Glück wachsen jetzt an beiden Pflanzen Früchte, deren Samen die Erbinformationen beider Elternpflanzen in sich tragen.

Wenn die zur Kreuzung ausgewählten Arten auch ohne Hilfe blühen und fruchten, müssen besondere Vorkehrungen gegen unerwünschte Fremdbestäubung getroffen werden. Sobald sich die Blüte öffnet, werden die fünf Staubgefäße mittels einer kleinen Schere abgeschnitten. Diese können dennoch Pollen liefern, der zur Bestäubung anderer Blüten verwendet werden kann.

Nachdem die dafür vorgesehenen Blüten bestäubt worden sind, werden sie mit einem dünnen Netz, Tuch oder einer Papiertüte (keine Plastiktüte) vorsichtig umbunden. So sind sie für den Rest des Tages vor Fremdbestäubung, zum Beispiel durch Insekten, geschützt.

Je mehr Blüten bestäubt werden, desto größer die Erfolgschancen. Es gelingt nicht immer beim ersten Mal. Manchmal liegt ein Mißerfolg an schlechten Wetterbedingungen oder an einem ungünstigen Zeitpunkt. Die meisten Passionsblumen bestäubt man am besten nach der Mittagszeit, wenn der Pollen Zeit gehabt hat zu reifen und die Narbe am empfänglichsten ist.

Regen oder Gießen von oben in den drei Stunden vor oder nach der Bestäubung führt meistens zu einem völligen Fehlschlag und sollte daher vermieden werden. Einige Passionsblumen der Untergattung Plectostemma öffnen ihre Blüten vor Tagesanbruch und schließen sie gegen 10 Uhr morgens an warmen, sonnigen Tagen. Diese Arten müssen etwa zwei Stunden, bevor sie sich schließen, bestäubt werden. Soll eine Passionsblumenart mit früh schließender Blüte mit einer Art mit spät öffnender Blüte gekreuzt werden, kann bereits vorher entnommener Pollen verwandt werden. Pollen kann mehrere Stunden, sogar Tage auf dem Pinsel aufgehoben werden, ohne daß er Schaden nimmt. Der beste Platz hierfür ist ein kühler, schattiger Platz; nicht jedoch das Sonnenlicht und auch nicht der Kühlschrank. Offensichtlich ist das Einfrieren von Pollen auch keine geeignete Möglichkeit der Lagerung.

Blühen mehrere Passionsblumen gleichzeitig, mag es naheliegen, mit einem Pinsel den Pollen verschiedener Arten oder Hybriden abzustreifen und diesen auf die Narben aufzutragen. Durch dieses Pollengemisch können Hybriden unbekannter Stammpflanzen entstehen. Doch ein solches Vorgehen ist bei einem gewissenhaften Züchter nicht üblich. Wichtig sind genaue Aufzeichnungen über die Abstammung jeder Hybride. Auf der anderen Seite hat diese Methode jedoch den Vorteil, möglichst schnell einen Bestäuber für eine ausgewählte Art zu finden. Wenn dieser Pollencocktail nämlich erfolgreich ist, kann durch weitere Versuche ein erfolgreicher Bestäuber herausgefunden werden.

Es ist immer etwas mühsam, genaue Aufzeichnungen anzufertigen, doch ist es wichtig. Zumindest sollten die grundsätzlichen Bedingungen jeder Kreuzung dokumentiert werden. Zudem sind weitere Details wie etwa Datum, Uhrzeit, Wetter, Temperatur etc. immer nützlich und können manchmal von entscheidender Bedeutung sein. So können erfolgreiche Kreuzungen nachvollzogen und Rückschlüsse auf die Ursachen für mißlungene Versuche aufgestellt werden. Je genauer die Aufzeichnungen sind, desto wertvoller sind sie für weitere Forschungen.

Ist die Kreuzung scheinbar gelungen und setzen die bestäubten Pflanzen Früchte an, können die ersten Enttäuschungen einsetzen. Denn manche schönen Früchte sind hohl und enthalten keinerlei Samen. Oder sie enthalten Samenkörner, die jedoch nicht keimfähig sind. Wenn aber der den Früchten entnommene Samen in Ordnung ist, sollte er nach der Aussaat bei 28° Celsius innerhalb von zwei bis sechs Wochen keimen.

Wurden die Samen frühzeitig ausgesät, können die daraus heranwachsenden, selbst gezüchteten Hybriden noch im selben Jahr blühen. Dann kann schon über Erfolg oder Mißerfolg entschieden werden, wenn das Ziel der Kreuzung die Züchtung einer besonderen Blüte war.

Die Namensgebung

Der Züchter kann der neuen Kreuzung jeden gewünschten Namen geben. Soll dieser Name aber offiziell erteilt werden, müssen einige Regeln eingehalten werden. So darf der ausgesuchte Name gemäß internationalen Abmachungen nicht mehr als elf Buchstaben besitzen. Auch muß der Name einmalig sein. Er darf zuvor noch keiner Passionsblume verliehen worden sein. Dieses kann schwierig sein, da es zur Zeit kein internationales Register für die Namen von Hybriden gibt. Auch sollten keine Namen benutzt werden, die andere im In- und Ausland beleidigen könnten.

Wurde die neue Sorte durch die Kreuzung von zwei Arten geschaffen, die bereits vorher gekreuzt und dokumentiert wurde, dann muß sie den Namen der ursprünglichen Kreuzung und den neuen Namen erhalten. So ist beispielsweise die

Hybride *P. alata* x *P. caerulea* 1889 unter dem Namen *P.* x *belotii* dokumentiert. Wenn die jetzt neugeschaffene Hybride dieselbe Abstammung hat, nämlich *P. alata* x *P. caerulea*, und sie soll 'Monika' heißen, dann würde ihr korrekter Name jetzt lauten: *Passiflora* x *belotii* var. 'Monika'.

Und schließlich sollte der neue Name mit einer Beschreibung in einer guten Gartenzeitschrift veröffentlicht werden. Die Beschreibung braucht nicht eine botanische zu sein, sondern nur enthalten, wie die Pflanze und ihre Blüte aussieht. Daneben sollte ein Foto oder eine Illustration abgebildet werden, außerdem sollten Informationen über ihre Abstammung, das Datum der Züchtung und der Name des Züchters genannt werden. Viele Passionsblumen-Hybriden kennt man nur aus sehr kurzen Beschreibungen oder Fotos in Zeitschriften. Doch je mehr Informationen veröffentlicht werden, um so leichter ist es für andere, die Hybride zu erkennen.

Auf diese Veröffentlichung sollte keinesfalls verzichtet werden. Der Name ist dann für alle Zeiten gültig. Außerdem veröffentlichen die meisten Gartenzeitschriften Berichte über Neuzüchtungen äußerst bereitwillig.

Wegen des großen Interesses an Passionsblumen und ihrer Hybriden gibt es in jüngster Zeit Stimmen, die die Bildung eines internationalen Komitees fordern, um neue Sorten anzuerkennen oder zurückzuweisen. Sicher wird eine solche Einrichtung noch einige Zeit auf sich warten lassen, aber früher oder später wird es dazu kommen.

Liste der bekannten Hybriden
Es gibt zahllose mögliche Passionsblumenhybriden-Kombinationen. Viele ge-

züchtete Hybriden sind nicht formell benannt worden. Sie wurden als ihren Stammpflanzen zu ähnlich oder als zu uninteressant angesehen. Dabei wird jedoch oft übersehen, daß diese Hybriden sich als sehr nützlich erweisen können, wenn sie mit einer ihrer Elternpflanzen rückgekreuzt oder mit einer neuen Sorte oder Hybride gekreuzt werden. Weitergehende Informationen im Kapitel „Passionsblumenhybriden".

P. 'Star of Kingston'

P. alata x *P. quadrangularis*
(*P.* x *decaisneana*)
P. alata x *P. maliformis*
P. alata x *P. racemosa*
(*P.* x *lawsoniana*)
P. amethyst x *P. caerulea*
(viele Hybriden)
P. antioquiensis x *P. manicata*
(*P. militaris*)
P. x *amethyst* x *P. morifolia*
P. x *amethyst* x *P. racemosa*
P. apetala x *P. jorullensis*
P. caerulea x *P. racemosa* (*P.* x *violacea*)
P. caerulea x *P. amethystina*
P. caerulea 'Constance Elliot' x
P. quadrangularis (*P.* x *allardii*)

P. sanguinolenta x
P. capsularis (oben)

P. 'Blue Carnival' (unten)

P. 'Mums Gate',
eine Tacsonia-Hybride
(rechts)

P. incarnata x P. caerulea
= P. x colvillii
P. incarnata x P. cincinnata
= P. x incense
P. incarnata x P. edulis (div. Hybriden)
P. incarnata x P. vitifolia

P. capsularis x P. sanguinolenta
P. cincinnata x P. alata
P. cincinnata x P. caerulea
P. cincinnata x P. caerulea
'Constance Elliot' (P. x blue carnival)
P. cincinnata x P. racemosa
P. coccinea x P. incarnata (P. x red inca)
P. x exoniensis x P. mollissima
P. x exoniensis x P. umbillicata
P. edulis x (div. Hybriden)
P. foetida var. hirsuta x P. foetida var.
hirsutissima
P. gilbertiana x P. jorrulensis
(P. x sunburst)

P. manicata x P. mixta (?)
(P. 'Mums Gate')
P. mollissima x P. antioquiensis
(P. x exoniensis)
P. mollissima x P. mixta
P. mollissima x P. manicata
P. morifolia x P. caerulea
'Constance Elliot' (P. x andy)
P. perfoliata x P. biflora
(P. x fledermouse)
P. platyloba x P. serrulata
P. quadrangularis x P. caerulea
"Constance Elliot" (P. x evatoria)
P. quadrangularis x P. caerulea
(P. x lineasrosea)

P. quadrangularis x *P. racemosa*
(*P. x caponii*)
P. quadrangularis x *P. alata*
(*P. x buonapartea*)
P. racemosa x *P. kermesina*
(*P. x atropurpurea*)
P. racemosa x *P. alata*
P. racemosa x *P.* 'Amethyst'
P. racemosa x *P. coccinea* (*P. x peter*)
P. racemosa x *P. incarnata*
P. racemosa x *P. quadrangularis*
(*P. x will*)
P. rubra x *P. capsularis*
P. serrulata x *P. platyloba*
P. serratifolia x *P. platyloba*
P. serratifolia x *P. caerulea*
P. sanguinolenta x *P. citrina*
(*P. x adularia*)
P. suberosa x *P. coreacea* (*P. x curiosa*)
P. subpeltata x *P. x buonapartea*
(*P.* x 'St. Rule')
P. vitifolia x *P. alata*
P. vitifolia x *P. amethystina*
P. vitifolia x *P. caerulea*
P. vitifolia x *P. incarnata*
P. vitifolia x *P. cincinnata*
P. vitifolia x *P. coccinea* (*P.* x 'Hot Shot')
P. vitifolia x *P. edulis* f. *flavicarpa*
P. vitifolia x *P. gilbertii*
P. vitifolia x *P. racemosa*
P. urbaniana x *P. foetida*

P. x atropurpurea

*P. rubra x P. capsularis,
Frucht*

67

Pflanzenschutz

Schädlinge und Krankheiten

Krankheiten und Schädlinge können in den *Passiflora*-Obstplantagen zu großen Problemen führen und innerhalb kurzer Zeit ganze Bestände zerstören. Damit werden auch Existenzen vernichtet.

Durch Forschungsmaßnahmen wurden Verfahren entwickelt, die den Schädlingsbefallsdruck möglichst niedrig halten. Der Einsatz von chemischen Pflanzenschutzmitteln kann nur in beschränktem Maße erfolgen, weil die zur Bestäubung notwendigen Insekten geschützt werden müssen.

Bei den bei uns gezogenen Passionsblumenarten ist das Schädlingsproblem nicht so gravierend. Werden sie einmal eingeschleppt, können sie gewöhnlich auch schnell wieder ausgemerzt werden. Erworbene Stecklinge können allerdings auch virusbefallen sein und – sofern die Infektion unbemerkt bleibt – durch Hygienefehler auf eine ganze Sammlung übergreifen und erheblichen Schaden anrichten.

Pilzliche Infektionen

Anthracnose und *Alternaria* sind die bedeutendsten Krankheiten, von denen die Purpurgranadilla (*P. edulis*) und die Gelbe Passionsfrucht *(P. edulis* f. *flavicarpa)* sowie deren Hybride, die Rote Passionsfrucht, befallen werden können. Die Befallszeichen an von *Anthracnose* befallenen Früchten sind unterschiedlich, oft sind sie an matten, gräulichen Flächen erkennbar. *Alternaria*befall erinnert zuweilen an Windschäden.

Auch in der Erde vorkommende Pilze schädigen die Passionsblumen. Das sind in erster Linie *Fusarium*-, *Phytophtora*, *Pythiam*- und *Rhizoctonia*arten. Besonders anfällig ist die Purpurgranadilla gegenüber *Fusarium oxysporum* f. *passiflorae*. In Teilen Australiens zählen sie zu den bedeutendsten Schadorganismen. Doch auch in Florida wird *P. edulis* von *Fusarium* und *Phytophtora* befallen. Allerdings scheint die Sorte 'Possum Purple' widerstandsfähig zu sein, ebenso wie

Anthracnose an Maracuja-Früchten

69

die Gelbe und die Rote Passionsfrucht. *Phytiam* führt zu Fäulnis, besonders in der Krone. Infektionspforten entstehen zum Beispiel durch das Abbrechen oder Abschneiden von Trieben und Stämmen. Das kann beim Mähen eventueller Unterpflanzungen oder dem Ernten der Früchte geschehen. Daher wird empfohlen, reife, abgefallene Passionsfrüchte vom Boden aufzusammeln, anstatt unreife zu pflücken.

Kronenfäulnis kann auch durch permanente Tropfbewässerung an immer die gleiche Stelle gefördert werden. Um Pilzkrankheiten vorzubeugen, sollten die Pflanzen früh am Tage gegossen werden und in der kühleren Nacht trocken bleiben. Auf einen ausreichenden Luftaustausch und regelmäßige Unkrautbekämpfung sollte auch geachtet werden.

Alternaria an P. edulis f. flavicarpa x P. edulis-Früchten

Junge Passionsblumensämlinge neigen gelegentlich zu gestauchtem Wuchs, wobei die Ursache oft in einem Befall durch *Rhizoctonia* oder *Phytiam* liegt. Hygienemaßnahmen sowie das Benutzen steriler Erde und eine gute Belüftung können Abhilfe schaffen. Das gilt besonders für Sprühnebel-Vermehrungsanlagen.

In Queensland (Australien) wird übermäßiger Blattfall von *Septoria*-Pilzen verursacht, der auch die Früchte angreift

und zudem ein ungleiches Ausreifen bewirkt. Erwerbsanbauer kontrollieren Pilzkrankheiten durch den gezielten Einsatz zugelassener Fungizide und das Freihalten oder regelmäßige Mähen der Streifen zwischen den Pflanzen. So soll der Verbreitung von Pilzsporen entgegengewirkt werden.

Blüten- und Stammfäulnis ist in Plantagen an *P. quadrangularis* und deren Früchten beobachtet worden. Hier gibt es gegenwärtig noch keine genau abgestimmten Bekämpfungsrichtlinien, allerdings werden, häufig erfolgreich, Maßnahmen ergriffen, die auch bei anderen Kulturen mit entsprechendem Schadbild angewandt werden.

Bei der Anzucht von Passionsblumenarten aus Samen oder aus Stecklingen kann die „Schwarzbeinigkeit" oder „Umfallkrankheit" auftreten. Hierbei verfärbt sich der Trieb in Höhe des Erdbodens dunkel, die Nährstoffzufuhr wird unterbrochen, und die Pflanze kippt um und stirbt ab. Ursache hierfür sind verschiedene Bodenpilze. Vorbeugen kann man dieser nicht selten anzutreffenden Pilzinfektion durch die Verwendung eines sterilen Anzuchtsubstrates. Es kann selbst hergestellt werden durch Sterilisation mit Hitze, die mit Hilfe von speziellen Dämpfanlagen vorgenommen wird (siehe auch Kapitel „Bodenansprüche").

Tierische Schädlinge

Viele Passifloraarten sind durch Nematoden gefährdet. Manche Arten gedeihen zwar trotz Infektion, andere leiden aber sehr und gehen schließlich ein, besonders dann, wenn die Nematodenkonzentration im Boden zunimmt. In Plantagen sollte nematodenbefallene Erde vor dem

nenlicht vernichtet werden. Thripse verursachen erheblichen Schaden an den Ernten in Florida, weil die Schädlinge Blätter und Früchte verderben. Die

Bepflanzen ausgetauscht oder mit einem zugelassenen Mittel begast werden. Nachdem die Pflanzung erfolgt ist, kann ein Mulchen vorbeugend vor erneutem Befall in hohem Maße schützen. Am besten wäre es, nur ohnehin nematodenfreie Flächen zur Passiflorakultur auszuwählen. *P. laurifolia, P. edulis* f. *flavicarpa*, die Gelbe Passionsfrucht, und einige andere Arten sind widerstandsfähig gegenüber Nematoden und können daher als Wurzelstöcke für die anfälligeren Arten benutzt werden.

Schädlinge auf Passionsblumen wie Spinnmilben, Weiße Fliege, Thrips, Wanzen und Raupen beeinträchtigen den guten Wuchs der Pflanzen unter optimalen Bedingungen in voller Sonne gewöhnlich nur recht wenig. Sie können aber zu einem Problem werden, wenn die Pflanzen im Zimmer oder im Gewächshaus kultiviert werden. Milben können mit Mineralölspritzmitteln und viel Son-

Früchte sind mißgebildet oder fallen schon sehr frühzeitig ab. Auch in Kalifornien entstehen große Schäden durch Thripsbefall. Die Insekten greifen die weichen Triebspitzen und ungeöffneten Blüten an, wodurch diese abgeworfen werden. Ein ähnlicher Knospenfall ist in

Raupenfraß an
P. auriculata (links)

Fruchtdeformation durch
Stinkwanzenbefall
an P. quadrangularis
(rechts)

71

Florida beobachtet worden, hier konnte die Ursache allerdings noch nicht geklärt werden. Insekten können auch zu einem Problem werden, wenn die Pflanze recht groß und dicht geworden ist und Pflanzenschutzmittel nicht überall ihre Wirkung zeigen können. In diesem Fall wird in manchen Erzeugerländern auf geeignete systemisch wirkende Insektizide zurückgegriffen. Diese werden dann sehr früh am Morgen ausgebracht, um die erwünschten, die Blüten bestäubenden Insekten nicht zu schädigen.

Der Wanzen- und Stinkwanzenbefall ist gewöhnlich am schlimmsten im Herbst; auch im Garten kann er bei uns sehr lästig werden. Wanzen schädigen die Früchte. Das ist zu erkennen an Vertiefungen auf der Fruchtschale, Beschädigungen, mißgebildeten Früchten und vorzeitigem Fruchtfall. Oft sind auch die Blattränder angefressen.

Schädling
Nacktschnecke

Raupenfraßschäden von *Heliconius*-Schmetterlingsarten ist gewöhnlich unbedeutend, kleinere Pflanzen können darunter jedoch erheblich leiden oder gar vernichtet werden. Ein biologisches Mittel dagegen ist der Einsatz von Bacil-

lus thuringensis. Damit infizierte Raupen sterben schnell ab.

In manchen Gebieten Kaliforniens ist Rattenbefall ein Problem. Diese Tiere, aber gelegentlich auch Wühlmäuse, nagen an den Wurzeln und können so eine Pflanze sehr schnell zerstören.

Bei uns können Spinnmilben an einigen Arten zu einer Plage werden. Diese winzigen Tierchen befinden sich gewöhnlich an den Blattunterseiten und saugen an ihnen. Dadurch entstehen gelbliche Sprenkel an den Blättern, die dann schließlich abgeworfen werden. Bei stärkerem Befall ist auch ein Spinngewebe zu erkennen.

Als Bekämpfungsmaßnahme im Wintergarten bietet sich ein Abwaschen der Blätter an, wenn der Befall gering oder die Pflanze noch klein ist. Ansonsten ist die Pflanze kräftig zurückzuschneiden und mit einem geeigneten Akarizid zu spritzen. In geschlossenen Räumen, wie zum Beispiel einem Glashaus oder Wintergarten, können auch Raubmilben eingesetzt werden.

Auch Wolläuse können Passionsblumen befallen, wenn sie eingeschleppt werden. Sie werden in der Regel jedoch wegen ihres hellweißen watteartigen Aussehens recht frühzeitig erkannt und können dann abgewaschen werden, ohne daß zu systemisch wirkenden Insektiziden gegriffen werden muß.

Schildläuse treten an Passionsblumen seltener auf. Empfänglicher sind hartlaubige Arten wie *P. racemosa*. Diese können gut bekämpft werden mit einem Mineralölspritzmittel. Unter dem hauchdünnen Ölfilm ersticken sie. Allerdings sollte zwei- bis dreimal im Abstand von 10 bis 12 Tagen gespritzt werden, damit auch nachfolgende Generationen vernichtet werden.

Erheblichen Schaden können Nacktschnecken anrichten, die es ohne weiteres schaffen, innerhalb einer einzigen Nacht einen ganzen Anzuchtkasten mit Stecklingen oder Jungpflanzen zu vernichten. Ein Bekämpfungsmittel ist das nächtliche Absammeln der Schnecken oder das Auslegen von Ködern. Bei zu starkem Befall bieten sich chemische Mittel, sogenannte Molluskizide, an.

Virusinfektionen

Viruskrankheiten an *Passiflora*arten treten in Australien häufiger in Erscheinung als in den Vereinigten Staaten und in anderen Teilen der Welt. In Queensland sind die Passionfruit-Woodiness-Viren ein erhebliches Problem für die Purpurgranadilla und einige der roten Fruchtsorten. Die Viren werden von Blattläusen, gelegentlich auch durch Nematoden übertragen und können, besonders nach Schnittmaßnahmen, die ganze Anlage befallen. Dieses Problem kann nur unter Kontrolle gebracht werden durch das Kultivieren widerstandsfähiger Selektionen oder durch das Veredeln auf resistente Unterlagen, wie zum Beispiel der Gelben Passionsfrucht (*P. edulis* f. *flavicarpa*).

Ein anderes Virus ist in Hawaii beobachtet worden. Es greift die Gelbe Passionsfrucht an, schädigt aber nicht die Purpurgranadilla. Dieses Virus wird mechanisch übertragen und kommt auch vor bei der Tomate, der Gurke und bei Tabak. Zuweilen zeigen *Passiflora*arten in Kultur auch Symptome verschiedener Virusinfektionen, doch sind sie nicht immer auch der sichere Tod für die Pflanze. Bei optimaler Kultur können auch sie zufriedenstellend wachsen und fruchten.

Vegetativ vermehrte Pflanzen tragen ein wesentlich größeres Risiko hinsichtlich der Verbreitung von Virosen. Zu empfehlen ist deshalb, nur virusfreies Pflanzmaterial zu verwenden, wie z. B. solches, das durch Gewebekultur gewonnen wurde.

Bei den in Mitteleuropa kultivierten Passionsblumen ist das Virusproblem zumeist nur von untergeordneter Bedeutung. Doch Viren können, insbesondere durch Stecklinge oder anderes Vermehrungsmaterial, eingeschleppt werden.

Kulturfehler

Die Oberfläche der Frucht kann geschädigt werden, wenn die Pflanze an Maschendraht gezogen wird. Die leichte Vibration und die scharfen Kanten des Drahtes wirken sich negativ auf die Entwicklung der Frucht aus, mechanische Schäden können sehr leicht auftreten. Das gilt besonders für die Riesengranadilla, die eine weiche und sehr empfindliche Außenhaut hat. Daher sollten nur geeignete Spaliere verwandt werden, an denen die Früchte hängend ausreifen können, ohne mit scharfkantigen Materialien in Berührung zu kommen. Auch sollten die Früchte regelmäßig geerntet werden, um gegebenenfalls Sonnenbrand oder Pilzbefall während Zeiten mit langanhaltendem Regen vorzubeugen.

Pflanzen, die im Wintergarten überwintert wurden und Ende Mai ins Freie gestellt werden, sind besonders empfänglich für Sonnenbrandschäden. Hier muß erforderlichenfalls einige Tage mehr oder weniger stark beschattet werden, um die Pflanzen abzuhärten. Wichtig ist ein Spalier, damit die Ranken Halt finden und nicht bei Wind oder Sturm Schaden nehmen. Es ist auch zu beachten, daß Kübelpflanzen nicht mehr umgestellt werden können, wenn sich das Spalier nicht im Kübel befindet, sondern – wie häufig üblich – an einer Haus- oder sonstigen Wand oder an einer Hecke.

Auch wenn Passionsblumenarten Frostgrade vertragen, können ihre Früchte, besonders dann, wenn sie noch nicht ausgereift sind, durch sehr niedrige Temperaturen geschädigt werden oder absterben.

Nutzpflanze Passiflora

Samengewinnung und Lagerung

Die Samenkörner werden den Früchten entnommen und von anhaftendem Fruchtfleisch gereinigt. Anschließend können sie sogleich ausgesät werden. Sollen die Samen gelagert werden, müssen sie zuvor langsam bei Zimmertemperatur und bei ausreichender Belüftung getrocknet werden. Die Verwahrung in einem Glas- oder ähnlichem Gefäß darf erst dann erfolgen, wenn die Samen vollständig trocken sind. Anderenfalls – besonders dann, wenn sich an ihnen auch noch Fruchtfleischreste befinden – kann Schimmelbefall einsetzen, der innerhalb kürzester Zeit alle Samen vernichtet. Es ist zu empfehlen, die ausgewaschenen Samen vor der Trocknung und auch vor der Aussaat mit einem geeigneten Desinfektionsmittel zu behandeln. Bewährt hat sich für diese Zwecke die Verwendung einer wäßrigen Chinosollösung.

Zur Gewinnung größerer Samenmengen wird die samenhaltige Fruchtpulpe (Arillus) unter Wasserzusatz zur Gärung (Fermentation) gebracht, die sofort nach Verflüssigung des Fruchtfleisches abgebrochen wird. Das wird gewöhnlich nach drei bis vier Tagen der Fall sein. Jetzt können die Samen nach einigem Rühren der Flüssigkeit durch Abgießen über ein Sieb mit geeigneter Maschenweite gewonnen werden. Anschließend werden die Samen nochmals gereinigt, gegebe-

Früchte von P. ligularis (links)

Frucht von P. morifolia (unten)

nenfalls mit einer Desinfektionslösung oder einem Beizmittel behandelt und langsam an einem schattigen Platz getrocknet.

75

Frucht von
P. bryonioides (links)

Früchte von P. alata
(rechts)

Arten zur Errichtung von Schutzhecken für landwirtschaftliche Kulturen oder zur Bodenabdeckung kultiviert (z. B. *P. foetida*).

Die anschließende trockene Lagerung sollte in einem abgeschlossenen Gefäß bei niedrigen Temperaturen erfolgen. Bei vielen Arten hat sich eine Lagerung bei 5–10° Celsius bewährt.

Die Keimfähigkeit von Passionsblumensamen kann über eine lange Zeit erhalten bleiben, wenn alle Voraussetzungen optimal sind. Dazu zählen: gesunde Pflanzen an günstigem Standort, Ausreife der Früchte, fehlerfreie Samengewinnung und Trocknung und sachgerechte Lagerung.

Obst – Kosmetik – Medizin – Droge

Passionsblumen werden in vielerlei Hinsicht genutzt. Neben der Kultur als Zierpflanze sind allerdings kaum andere Verwendungen bekannt als die Nutzung der schmackhaften Früchte verschiedener Arten. Doch werden lokal auch Pflanzenteile als Gemüse verzehrt (z. B. *P. biflora*), aus einigen Arten werden leicht narkotisch wirkende Getränke zubereitet (z. B. *P. quadrangularis* und *P. laurifolia*), aus anderen werden Drogen gewonnen (z. B. *P. incarnata*). Auch werden

Die wichtigsten Obstpflanzen

Weltweit werden nur wenige *Passiflora*arten in großem Umfang zur Fruchtgewinnung angebaut. Dazu zählen diejenigen aus der *P. edulis*/ *P. edulis* f. *flavicarpa* Gruppe, aus der *P. alata*/ *P. quadrangularis* Gruppe, die Bananenpassionsfrüchte der Tacsonia–Gruppe, die Riesengranadilla (*P. quadrangularis*) und *P. ligularis*. Doch viele andere liefern ebenfalls wohlschmeckendes Obst.

P. actinia: Die Früchte dieser kältetoleranten Art sind leicht säuerlich und von weinartigem Aroma.

P. alata: Aus dem tropischen Brasilien stammt diese Art, die dort lokal zur

Obstgewinnung angebaut wird. Aus dem Fruchtmark werden verschiedene Zubereitungen hergestellt.

P. antioquiensis: Aus dem gleichnamigen Distrikt Kolumbiens stammt diese obstliefernde Passionsblumenart, die wegen ihrer nach Vanille schmeckenden Früchte auch in Neuseeland und Madras (Süd-Indien) angebaut wird. Die Früchte werden roh verzehrt oder verarbeitet.

P. caerulea: Diese wohl bekannteste Passionsblumenart wird wegen ihrer Früchte im tropischen Südamerika und in Australien kultiviert. Die säuerlichen, askorbinsäurereichen Früchte werden zu Getränken verarbeitet. Zum Frischverzehr sind sie weniger geeignet.

P. coccinea: Diese Art wird in Teilen des tropischen Südamerika und lokal in Florida wegen ihrer Früchte angebaut. Die Früchte werden zur Herstellung von Getränken genutzt.

P. cumbalensis: Die Früchte ähneln denen der Bananen-Passionsfrucht, *P.*

Frucht von P. antioquiensis (links)

Blüten und Früchte von P. caerulea (oben)

P. cumbalensis, Packstück Früchte (unten)

mollissima. Sie sind im Reifezustand allerdings mittel- bis kräftigrot gefärbt und haben oft ein gedrungeneres Aussehen. Die Verwendungsmöglichkeiten beider Arten sind gleich. Exporte nach Europa erfolgen in erster Linie von Kolumbien.

P. edulis: Die „echte" Purpurgranadilla (*P. edulis*) kommt aus Brasilien und Kolumbien. Sie zählt zu den süßesten

77

Früchte von P. edulis
f. flavicarpa (Maracuja)

Früchte von P. edulis
f. edulis (Purpurgra-
nadilla)

Frucht von P. incarnata
(unten rechts)

jedoch keinesfalls negativ auf das Fruchtfleisch aus. Die Fruchtpulpe ist sehr saftig und kann frisch verzehrt oder zu Eiskrem und Marmelade verarbeitet werden. Auch für die Saftindustrie ist die Frucht ein wichtiger Grundstoff.

Die Gelbe Passionsfrucht oder Gelbe Granadilla (*P. edulis* f. *flavicarpa*) wird deutlich größer. Sie wird in tropischem Klima angebaut, weniger in Höhenlagen. Ihr Fruchtfleisch ist säuerlicher.

Die typische Zusammensetzung einer Frucht ist folgende:

Schale: 50–60 %
Saft: 30–40 %
Samen: 10–15 %

Die Inhaltsstoffe der Maracuja schwanken nicht unerheblich. Nach Analysen aus Kolumbien enthalten 100 g Saft durchschnittlich:

und aromareichsten Passionsfrüchten und wird mittlerweile in vielen Ländern der Welt mit geeignetem Klima angebaut. Dazu zählen neben Kolumbien in erster Linie Brasilien, Südafrika, Kenia und Australien. Die Kultur erfolgt dort in Höhenlagen bis zu 1.000 Metern.

Die Pflanze kann Jahrzehnte alt werden und dabei einen sehr kräftigen Stamm bekommen. In den Anbauländern wird sie gewöhnlich bis zu 6 Jahren kultiviert und dann durch Jungpflanzen ersetzt. Auf diese Weise ist die größte Wirtschaftlichkeit zu erzielen.

Die Frucht erreicht etwa die Größe eines Tischtennisballes und ist von tiefpurpurner bis brauner Farbe. Schon nach kurzer Lagerung beginnt die Fruchtschale einzuschrumpeln. Das wirkt sich

Energie	78 kcal oder 328 kJ
Wasser	85%
Eiweiß	0,8 g
Fette	0,6 g
Kohlenhydrate	13,5 g
Kalzium	5 mg
Phosphor	18 mg
Eisen	0,3 mg
Vitamine A, C	

P. foetida: In vielen tropischen Ländern Südamerikas, Afrikas und Südostasiens wird diese Art als Obstpflanze angebaut. Die oft leuchtendroten, recht kleinen, süßen und saftigen reifen Früchte werden roh verzehrt. Unreif sind sie giftig.

P. incarnata: Diese recht kälteresistente Art wird wegen ihrer Früchte in Teilen der südlichen USA, auf den Bermudas und gelegentlich in Teilen Asiens angebaut. Versuchskulturen wurden auf Kuba und in Italien angelegt.

Die Früchte werden roh verzehrt oder verarbeitet.

P. laurifolia: Die Wasserlimone wird als Obstpflanze kultiviert in Teilen des tropischen Südamerikas, an der Südostküste der USA, lokal in Indien und Malakka.

Ihr Fruchtfleisch ist reich an Vitamin C und wird zur Getränkezubereitung verwandt.

P. ligularis: Diese Art zählt zu den häufig kultivierten Arten. Sie wird in größerem Stil angebaut in Mittelamerika, den Andenländern Südamerikas, auf Hawaii und in Neuseeland.

Ihre apfelsinenartigen, meist hellorange- bis gelborangefarbenen Früchte sind von besonders angenehmem, aromareichem und süßem Geschmack.

P. maliformis: In ihrer Heimat Brasilien wird die „sweet calabash" recht häufig kultiviert, jedoch auch in Teilen Australiens und Neuseelands. Die Vitamin-C-reichen säuerlichen Früchte sind sehr aromatisch.

*P. ligularis-Früchte
(Süße Granadilla),
Packstück (oben)*

*Früchte von P. maliformis
(mit auffälligen
Deckblättern) (unten)*

Fruchtfleisch ist orangegelb und von einem feinen weißen Häutchen umgeben. Die geleeartige Fruchtpulpe ist von recht fester Konsistenz und von süßsäuerlichem Geschmack. Das Fruchtfleisch wird frisch verzehrt und für Getränke, Eiskrem und Konserven verwendet.

Bei „Roten Curubas" handelt es sich nicht, wie fälschlicherweise oft angenommen wird, um *P. mollissima*, sondern um *P. cumbalensis*.

P. pinnatistipula: Diese Art wird in den Andenstaaten in Höhen zwischen 2.500 und 3.800 Metern angebaut. Die

Früchte von P. mollissima (Curubas), Kolumbien (links)

P. pinnatistipula (Cholupas), Packstück (rechts)

P. mixta: In den Gebirgen Ecuadors und auf Java wird diese Obstart angebaut. Aus den Früchten wird ein aromatischer Fruchtsaft gewonnen.

P. mollissima: Die Curuba, die Bananen-Passionsfrucht, ist die Nationalfrucht Kolumbiens. Sie gedeiht am besten in den Anden in Höhenlagen von 2.000 bis 3.000 Metern. Dort wird sie in meistens kleinbäuerlichen Plantagen angebaut. Die länglichen, bei Reife gelben Früchte erinnern an kleine Bananen. Das

bei Reife gelben, an Tischtennisbälle erinnernden hartschaligen Früchte sind von sehr angenehmem süßsäuerlichen Aroma. Sie werden auch zur Bereitung von Erfrischungsgetränken verwendet. Exporte nach Europa kommen aus Kolumbien.

P. popenovii: Gelegentlich wird diese Art in Ecuador von der Bevölkerung als Obstpflanze kultiviert.

P. x psilantha: Die Früchte dieses Hybrids aus Cuenca in Ekuador (wahrscheinlich *P. mollissima* x *P. tripartita*) werden von der einheimischen Bevölkerung als Frischobst verzehrt oder weiterverarbeitet.

P. quadrangularis: Die Art stammt aus dem nördlichen Südamerika. Sie wird in vielen tropischen Gebieten angebaut. Größere Anbaugebiete liegen neben Südamerika auf den Antillen, in West-Afrika, Thailand, Indien, den Philippinen und verschiedenen anderen In-

selstaaten der Südsee sowie in Australien. Ihre Früchte können eine Größe von über 30 cm Länge erreichen und sind damit die größten innerhalb der Gattung *Passiflora*. Nach Europa kommen sie aus Thailand (Su-Khontha-rot) und aus Kolumbien (Badea).

Die Frucht ist bei Reife grün bis gelbgrün. Die Fruchtpulpe ist aromatisch süßlich bis süßsäuerlich und fad. In In-

donesien wird aus dem Saft das dort bekannte Getränk „Marquesa" hergestellt.

P. seemannii: In verschiedenen Ländern Mittelamerikas und auf Hawaii wird diese Art wegen des wohlschmeckenden Saftes ihrer Früchte angebaut.

P. serratodigitata: Besonders in Brasilien, Peru und Trinidad wird diese Passionsblumenart wegen ihres Obstes kultiviert.

P. spectabilis: Diese tropische Art wird nur lokal wegen ihrer sehr wohlschmeckenden Früchte angebaut.

P. tripartita: Diese Art wird örtlich in Ecuador zur Fruchtgewinnung kultiviert. Die Fruchtpulpe schmeckt säuerlich.

P. vespertilio: In den Heimatländern dieser Art, Brasilien, Peru, Bolivien, Surinam, Guyana und Trinidad, wird die Fruchtpulpe für die Verarbeitung zu Getränken oder zum Rohverzehr geschätzt.

P. quadrangularis (Riesengranadilla), Packstück (links)

P. quadrangularis, aufgeschnittene Badea-Frucht aus Kolumbien (unten links)

Früchte von P. seemannii (unten)

P. villosa: Die Art wird in Brasilien örtlich wegen ihrer Früchte kultiviert.

P. vitifolia: Im nördlichen Südamerika wird die "Weinblättrige Passionsblume" gelegentlich kultiviert.

Weitere Passionsblumenarten werden wegen ihrer Früchte lokal angebaut - oft von der Bevölkerung zur Selbstversorgung. Hierzu zählen u. a. die Arten *P. am-*

81

Früchte von P. vitifolia

bigua, *P. guazumaefolia*, *P. manicata*, *P. membranacea*, *P. mucronata*, *P. nigradenia*, *P. nitida*, *P. parahybensis*, *P. riparia*, *P. serratifolia* und *P. tolimana*.

*Früchte von P. nitida
aus dem Amazonas-
becken in Venezuela*

Anbau und Vermarktung

Mit zunehmender Tendenz werden Passionsfrüchte weltweit in Gebieten mit tropischem Klima angebaut. Zu den größten Produzenten zählen Kolumbien und Brasilien. Hier werden gewöhnlich Hektarerträge erzielt, die zwischen 15 und 30 t pro Jahr liegen. Hinsichtlich des Exportes von Säften und Konzentraten sind in Brasilien gut 200 Prozent Steigerungsrate im Jahr nicht ungewöhnlich.

In Kolumbien ist man dabei, den Anbau und Export von Passionsfrüchten und anderen tropischen Obstarten deutlich auszuweiten. Nach Europa werden in erster Linie Früchte von *P. edulis*, *P. edulis* f. *flavicarpa* und *P. mollissima* exportiert. Aber auch die rotfruchtige *P. cumbalensis*, die Riesengranadilla (*P. quadrangularis*) sowie die Cholupa (*P. pinnatistipula*) werden angebaut und in alle Welt verschickt.

Ein weiteres Land mit deutlichen Exportzuwachsraten ist Thailand. Doch auch in Australien und Neuseeland werden große Mengen an Passionsfrüchten – in erster Linie Maracuja – angebaut, ebenso auf Hawaii und seit einigen Jahren mit Erfolg auch in Israel. In weiteren klimatisch günstigen Gebieten werden

Passionsfrüchte in großem Stile kultiviert und exportiert. In den tropischen Anbauländern setzt die erste Blüte bereits im Jahre des Pflanzens ein. Der Höchstertrag ist bereits nach zwei, maximal drei Standjahren zu erwarten. Daher liegt dort die Dauer der Bewirtschaftung einer Plantage bei gewöhnlich maximal vier Jahren – im Gegensatz zu den Plantagen in subtropischen Regionen. Dort liegt die Bewirtschaf-tungszeit bei sechs bis sieben Jahren.

Die Obst-Hektarerträge bei *P. edulis* liegen bei 15–25 t pro Jahr, bei *P. edulis* f. *flavicarpa* bei 30–50 t. An einer im Vollertrag stehenden, am Spalier gezogenen Curubaanlage (*P. mollissima*) können sich 100 und mehr Früchte an einer einzigen Pflanze befinden, deren Gesamtgewicht zwischen 8 und 10 kg liegen kann.

Die Fruchtentwicklung dauert in den Tropen 2–3 Monate; die Ernte der reifen Früchte kann während des ganzen Jahres stattfinden. Dennoch gibt es dort zwei ausgeprägte Entwicklungsperioden, weil die reifenden Früchte Hormone produzieren, die für einen mehr oder weniger stark ausgeprägten Abwurf von Blütenknospen mitverantwortlich sind.

Zur Saftbereitung werden vornehmlich die Früchte von *P. edulis* und *P. edulis* f. *flavicarpa* verwandt. In den Plantagen werden die abgefallenen, reifen Früchte vom Boden aufgesammelt.

Im übrigen werden bei regelmäßigen Erntegängen – in den Tropen während

P. edulis f. flavicarpa, Plantage in Kolumbien (großes Bild)

P. edulis f. flavicarpa (kleines Bild)

P. ligularis, Vorbereitung zum Versand (links)

Curuba, versandfertig (rechts)

83

*Curubaplantage in
Kolumbien*

des ganzen Jahres – die jeweils reifen Früchte gepflückt.

*Konzentratlager
(Kolumbien)*

Saftgewinnung

Die Gewinnung des Maracujasaftes erfolgt in großem Stil bereits in den Anbauländern. Der extrahierte Saft wird dann direkt in die Abnehmerländer der ganzen Welt exportiert. Üblich ist die Herstellung eines Konzentrates, das in den Abfüllwerken verdünnt und gegebenenfalls nachgesüßt wird. Häufig wird Maracujasaft auch mit anderen Obstsäften – wie Orangensaft oder Aprikosensaft – verschnitten.

Das Schema auf der nächsten Seite zeigt vereinfacht den Arbeitsablauf bei der Herstellung von Maracujasaft und -konzentrat in Kolumbien.

Weitere Nutzungen

Von *P. biflora* werden auf Java und in Teilen Indiens junge Blätter und Sproßspitzen mit Reis gegessen, ihre Blütenknospen und jungen Blüten werden als Gemüse zubereitet. Auch das Fruchtfleisch von *P. quadrangularis* wird gelegentlich wie Gemüse verarbeitet. Größere Mengen des Fruchtsaftes dieser Art können leicht narkotisch wirken, das gilt ebenso für den Saft von Früchten der Wasserlimone, *P. laurifolia*.

Aus den Samen von *P. edulis* wird durch Pressen ein sehr wohlschmecken-

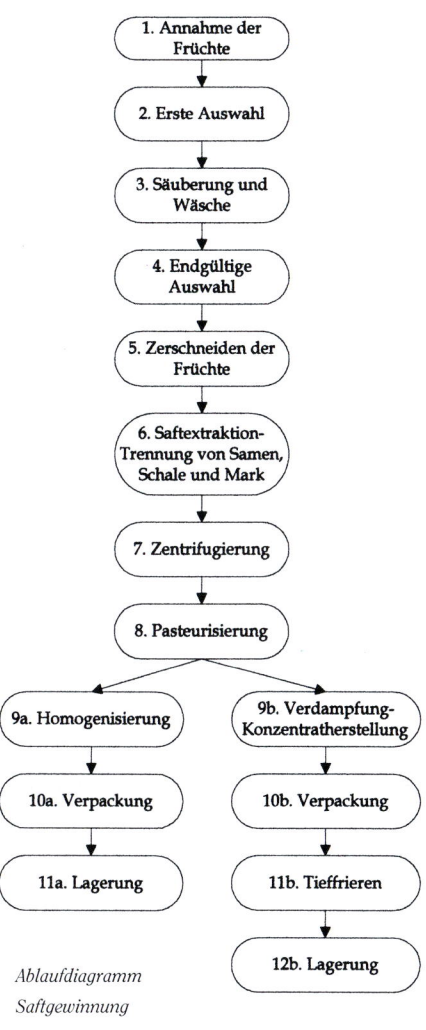

1. Annahme der Früchte

2. Erste Auswahl

3. Säuberung und Wäsche

4. Endgültige Auswahl

5. Zerschneiden der Früchte

6. Saftextraktion-Trennung von Samen, Schale und Mark

7. Zentrifugierung

8. Pasteurisierung

9a. Homogenisierung

9b. Verdampfung-Konzentratherstellung

10a. Verpackung

10b. Verpackung

11a. Lagerung

11b. Tieffrieren

12b. Lagerung

Ablaufdiagramm
Saftgewinnung

P. edulis f. flavicarpa, Früchte zum Versand (oben)

Maracujafrüchte waschen und sortieren (Kolumbien) (unten)

des, gelbliches Speiseöl gewonnen. Es ist nach Aussage des Institutes für Ernährungstechnologie in Brasilien (Instituto de Tecnologia de Alimentos del Brasil) auch Grundstoff zur Herstellung von Seifen, Tinten und Harzen. Nach Raffination können daraus auch Brennstoffe hergestellt werden. Die Preßrückstände geben ein wertvolles Viehfutter ab.

Das Kraut von *P. incarnata* wird zur Drogenzubereitung verwandt. *P. foetida* wird als Heckenpflanze, zum Schutz landwirtschaftlicher Kulturen kultiviert sowie wegen ihrer guten Dürreverträglichkeit als „lebende Mulchschicht" in *Hevea*- und Kakao-Plantagen angebaut.

Aus Passionsblumenkraut werden schlaffördernde Tees, aus den ätherischen Ölen der Blüten einiger Arten Parfüms hergestellt, vornehmlich auf den Bermuda-Inseln.

Verschiedene Teile von Passionsblumen werden auch als Aromageber für Schwarzen Tee verwandt.

85

entsprechende Pflanzenzubereitungen eingesetzt als harntreibende Mittel (Diuretikum), als Mittel gegen Hypertonie und gegen Herzrhythmusstörungen, als Schlaf- und Beruhigungsmittel sowie als Mittel gegen Krämpfe und gegen Würmer. Die Wirksamkeit einiger dieser Anwendungen ist wissenschaftlich belegt, die anderer nicht.

Das Kraut von *Passiflora foetida* („Love-in-a-Mist") wird in den Tropen der Welt wegen seiner harntreibenden Wir-

kung eingesetzt. *Passiflora-caerulea*-Kraut hat einen leicht sedierenden Effekt, der jedoch nicht lange anhält.

Die weltweit am häufigsten zu medizinischen Zwecken herangezogene Passionsblumenart ist die „Fleischfarbene Passionsblume", *Passiflora incarnata*, auch Maypop genannt. Um diese Art rankt sich mittlerweile eine große und immer größer werdende Industrie, weil wirksame Naturprodukte zur Zeit besonders nachgefragt werden. Das Rauchen von getrockneten Maypop-Blättern gibt einen kurzen, marihuana-ähnlichen Rausch mit halluzinogenen Effekten.

In Florida, Guatemala, Kolumbien, Brasilien und anderen Ländern wird *Passiflora incarnata* plantagenmäßig in großem Umfang zur Drogenherstellung angebaut. Aus diesem Grund soll auf die

Feldmäßiger Anbau von Passiflora incarnata (links)

Passiflora incarnata, Kraut (rechts)

Verwendung in der Medizin

Verschiedene Pflanzen aus der Gattung *Passiflora* haben einen nicht unerheblichen Nutzen in der Kosmetikindustrie und in der Medizin. Auf den Bermudas werden aus verschiedenen *Passiflora*-arten Duftstoffe aus den Blüten für die Parfümindustrie extrahiert.

Mitglieder der Passionsblumen-Familie werden in ihrer Heimat oft zu medizinischen Zwecken verwandt. So werden

P. incarnata-Anlage in Brasilien

medizinischen Aspekte im Folgenden etwas näher eingegangen werden.

Passiflora incarnata –
Naturmedizin mit großer Zukunft

In den letzten Jahren hat diese Pflanze zunehmende Bedeutung als pflanzliches Beruhigungsmittel (Sedativum) erlangt. Dies zeigt sich auch daran, daß Passionsblumenkraut und seine Zubereitungen in die Arzneibücher von Deutschland (DAB 10 / HAB 1–3.NT 1985), Frankreich (PF X) und der Schweiz (Helv. VII) aufgenommen wurden. Zudem hat eine wissenschaftliche Kommission aus Pharmazeuten, Pharmakologen und Medizinern in Deutschland (Kommission E des Bundesgesundheitsamtes) 1985 die Wirksamkeit und zugleich Unbedenklichkeit von Passionsblumenkraut bescheinigt.

Phytopharmaka aus Passionsblumenkraut gelten heute als eine anerkannte Alternative zu chemisch-synthetischen Schlafmitteln. Dies mit dem großen Vorteil, daß bei ihrer Anwendung bis heute

P. incarnata, maschinelle Krauternte

keinerlei Nebenwirkungen nachgewiesen werden konnten.

In der Regel ist Passionsblumenkraut in Kombinationen mit Baldrian, Hopfen und Melisse und gelegentlich auch Weißdorn enthalten. Monopräparate sind bis heute noch selten. Passionsblumenkraut (Herba Passiflorae incarnatae) selbst findet in getrockneter Form Eingang in Tee-

87

beutel für die Herstellung von häuslichen Teeaufgüssen. Überwiegend werden aus ihm jedoch Zubereitungen hergestellt, und zwar flüssige und feste Extrakte.

Diese werden in der Regel entweder aus Frischpflanzen als Urtinkturen mit ihren einzelnen Verdünnungsstufen (Dilutionen) in der Homöopathie oder aus getrocknetem Kraut als Trocken- und Flüssigextrakte in der Phytotherapie eingesetzt.

Welcher bzw. welche Inhaltsstoffe für die beruhigende Wirkung verantwortlich sind, ist bis heute – wie bei den meisten arzneilich verwendeten Pflanzen – noch nicht eindeutig geklärt. Das Hauptinteresse konzentriert sich jedoch auf die Inhaltsstoffgruppe der Flavonide (C-Glycosylflavone), deren Wirkung zwar nicht nachgewiesen werden konnte, doch sind sie zumindest als charakteristische sogenannte Leitsubstanzen anerkannt. Mit ihrer Hilfe ist es möglich, die Qualität von Passionsblumenkraut, von dessen Extrakten beziehungsweise der Fertigarzneimittel zu sichern.

Extrakte und ihre Herstellung

Ziel der Herstellung von Extrakten ist es, die gewünschten Inhaltsstoffe in ihrem natürlichen Verhältnis aus dem Passionsblumenkraut herauszulösen und anschließend zu konzentrieren und dabei gleichzeitig unerwünschte Begleitstoffe wie zum Beispiel Farb- und Gerüststoffe (Chlorophyll, Zellulose und Lignin) zu entfernen.

Nur solches Passionsblumenkraut darf extrahiert werden, das dem Qualitätsstand der Arzneibücher und zusätzlich der jeweiligen Verordnungen zu den sogenannten „ungewöhnlichen Umwelteinflüssen" wie Pflanzenschutzmittel,

Säcke mit getrocknetem Laub von P. incarnata, vorbereitet zur Verschiffung nach Europa

Aflatoxine und Schwermetalle entspricht. Andere Passionsblumenarten als die offizinelle *Passiflora incarnata* gelten dabei als Verfälschung und Drogen mit zu niedrigem Flavonidgehalt oder gar zu hoher Pflanzenschutzmittelbelastung als Minderqualität und dürfen nicht verarbeitet werden.

Die Qualität des Extraktes wird vor allem durch die Art und Konzentration des gewählten Lösungsmittels und die Art des Extraktionsverfahrens bestimmt. Bisher übliche Lösungsmittel für Passionsblumenkraut sind Wasser und Alkohol-Wasser-Gemische (30 % und 60 % Ethanol). Die großtechnische Herstellung von Passifloraextrakten macht modernste Technologien erforderlich. Vereinfacht dargestellt ergibt sich folgender Herstellablauf:

Das zerkleinerte (meist getrocknete) Kraut wird mit dem gewünschten Lösungsmittel im Ansatzbehälter (Perkolator) versetzt und circa 48 Stunden stehengelassen (Mazeration). Anschließend wird in der Regel mit weiterem Lösungs-

mittel so lange extrahiert, bis möglichst keine Inhaltsstoffe mehr in den Ablauf übergehen (erschöpfende Perkolation). Die vom Drogenrückstand abgetrennte, ablaufende Lösung (Eluat/ Miscella), die die wichtigen *Passiflora*-Inhaltsstoffe enthält, stellt dann eine entscheidende

Vereinfachtes Schema zur Herstellung verschiedener Extraktformen aus Passionsblumenkraut

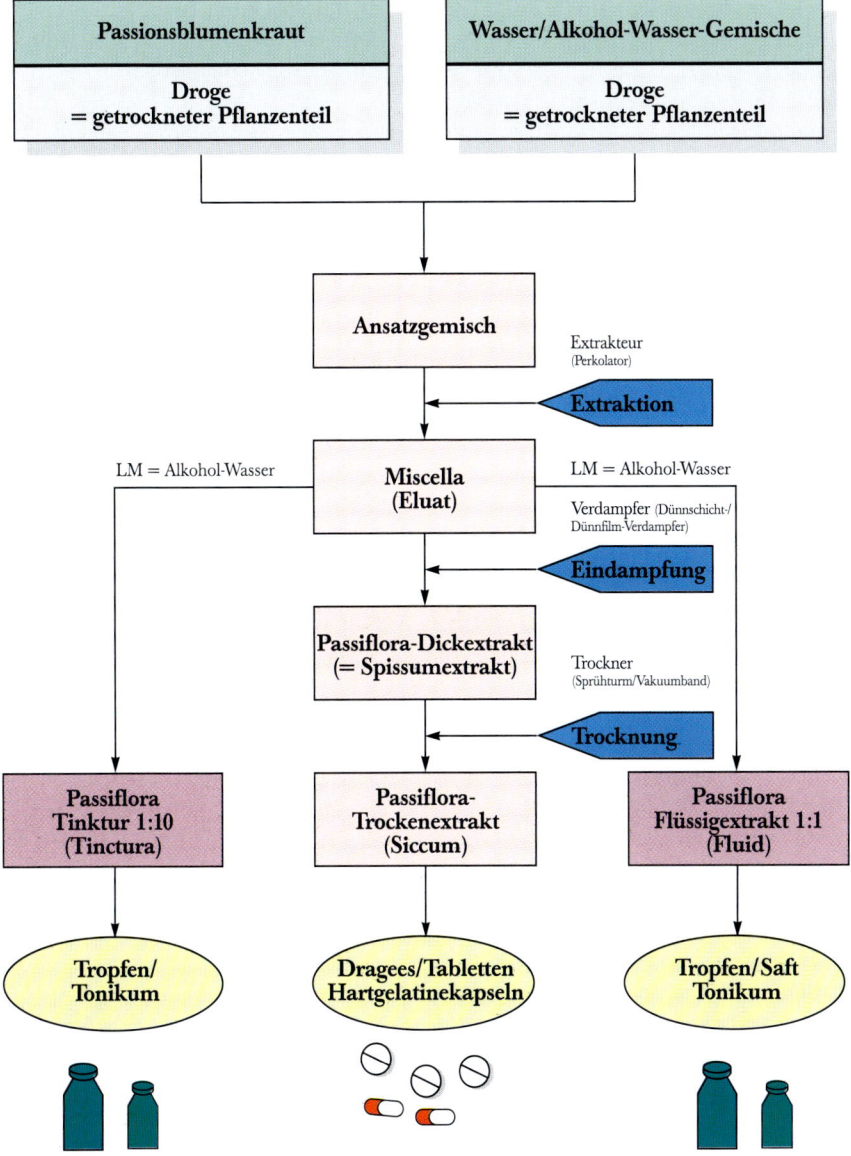

Passionsblumenkraut	Wasser/Alkohol-Wasser-Gemische
Droge = getrockneter Pflanzenteil	**Droge** = getrockneter Pflanzenteil

Ansatzgemisch

Extrakteur (Perkolator)

Extraktion

LM = Alkohol-Wasser

Miscella (Eluat)

LM = Alkohol-Wasser

Verdampfer (Dünnschicht-/Dünnfilm-Verdampfer)

Eindampfung

Passiflora-Dickextrakt (= Spissumextrakt)

Trockner (Sprühturm/Vakuumband)

Trocknung

Passiflora Tinktur 1:10 (Tinctura)

Passiflora-Trockenextrakt (Siccum)

Passiflora Flüssigextrakt 1:1 (Fluid)

Tropfen/ Tonikum

Dragees/Tabletten Hartgelatinekapseln

Tropfen/Saft Tonikum

Zwischenstufe dar. Nach Standzeiten von 2–3 Wochen und anschließender Filtration erhält man die gewünschten Passionsblumen-Fluida oder -Tinkturen.

Ist das spätere Ziel jedoch ein *Passiflora*-Trockenextrakt, dann wird das ablaufende Eluat zunächst im Verdampfer schonend unter Vakuum vom größten Teil des Lösungsmittels befreit. Der dabei erhaltene zähflüssige Dickextrakt (Spissumextrakt) wird anschließend mit modernen Trocknungsaggregaten wie dem Sprühturm oder Vakuumbandtrockner meist unter Zusatz geeigneter technischer Hilfsstoffe (Maltodextrin, Lactose, Siliciumdioxid) zur Trockne gebracht. Nach Mahlung und Siebung entsteht ein rieselfähiges, feines Pulver, das dann zu Tabletten oder Dragees weiterverarbeitet oder in Weich- oder Hartgelantinekapseln abgefüllt werden kann.

Inhaltsstoffe und Anwendung

Zu den bedeutendsten und bisher am besten erforschten Inhaltsstoffen zählt bis heute die Gruppe der C-Glycosylflavone mit den bekannten Vertretern Isoorientin, Vitexin, Saponarin und anderen. Daneben findet man in Passiflorakraut Aminosäuren, Polysaccharide und ein nicht näher differenziertes ätherisches Öl und – im Gegensatz zu anderen *Passiflora*-arten – nur geringe Spuren der giftigen cyanogenen Glykoside. Wichtig ist, daß mit Hilfer der heutigen modernen Analysetechniken geklärt werden konnte, daß die früher als „potentielle" Wirkstoffe beschriebenen Harmanalkaloide nicht für die sedative Wirkung verantwortlich gemacht werden können. Nach neuen Untersuchungen konnten diese Verbindungen in Handelsdrogen praktisch nicht mehr nachgewiesen werden.

Gemäß Standardzulassung sind die Anwendungsgebiete nervöse Unruhe, leichte Einschlafstörungen und nervös bedingte Beschwerden im Magen- und Darmbereich. Zur Einnahme wird ein Teelöffel voll (2–3 g) Passionsblumenkraut mit heißem Wasser (ca. 150 ml) übergossen und nach 10 Minuten durch ein Teesieb gegeben. 2–3mal täglich und eine halbe Stunde vor dem Schlafengehen wird eine Tasse frisch bereiteter Teeaufguß getrunken.

In der Schweiz und in Frankreich wird *Passiflora incarnata* zusätzlich eine kardiotone Wirkung zugesagt und daher diese Zubereitungen auch bei leichten Herzbeschwerden therapiert.

Phytopharmaka aus Passionsblumenkraut beziehungsweise daraus hergestellte Extraktzubereitungen werden heute als pflanzliche Arzneimittel eingestuft, die – vorausgesetzt, daß sie auf Basis moderner Monographien konzipiert wurden – mit chemisch definierten Schlafmitteln konkurrieren. Allerdings mit dem Vorteil, keine Nebenwirkungen zu zeigen.

Arten und Hybriden

Passionsblumenarten

Die große Gattung der Passionsblumen ist hinsichtlich der Zuordnung ihrer Arten zu den im Kapitel „Die Klassifikation" genannten Untergattungen und Sektionen gelegentlich Änderungen unterworfen. Diese werden dann notwendig, wenn entsprechende Erkenntnisse aufgrund neuerer Forschungen solche Korrekturen erforderlich erscheinen lassen.

Der gerade auf dem Gebiet der Passifloraceae bekannte und anerkannte Botaniker John MacDougal betrachtet Decaloba, derzeit Bezeichnung für eine Sektion der Untergattung Plectostemma, als dessen Synonym. Daher ordnet er u. a. die bislang der Untergattung Plectostemma Mast., Sektion Decaloba DC, zugerechneten Arten *P. lobata, P. pendens* und *P. pterocarpa* nunmehr dem Subgenus Decaloba (DC) Rehb., Sektion Pseudodysosmia Harms, zu.

Diese neue Betrachtungsweise fand bei den Kurzbeschreibungen neuerer Arten Berücksichtigung.

Passiflora actinia Hook.
Subgenus: Passiflora
Synonym: *Passiflora paulensis*

Die Artbezeichnung „actinia" bedeutet „strahlig". *Passiflora actinia* stammt aus den im Südwesten Brasiliens liegenden Organ-Mountains.

P. actinia

Die Pflanze ist nicht sehr stark wüchsig, ihr kahler Trieb ist fast rund. Die Blattstiele sind unterschiedlich lang, von 0,5–5 cm. Gewöhnlich sitzen je 2 Nektardrüsen an ihnen, ein Paar an der Basis, ein weiteres Paar am Übergang zum Blatt. Die etwas ledrigen Blätter sind deutlich oval oder fast kreisförmig. Ihre Länge beträgt 3–10 cm, ihre Breite 2–8 cm. Die schlanken Blütenstiele erreichen eine Länge von 1,5–3 cm; die weißen und blauen Blüten können einen Durchmesser von 9 cm aufweisen. Die Blütenblätter sind weiß, ebenso die etwas kürzeren Kelchblätter. Letztere sind außen grün. Die Korona besteht aus 4 oder 5 Reihen, wobei die beiden äußeren die Blütenblätter überragen. Sie sind an ihrer Spitze

91

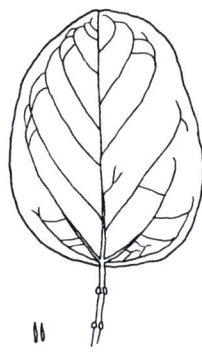

P. actinia

P. adenopoda

weiß, gefolgt von einem breiteren blauen Band, daran anschließend rot- und weißfarbene Bänderungen. Die 2 oder 3 inneren Strahlenkranzreihen sind nur etwa 1 mm lang. Die kleinen glattschaligen Früchte dieser Art haben eine eiähnliche Form und sind von gelber Farbe. Ihr leicht saures Fruchtfleisch ist eßbar und duftet sehr angenehm.

Diese Passionsblumenart ist sehr dekorativ und wegen ihrer relativ einfachen Kultur und recht sicheren Blüte gut geeignet für Wintergärten oder sogar für ein helles Wohnzimmerfenster. Ihre Blüte ähnelt ein wenig derjenigen der Riesengranadilla (*P. quadrangularis*), jedoch toleriert diese Art kurzfristig auch einmal Temperaturen unter dem Gefrierpunkt. In Europa ist *P. actinia* leider nicht häufig anzutreffen, im Gegensatz zu den USA, wo sie häufiger kultiviert und verkauft wird.

Wegen ihres gesunden Wuchses und ihrer übrigen positiven Eigenschaften kann sie als Veredlungsunterlage für andere Arten – z. B. *P. quadrangularis* – verwandt werden. Siehe hierzu auch Kapitel Vermehrung und Pflanzenschutz.

Die Vermehrung erfolgt durch Aussaat oder durch Stecklinge.

Die oben als Synonym bezeichnete Art *P. paulensis* hat schmalere und dünnere Blätter, jedoch scheint es sich nach Killip hierbei um eine Form von *P. actinia* zu handeln.

Passiflora adenopoda D.C.
Subgenus: Plectostemma
Sektion: Pseudodysosmia
Synonyme: *Passiflora acerifolia*,
P. aspera, *P. ceratosepala*
In Kolumbien wird die Art „granadilla de monte", in Costa Rica „comida de culebra" genannt.

Der Artname *P. adenopoda* bedeutet „Passionsblume mit drüsigen Stielen".

Die Art wurde wild gefunden in Mexiko, Guatemala, dem heutigen Belize, Costa Rica, Panama, Venezuela, Kolumbien und Peru, überwiegend in Höhen um 900 bis 1.600 Metern.

P. adenopoda ist ein ziemlich einfacher, kraftvoller Kletterer mit einem eckigen kahlen oder kurz-steifhaarigen Stiel. Die 1 cm langen und 1,5 cm breiten Nebenblätter sind ganzrandig oder stachelartig gezähnt. An den 3–5 cm langen, sparsam- bis stark zarthaarigen Blattstielen befinden sich 2 gegenüberliegende runde, 2–4 mm große Nektardrüsen. Die 7–12 cm langen und 8–15 cm breiten, insgesamt herzförmigen Blätter sind drei– bis fünflappig geteilt. Sie sind winzig gezähnt und beiderseits mit kurzen steifen Härchen versehen.

Einzeln oder paarweise sind die Blütenstiele angeordnet. In ihrer Mitte befinden sich drei 7–10 mm lange und halb so breite Deckblätter. Die bis 7 cm breite purpurne und weiße Blüte besteht aus

P. adenopoda

bis zu 4 cm langen, breitlanzettlichen grünweißen oder gelblichen gekielten Kelchblättern und 1–1,2 cm langen und schmalen Blütenblättern. Die Korona besteht aus 1,5–1,8 cm langen weißen und violett gebänderten Fäden. Der nahezu runde, filzige Fruchtknoten ist von tiefbrauner Farbe. Die bei Reife 2–2,5 cm großen runden Früchte haben eine violette Farbe. Sie sind mit zartem Flaum umgeben.

P. adenopoda ist eine bei uns recht selten anzutreffende Passionsblumenart, die gelegentlich von Sammlern angeboten wird. Auch in den USA ist sie hin und wieder anzutreffen.

Typisch für diese Art ist die Behaarung, die am natürlichen Standort der Pflanze in gewissem Umfang Schutz vor Insektenfraß gewährt. Ansehnlich ist ihre Blüte, die sich bei Gewächshauskultur gelegentlich einmal zeigt.

In ihrem Blütenaufbau erinnert sie an *P. bryonioides* und deren engere Verwandt-

schaft. Die Vermehrung erfolgt durch Aussaat und durch Stecklinge.

Passiflora alata Dryand.
Subgenus: Passiflora
Synonyme: *Passiflora mauritiana,
P. maliformis, P. brasiliana,
P. mascarensis, P. oviformis,
P. sarcosepala*

In Brasilien werden die Früchte dieser Passionsblumenart „Maracuja de refresco" genannt.

Die Artbezeichnung „alata" bedeutet „geflügelt". Das bezieht sich auf den typischen geflügelten viereckigen Stiel dieser Art (daher auch die englische Bezeichnung „winged-stem passion flower").

Die Heimat von *P. alata* ist Brasilien, sie ist mittlerweile jedoch auch verbreitet in Teilen Perus und wird darüber hinaus in aller Welt kultiviert. Stiel und Blätter

P. alata

93

*P. alata 'Ruby Glow',
benötigt zur Frucht-
bildung Fremdbestäubung
(oben)*

*P. alata, Sepalen und
Petalen (unten)*

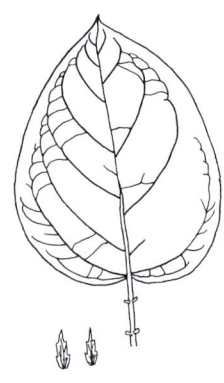

P. alata

lerweile in der ganzen Welt von Pflanzenfreunden kultiviert. Sie bezaubert durch ihren gesunden, ansehnlichen Wuchs und durch ihre großen, purpurroten, angenehm duftenden Blüten mit ihren fleischigen Blütenblättern. Die schmackhaften Früchte sind bei uns im Handel zwar nicht anzutreffen, dennoch sind sie bei Kennern sehr beliebt. In Brasilien sind sie auf Märkten häufig als Obst vorzufinden.

P. alata ist in unterschiedlichen Formen anzutreffen, so können die Blüten- und Kelchblätter in ihrer Farbe nach matt rotbraun ausschlagen, auch die Anzahl der Blattstieldrüsen kann unterschiedlich, 2 oder 4, sein. Wegen der äußerlich nur geringen Unterschiede zu *P. quadrangularis* ist eine sichere Unterscheidung dieser beiden Arten nicht immer ganz einfach. So sind die ungelappten Blätter von *P. alata* kleiner als diejenigen von *P. quadrangularis*, ebenso die Blüten. Deutlich unterschiedlich ist die Fruchtgröße beider Arten. Während die Früchte von *P. alata* eine Größe von 6–10 cm erlangen, können die von *P. quadrangularis* über 30 cm lang werden.

sind unbehaart, der kräftige Stengel ist viereckig und geflügelt, die 1–2 cm langen Nebenblätter länglich bis lanzettlich. An den Blattstielen befinden sich 2 oder 4 Drüsen, die ungelappten eiförmigen Blätter erreichen eine Länge von 8–15 cm und eine Breite von 7–10 cm.

An dem bis 2,5 cm langen Blütenstiel sitzt die purpurne, bis 12 cm große Blüte. Während Kelch- und Blütenblätter innen purpurrot gefärbt sind, erscheinen sie außen grün bzw. weiß. An den Spitzen der Kelchblätter befindet sich eine grannenartige Ausstülpung, dem Hörnchen. Sie sind auch schon an der dicken Knospe deutlich zu erkennen. Der Strahlenkranz besteht aus 4 Reihen, wovon die beiden äußeren eine Länge bis zu 4 cm aufweisen. Sie sind gestreift in Weiß, Purpurn und Rot. Die beiden inneren Strahlenkranzreihen erreichen nur eine Länge bis zu etwa 3 mm.

Die ovale bis birnenförmige Frucht ist zur Reife hellorange bis gelb und erreicht eine Länge von etwa 12 cm, eine Breite bis zu 6 cm.

P. alata zählt zu den besonders schönen Passionsblumenarten. Sie wird mitt-

94

P. alata 'Ruby Glow' ist eine auffallend schöne und reich blühende Sorte. Fruchtansatz erfolgt bei Fremdbestäubung. Sie ist auch geeignet für kühlere Klimata, dann ist ihre Blüte auffallend tiefrot.

P. alata läßt sich gut durch Aussaat und durch Stecklinge vermehren. Während die Anzuchttemperatur bei etwa 25° C liegen soll, verträgt die Pflanze zeitweilig auch einmal Temperaturen, die nur wenig über null Grad betragen. Eine empfehlenswerte Art, auch als Kreuzungspartner. Sie ist Elter vieler bekannter Hybriden. Hiervon seien an dieser Stelle nur einige zu nennen: *P.* x *lawsoniana* (*P. alata* x *P. racemosa*), *P.* x *decaisneana* (*P. alata* x *P. quadrangularis*), *P. alato-caerulea* (*P. alata* x *P. caerulea*).

Passiflora allantophylla Mast.
Subgenus: Plectostemma
Sektion: Decaloba

Diese Passionsblumenart stammt aus Guatemala.

Die Pflanze ist unbehaart, ihr eckiger Stengel ist furchig gestreift. Schon bald fallen die borstigen, 1–2 mm langen Nebenblätter ab. An den bis 1 cm langen drüsenlosen Blattstielen befinden sich die um 2,5 cm langen und 5 cm breiten zweilappigen ganzrandigen Blätter.

An den schlanken kurzen Stielen befinden sich 3 Blüten an wiederum kurzen Stielchen. Die borstenförmigen Deckblätter fallen schon bald ab.

Einen Durchmesser von gut 1 cm erreichen die weißen Blüten. Der 2 mm lange Strahlenkranz besteht aus einer Reihe. Er ist an seiner Spitze gelb und an der Basis purpurn.

Wegen ihrer ansehnlichen kleinen Blüten in Dreiergruppen und ihres

schlanken Wuchses ist diese Pflanze zur Kultur empfehlenswert. Außerdem gehört sie zu den wenigen Arten, die sich als Hängepflanze gut eignen. Sie benötigt ein tropisch warmes Klima. In ihrer Heimat wächst sie in Höhenlagen um 1.500 Meter. Daher mag eine winterlich kühlere Umgebung toleriert werden. Die Vermehrung erfolgt aus Samen und aus Stecklingen.

P. allantophylla erinnert in ihrer Blattform an die nicht eng mit ihr verwandten Arten *P. mexicana* und *P. or-*

P. allantophylla

nithoura. Dennoch wird *P. allantophylla* in Europa häufig fälschlicherweise als *P. ornithoura* gehandelt.

Passiflora alnifolia HBK.
Subgenus: Plectostemma
Sektion: Decaloba

P. alnifolia , die „erlenblättrige Passionsblume", stammt aus Kolumbien.

Ihr kräftiger Stengel ist schwach dreieckig und kahl bis dicht behaart; die etwa 7 mm langen sichelförmigen Nebenblätter sind knapp 2 mm schmal und zugespitzt. Die Blattstiele haben eine Länge von etwa 3 cm, an denen sich die um 10 cm langen und 7 cm breiten, etwas ledrigen eiförmigen Blätter befinden; diejenigen im unteren Bereich der Pflanze können auch größer werden. Im oberen Bereich sind sie zweilappig, oft ist auch ein mittlerer Blattlappen ausgebildet. An der Blattoberfläche sind sie nicht oder auch sehr fein behaart. Am Ende des circa 6 cm langen Blütenstieles befinden sich die etwa 1 cm langen und wenig schmaleren Deckblätter.

Einen Durchmesser bis zu 5 cm erreicht die Blüte mit ihren eiförmig-lanzettlichen, behaarten Kelchblättern. Sie haben eine Länge von etwa 2 cm und sind im unteren Bereich 1 cm breit und außen grün, innen weiß und an der Basis oft violett getönt. Der Strahlenkranz besteht aus 2 Reihen, wovon der äußere, 6–8 mm lange nur grün oder grün und purpurn im unteren Bereich gefärbt ist. Zur Spitze hin dominiert Gelb. Der kürzere innere Strahlenkranz ist leuchtend grasgrün, während die Staubbeutel und die Griffel der Blüte tiefpurpurn gefärbt sind. Deutlich behaart ist die runde Frucht mit einer Größe um 1,5 cm.

Diese Passionsblumenart ist in Europa seltener anzutreffen, jedoch gelegentlich bei Sammlern in Kultur anzutreffen. Im Sommer kann die Pflanze im Freien, an einem sonnigen und möglichst geschützten Platz kultiviert werden. Im Winter sollte sie, ihrer Herkunft entsprechend, bei 10–14°C an einen hellen Platz gestellt werden. Die Vermehrung erfolgt durch Aussaat und durch Stecklinge.

Passiflora amabilis Lemaire
Subgenus: Passiflora

Passiflora amabilis ist die „liebliche Passionsblume", wie die Übersetzung des Artnamens lautet.

Die Heimat dieser schönen großblütigen Art ist wahrscheinlich Südbrasilien. Die Pflanze ist unbehaart, ihr rundlicher Stengel ist auffällig schlank, ebenso die 1,5–4 cm langen Blattstiele. Sie weisen 1 oder 2 Paare festsitzender Nektardrüsen auf. Die länglich bis eiförmigen oder lanzettlichen Blätter werden 7–12 cm lang.

Die ansehnlichen, leuchtend roten und weißen bis 9 cm großen Blüten befinden sich an 3–4 cm langen Blütenstielen. Die Kelchblätter sind außen grün gefärbt. Die weiße Korona besteht aus 4 Reihen, wobei die äußere eine Länge von 2–2,5 cm aufweist, die nächste 1,5 cm und die dritte ungefähr 1,5 mm. Der innere Strahlenkranz erreicht eine Länge von etwa 4 mm. Der Fruchtknoten ist bereift.

Diese schöne Passionsblumenart wurde in Frankreich an der Côte d´Azur kultiviert. Sie ist eine empfehlenswerte Pflanze zur Kultur im Wintergarten oder während der warmen Jahreszeit im Freien. Sie wird – sofern eine Pflanze vorhanden ist – aus Stecklingen vermehrt.

P. alnifolia

Über ihre wahre Herkunft ist man sich nicht ganz sicher. So meint der französische Botaniker Lemaire, bei dieser Pflanze handele es sich um einen gartenbaulichen Hybrid zwischen *P. racemosa* und *P. alata*, während der englische Botaniker und Direktor des Botanischen Gartens Kew, Hooker, der Ansicht ist, es handele sich um einen Hybrid zwischen *P. alata* und *P. quadrangularis*. Killip hingegen ist der Meinung, diese Art komme aus Südbrasilien, weil von dort das Pflanzmaterial stammen solle.

Passiflora ambigua Hemsl.
Subgenus: Passiflora
Diese Art wird in Mexiko auch „injo", „jujo" oder „jujito" genannt, in Zentralamerika „granadilla", und „granadilla de monte".

Diese interessante Art wächst wild und wird kultiviert in Nicaragua, Mexiko, Panama, Guatemala, Honduras, Belize und Costa Rica.

Die Pflanze ist – mit Ausnahme des Fruchtknotens – insgesamt unbehaart, ihr Stengel ist rund. Die 2–3 cm langen Blattstiele tragen ungefähr in ihrer Mitte zwei festsitzende Nektardrüsen. Die eiähnlichen Blätter können eine Länge von 10–20 cm und eine Breite von 5–9 cm erreichen. Die Blütenstiele sind 4–7 cm lang, und die blaßrosa-violetten Blüten erreichen eine Größe von 8–12 cm. Auch die Deckblätter werden mit 3–6 cm recht groß. Die Kelchblätter sind außen weiß gefärbt. Die Korona steht in 5 Reihen, die schlanke äußere wird 1–1,5 cm lang und ist rot und weiß gebändert, die der zweiten Reihe sind einfacher und 5 cm lang sowie violett und weiß gebändert, die anderen Reihen sind sehr klein,

höchstens 2 mm. Die eiähnliche Frucht kann bis zu 12 cm lang und gut 4 cm breit werden. Bei Reife ist sie grünlichgelb bis orange. Auch ihre netzartigen Samen werden mit 6–7 mm recht groß.

Diese Art ist auffällig dekorativ, zum einen wegen der großen, sehr ansehnlichen Blüten, zum anderen wegen der schmackhaften Früchte. Die Kultur bei uns muß ihre Herkunft aus tropischem Klima berücksichtigen. Die Vermehrung erfolgt durch Aussaat oder durch Stecklinge.

Gelegentlich mag diese Art mit *Passiflora laurifolia* verwechselt werden, die jedoch kleinere Blätter hat und deren Nektardrüsen an den Blattstielen anders (siehe dort) angeordnet sind.

Passiflora amethystina Mikan.
Subgenus: Passiflora
Synonyme: *Passiflora lilacina*, *P. onychina*

P. amethystina bedeutet „amethystfarbene Passionsblume".

Die Art stammt aus dem Osten Brasiliens. Ihr schlanker, runder und drahtiger Stengel ist spärlich feinbehaart oder auch kahl, die eiförmig-lanzettlichen Nebenblätter haben eine Länge von 0,5–1 cm

P. amethystina, eine Form mit besonders langen Blütenstielen

97

und eine Breite von 2–4 mm. Die Blattstiele werden bis 4,5 cm lang und besitzen 5–8, kaum 0.5 mm lange winzige kurzgestielte Drüsen. Eine Länge um 6 cm erreichen die fünfnervigen dünnen Blätter, der Mittelnerv bis 10 cm. Sie sind dreigelappt ab knapp unterhalb der Mitte, an der Basis gelegentlich herz-, oft schildförmig.

An den 2,5–5 cm langen Blütenstielen befinden sich die lebhaft hellblauen, 6–8 cm großen Blüten. Sie haben dicht an der Blütenbasis nahezu lanzettliche Deckblätter. Die innen hellblauen, außen grünen 5–6 mm breiten und bis 3 cm langen Kelchblätter tragen an ihrer oberen Begrenzung eine etwa 5 mm lange grannenartige Ausstülpung, einem Horn. Wenig länger als die Kelchblätter sind die bis 8 mm breiten hellblauen Blütenblätter.

Die Korona besteht aus 4–5 Reihen, deren beiden äußere fast zungenförmig ausgebildet sind und eine Länge von 2/3 der Kelchblätter bei einer Breite von 1 mm aufweisen. In ihrem unteren Drittel sind sie tief rötlichpurpurn, in der Mitte weißblaugestreift und im oberen Drittel rötlichpurpurn. Die folgenden Reihen sind bis 3 mm hoch und dunkelpurpurn.

Eine Länge von 5–6 cm und eine Breite von 2–2,5 cm haben die langovalen, kahlen Früchte.

Passiflora amethystina gehört sicherlich zu den wichtigsten und interessantesten Passionsblumenarten. Sie ist eine dekorative, im Glashaus und als Topfpflanze bestens gedeihende Schönheit, die über die Hälfte des Jahres mit ihrem Blütenschmuck ziert, wenn ihr die Kulturbedingungen zusagen. In ganz Europa wird sie auch in großem Stil als Topfpflanze kultiviert, ebenso in den USA und in anderen Ländern. Sie sollte keinen

Temperaturen unter 7° C ausgesetzt werden, wenn es sich wirklich um die Art handelt. Doch hier beginnen auch die „Probleme" mit dieser Pflanze.

P. amethystina, *P. violacea* und *P. cornuta* sind sich zum Verwechseln ähnlich. Wer eine Pflanze in Kontinentaleuropa, in England und in den USA als *P. amethystina* erwirbt, kann durchaus nicht sicher sein, stets wirklich die gleiche erhalten zu haben. So kann es sich durchaus um *P. violacea* oder auch um *P.* 'Amethyst' handeln. Letztere soll ein Hybrid von *P. amethystina* sein mit den weiteren Namen 'Lavender Lady' und 'Star of Mikan'.

Das gleiche gilt für *P. violacea*. Auch diese Art zu erwerben bedeutet nicht mit Sicherheit, sie auch zu besitzen. Denn es kann von Händlern und den meisten Züchtern nicht erwartet werden, diese Arten wirklich sicher auseinanderhalten zu können. Hinzu kommt die Tatsache, daß die genannten Arten schon Hunderte Jahre in Kultur sind. Durch stetige Selektionen bei vegetativer Vermehrung können sich mehr oder weniger stark ausgeprägte Sports bzw. Mutationen eingeschlichen haben, wodurch sich bestimmte jetzt kultivierte Rassen in verschiedenen Merkmalen von den typischen Merkmalen der Ausgangspflanze unterscheiden.

Doch auch bei der Vermehrung durch Samen kann durch Fremdbefruchtung die Erbmasse einer ähnlichen Art eingeflossen sein. Anschließend die Elternpflanzen bestimmen zu wollen, ist dann kaum mehr möglich.

Es sei noch erwähnt, daß der erfahrene und angesehene englische Passiflorakultivateur Vanderplank die Meinung vertritt, für *P. amethystina* sei es typisch, daß sich an sonnigen Tagen am Nachmittag die Kelch- und Blütenblätter zurückbiegen und nahezu parallel zum Blütenstiel liegen. Daran könne man die Art sicher von *P. violacea* unterscheiden.

Die Vermehrung der Art ist möglich durch Aussaat und durch Stecklinge. Handelt es sich jedoch um *P.* „Amethyst" bzw. um „Lavender Lady" oder „Star of Mikan", muß vegetativ vermehrt werden.

Passiflora ampullacea
(Mast.) Harms
Subgenus: Tacsonia
Synonym: *Passiflora hieronymi*

Passiflora ampullacea bedeutet die „flaschenartige Passionsblume".
Diese Tacsonie stammt aus Ecuador, dort wurde sie im Süden des Landes in Höhen zwischen 2.600 und 2.800 Meter gefunden.

Ihr zylindrischer Stengel ist zottig behaart, die länglichen Nebenblätter werden 1 cm lang. An den 2–3,5 cm langen Blattstielen befinden sich 1 oder 2 Drüsenrudimente. Die ab der Mitte dreilappigen Blätter erreichen eine Länge von 6–11 cm und eine Breite von 6–12 cm. Sie sind dünn und winzig behaart, auf der oberseitigen Nervatur auch braun zottig, auf der Blattunterseite sind sie filzig. Die Blütenstiele haben eine Länge von 8–12 cm; die eiförmigen Deckblätter werden 3–4 cm lang und halb so breit. An der Basis sind sie getrennt oder auch zusammengewachsen, insgesamt dicht flaumig behaart. Die 5–6 cm großen Blüten sind weiß oder ins Weißgrünliche gehend. Die zylinderförmige Kelchröhre wird 7–9 cm lang und 8–10 mm breit Die länglich-eiförmigen Kelchblätter werden bis 2,5 cm lang und 1,5 cm breit mit einem winzigen Horn, die Blütenblätter sind nur wenig kürzer. Die Korona besteht aus 2 Reihen, wovon die obere aus etwa 1,5 mm, die untere aus 1 mm langen Knötchen besteht. Die eiähnlichen, behaarten Früchte werden etwa 6 cm lang und 3,5 cm breit.

Diese Tacsonie zählt zu den sehr raren reinweißen Arten. Sie ist eine Schönheit, die im frostfreien Gewächshaus kultiviert werden kann. Im Sommer kann sie im Kübel auch unter freiem Himmel gehalten werden, praller Sonne bei geringer Luftfeuchtigkeit sollte sie jedoch nicht ausgesetzt werden. Im Winter sagt ihr am besten ein heller Platz bei 7–10° C zu. Die Vermehrung erfolgt durch Aussaat und durch Stecklinge.

P. ampullacea

Passiflora antioquiensis Karst.
Subgenus: Granadillastrum
Synonym: *P. van volxemii*

Lokal ist diese Art unter verschiedenen Namen bekannt. „Vanilla Passion Fruit" heißt sie in Neuseeland, in Kolumbien „cumba quitena" und in Teilen des englischen Sprachraumes „Van-Volxemian-Passion-Flower" und „Red Banana Passion-Flower".

Der Artname *P. antioquiensis* deutet auf die Herkunft der Pflanze hin. Sie stammt aus Antioquia, einem Department von Kolumbien.

In ihrer Heimat Kolumbien wächst sie wild in den Bergen in einer Höhe von 2.000–3.000 Meter.

Die Pflanze wächst kräftig und erreicht eine Höhe bis zu 5 Metern. Der junge Trieb ist leicht kantig, ansonsten ist er rund. Die ungelappten oder dreilappigen Blätter sind scharf und fein gesägt. Sie sitzen an etwa 4 cm langen Blattstielen, die bis zu 8 dunkle Drüsen tragen. Die Blattnerven sind schwach flaumig behaart. Die pfriemenförmigen Nebenblätter werden 5–8 mm lang.

P. antioquiensis

99

Die Blüte ist rosarot bis rostfarben. Die unbehaarte Kelchröhre erreicht eine Länge bis zu 4 cm. Die länglich-lanzett-lichen Kelchblätter werden etwa 5–6,5 cm lang und 1,5–2,5 cm breit. Ihnen sind die Blütenblätter ähnlich. Die lilafarbene Korona ist nur angedeutet. Sie besteht aus 3 Reihen, die äußerste besteht nur aus winzigen Höckern, die beiden anderen sind bis 2 mm hoch. Die langovale, schmackhafte Frucht ist in reifem Zustand gelb.

Obgleich P. antioquiensis nicht den für viele Arten typischen dekorativen Strahlenkranz besitzt, zählt sie zweifellos zu den prächtigsten Pflanzen ihrer Gattung. Beiderseits des Atlantiks hat sie sich einen Platz bei Pflanzenliebhabern erobert. Sie ist gelegentlich im Blumenhandel anzutreffen.

Wegen ihrer schmackhaften Früchte wird diese Art in Kolumbien, Nordindien (Madras), in Australien und Neuseeland kommerziell angebaut.

P. apetala

P. antioquiensis kann im Topf eine Zeitlang auf der Zimmerfensterbank gehalten werden. Auch gedeiht sie als Kübelpflanze im Sommer im Freien, wenn sie windgeschützt und sonnig steht. Sie verträgt im Winter auch niedrigere Temperaturen, kurzfristig sogar Frost. Allerdings darf der Wurzelbereich nicht durchfrieren. Gewöhnlich gelingt die Kultur dieser Art gut, wenn sie in einem Wintergarten oder Gewächshaus in kalkfreier Erde frei ausgepflanzt wird. Wenn im Anschluß an die Blüte auch Früchte erwartet werden, sollte der Bestäubung mit Hilfe eines Pinsels nachgeholfen werden – denn Kolibris werden bei uns gewöhnlich nicht im Gewächshaus gehalten. Sie könnten sonst, wie in ihrer Heimat, für die Bestäubung sorgen. Die Vermehrung erfolgt durch Aussaat oder durch früh im Jahr geschnittene Stecklinge.

P. antioquiensis wurde ursprünglich der Gattung Tacsonia zugerechnet. Um die Jahrhundertwende ging diese selbständige Gattung auf in die Gattung Passifloraceae und wurde dort als Untergattung Tacsonia geführt. Obwohl der erste äußere Eindruck diese Zuordnung zu rechtfertigen schien, entsprachen die wichtigsten Merkmale der Art eher denen der Untergattung Granadillastrum. Aus dieser Erkenntnis heraus klassifizierte Killip *P. antioquiensis* um und ordnete sie der Untergattung Granadillastrum zu.

Passiflora apetala Killip
Subgenus: Plectostemma
Sektion: Decaloba
Die Bezeichnung „apetala" im Artnamen bedeutet „ohne Blütenblätter".

P. apetala wächst wild in Panama und in Costa Rica in Höhenlagen zwischen 1.000 und 2.200 Metern.

Sie ist unbehaart, ihr eckiger Stiel ist gerieft. Die 2–4 mm langen Nebenblätter sind kaum zu erkennen. Am bis zu gut 3 cm langen drüsenlosen Blattstiel sitzen die zweilappigen und dreinervigen mattgrünen Blätter. Ihre Länge beträgt etwa 3–7 cm, ihre Breite 2–6 cm. Gelegentlich sind die Blätter auch andeutungsweise dreilappig, wobei der mittlere Lappen stets kleiner ist als die Außenlappen. Die schlanken, um 2 cm langen Blütenstiele sind paarig angeordnet, die 2–3 mm langen borstenförmigen Deckblätter werden schon bald abgeworfen.

Die recht kleinen Blüten erreichen einen Durchmesser bis etwa 1,8 cm. Ihre etwa 6 mm langen und 2,5 mm breiten verkehrt-lanzettlichen Kelchblätter sind gelblichgrün gefärbt, Blütenblätter fehlen. Die in einer Reihe angeordneten Fäden des Strahlenkranzes haben eine Länge von 2,5 mm. Bei Reife hat die runde schwarze Frucht eine Größe von etwa 1 cm.

Bei dieser Art fehlen die Blütenblätter, was sie zu einer besonderen Passionsblumenart macht. Sie ist nur bei wenigen Sammlern in Kultur. Sie gedeiht gut in einem beheizten Gewächshaus, wenn die Temperaturen auch im Winter nicht unter 14°C abfallen. Die Vermehrung erfolgt durch Aussaat und durch Stecklinge.

Passiflora arbelaezzii (sp. nov.)
Subgenus: Decaloba

Bei dieser Art handelt es sich um eine kleine Pflanze aus Costa Rica. Ihre Ranken sind verzweigt und nehmen entweder ein eiähnliches Aussehen an, haben kletternde, diskusartige Scheiben oder tragen Blüten. Sie sind 1 cm groß, weiß und befinden sich an den Ranken. Die

P. arbelaezii mit verzweigten Ranken und Eiattrappen

Korona ist zweireihig. Die Art ist verwandt mit P. discophora.

Passiflora arborea Spreng.
Subgenus: Astrophea
Sektion: Euastrophea
Synonym: *Passiflora glauca*

Der Artname *Passiflora arborea* bedeutet „baumartige" Passionsblume.

Die Art *P. arborea* wächst zu einem kräftigen Baum heran mit einer Höhe von 6–10 Metern. Sie ist heimisch an vielen Standorten in Kolumbien in Höhenlagen zwischen 1.000 und 1.700 Metern. Die glatte Rinde dieser Art ist grün, die jüngeren runden kahlen Zweige sind rötlich-braun. Die an 2–3 cm langen Blattstielen sitzenden Blätter sind nahezu rechteckig oder leicht eiförmig. Sie erreichen eine Länge von 10–30 cm und eine Breite von 5–15 cm. Unterseits befinden sich Nektardrüsen. Die grünlichweißen und gelblichen 5–7 cm großen Blüten befinden sich an bis zu 6 cm langen Blütenstielen.

Die gelbe Korona besteht aus drei Reihen, wobei die äußere eine Länge von 1–1,5 cm erreicht, die anderen nur 1–1,5

101

P. aurantia

mm. Die eiähnlichen reifen Früchte haben eine Länge von 3–4 cm.

Bei den dem Subgenus Astrophea zugeordneten Passionsblumen handelt es sich überwiegend um baum- oder buschartig wachsende Pflanzen, deren Ranken häufig fehlen oder zu Dornen reduziert sind. Die Art *P. arborea* mit ihren großen Blättern ist eine sehr ansehnliche Pflanze, die jedoch nur selten in Kultur anzutreffen ist. Sie ist die erste baumartig wachsende Passionsblumenart, über die berichtet wurde.

Bei entsprechenden Exemplaren aus Venezuela handelte es sich, wie später festgestellt wurde, um *P. lindeniana* und bei denen, die in Ecuador und Peru gefunden wurden, um *P. macrophylla*. *P. arborea* benötigt ein tropisch warmes Klima, weder Temperaturen unter 15° C, noch besonders heiße Standorte. Auch für eine recht hohe Luftfeuchtigkeit muß gesorgt werden, also eine Pflanze für ein

P. aurantia

Warmhaus, wenn eben die Luftfeuchtigkeit stimmt.

Die Vermehrung erfolgt durch Aussaat oder durch Markottage.

Passiflora aurantia Forst.
Subgenus: Plectostemma
Sektion: Decaloba
Synonyme: *Passiflora adiantifolia, P. banksii*

Der Artname „*Passiflora aurantia*" bedeutet „die orangerote Passionsblume".

Dieses ist eine der Passionsblumenarten, die in Ostasien heimisch ist. Wild wurde sie gefunden in Süd- und Westaustralien, Malaysia, den Fidschis und vielen weiteren Inseln im Pazifik.

Die Pflanze ist wüchsig und erreicht eine Größe von über 5 Metern. Ihr Stengel ist silbrig gestreift, besonders an älteren Exemplaren. Die Blattstengel ereichen eine Länge von gut 4 cm, sie haben entweder 2 Nektardrüsen oder keine. Die dreilappigen Blätter werden ungefähr 10 cm lang und 13 cm breit. Die Blüten können eine stattliche Größe von 5–11 cm erreichen, sie sind weißlichrosa, orange oder rot gefärbt. Die Korona steht in 2 Reihen, wobei die äußere rotviolett bis dunkelrot leuchtet, die kürzere innere lila oder rot. Die etwa 5 cm großen, fast kugeligen Früchte sind im Reifezustand violettfarben.

Diese schöne Passionsblumenart blüht in ihrer Heimat über eine lange Zeit. Bei uns ist sie besonders wärme- und lichtbedürftig. Vermehrt wird die Art aus Samen und durch Stecklinge.

Passiflora auriculata HBK.
Subgenus: Plectostemma
Sektion: Decaloba

Synonyme: *P. appendiculata*, *P. caya-ponioides*, *P. cinerea*, *P. cryptopetala*, *P. cyathophora*, *P. kegeliana*, *P. rohrii*, *P. torta*
In Surinam wird diese Art auch „sasoboro" genannt.

Der Artname *P. auriculata* bedeutet „ohrförmige Passionsblume".

Die Heimat dieser Art liegt in Zentralamerika, von Mexiko und Nicaragua bis Guyana und dem Amazonasbecken, Peru, Bolivien und Brasilien sowie die Wälder der Tropen bis in eine Höhe von 1.200 Metern.

Ihr Stengel ist eckig, kahl oder fein behaart. An den bis 2 cm langen, flaumig behaarten Blattstielen befinden sich nahe am unteren Ende 2 ohrförmige 2 mm breite Anhängsel. Die fadenförmigen Nebenblätter werden nur 2–4 mm lang und fallen schon bald ab. Die zugespitzten Blätter sind länglich-lanzettlich bis eiförmig-lanzettlich und 5–15 cm lang sowie 2–10 cm breit und dreilappig, nur selten ungelappt. Sie sind unbehaart, kräftig und tragen 3–5 Blattnerven, selten nur einen. Die Blattunterseite ist glänzend. Die Blütenstiele sind paarweise angeordnet und etwa 1 cm lang, die borstigen, um 2 mm langen Deckblätter werden bald abgeworfen.

Die blaß- bis grüngelben, manchmal violett behauchten Blüten haben eine Breite von 2–2,5 cm. Ihre etwa 1 cm langen grüngelben, spitzzulaufenden Kelchblätter sind nur 1-2 mm breit. Etwas kürzer und knapp 1 mm breit sind die Blütenblätter. Der Strahlenkranz besteht aus 2 Reihen, wovon der äußere fadenförmige eine Länge von etwa 1 cm hat. Er ist gelblich-grün, an der Basis purpurn, der innere höckerige ist knapp 3 mm lang und weiß. Die Frucht erreicht in reifem

P. auriculata

Zustand einen Durchmesser von 1–1,5 cm und ist von blaßgelber Farbe. Mit 5 mm sind die Samen recht groß.

An den vielen Synonymen ist zu erkennen, daß die gleiche Art von vielen Botanikern beschrieben wurde. Erstbeschreiber sind jedoch Humboldt, Bonpland und Kunth, die dieser Art im Jahre 1817 den jetzigen Namen gaben. Diese Art hat auffällige Blüten mit nur sehr schmalen Sepalen und Petalen. Sie ist sicher interessant für Sammler, doch nur selten in deren Besitz wie auch in botanischen Gärten anzutreffen.

Zum guten Gedeihen benötigt die Pflanze im Winter Temperaturen von 10–15°C und einen hellen Standort. Die Vermehrung erfolgt aus Samen und Stecklingen.

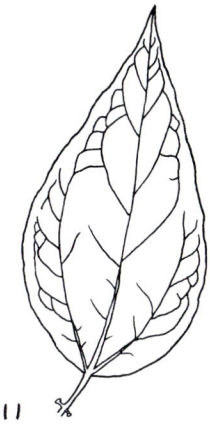

P. auriculata

P. biflora

Name „sandia cimarrona", in Panama „guate-guate" und in Venezuela „parche".

Der Artname „biflora" bedeutet „zweiblütig".

In Meereshöhe oder in Höhenlagen bis zu 1.500 Metern ist diese bekannte Passionsblumenart in Mittel- und Südamerika heimisch. Hierzu zählen Mexiko, Guatemala, Honduras, Belize, San Salvador, Nicaragua, Costa Rica, Panama, die Bahamas, Venezuela und Kolumbien.

Die Art ist wüchsig, ihr fünfeckiger kahler Trieb ist tief gerillt und von grüner oder leicht lila Farbe. Die Blattstiele können, je nach Sitz, eine Länge von 0,5-3 cm haben. An ihnen sitzen die leicht ledrigen zwei- oder gelegentlich drei-gelappten Blätter. Sie sind sehr variabel und können 1 cm lang und 8 cm breit oder auch 10 cm lang und 10 cm breit werden. An den paarig angeordneten Blütenblättern befinden sich die 2,5–3,5 cm breiten weißen Blüten. Die Korona besteht aus 2 Reihen, wovon die äußere gelbe etwa 7 mm lang wird und die innere 5 mm. Die nahezu runde Frucht ist kahl oder ganz zart behaart, sie erreicht einen Durchmesser von 1–2 cm.

Passiflora biflora Lam.
Subgenus: Plectostemma
Sektion: Decaloba
Synonyme: *Passiflora lunata, Passiflora glabrata, Passiflora spathulata, Passiflora brighami, Passiflora normalis, Passiflora transversa*

Diese Art ist in Zentralamerika bekannt unter den Namen „camacarlata" und „calzoncillo", in San Salvador heißt sie „ala de murcielago", in Costa Rica ist ihr

Diese verbreitete Passionsblumenart variiert in vielerlei Hinsicht. So schwankt ihre Blattform und Größe auffällig, ihr Stiel ist unbehaart oder auch ganz zart behaart, und auch ihre Früchte sind von unterschiedlicher Größe. Die vielen Variationen wurden nicht als unterschiedliche Arten definiert, sondern als Rassen der weiträumig anzutreffenden Art.

Ihre Kultur gelingt in einem Warmhaus recht gut, jedoch ist es nicht häufig, auch Früchte anziehen zu können.

Die Vermehrung erfolgt durch Aussaat und durch Stecklinge.

Passiflora bilobata Juss.
Subgenus: Plectostemma
Sektion: Decaloba

Die Artbezeichnung „bilobata" bedeutet „zweilappig".

Passiflora bilobata wurde wild wachsend gefunden in Puerto Rico, Haiti und in der Dominikanischen Republik.

Die Pflanze wird nicht so sehr groß, der Haupttrieb ist kantig und geht mit zunehmendem Alter ins Violette. An den drüsenlosen, bis 1 cm langen Blattstielen sitzen die über zwei Drittel ihrer Länge zweilappigen, mehr oder weniger ledrigen Blätter. An der Basis sind sie deutlich gerundet. Ihre Gesamtlänge beträgt etwa 7,5 cm. Die Blüten befinden sich einzeln oder paarweise an bis zu 3 cm langen Blütenstielen. Die grünlichgelben Blüten erreichen eine Größe von 1,5 cm. Die 3–8 mm lange fadenförmige Korona besteht aus 2 Reihen. Die runde Frucht wird ungefähr 1 cm groß.

Diese Art zeichnet sich durch eine beachtlich große Variabilität hinsichtlich ihrer möglichen Blattformen aus. Bei den außerdem auf den Westindischen Inseln wild vorkommenden Arten *Passiflora bicrura*, *P. anadenia*, *P. ekmanii*, *P. stenoloba* und *P. nipensis* handelt es sich möglicherweise um ein und dieselbe Art, nur mit sehr unterschiedlichen Blattformen.

In Kultur ist *P. bilobata* nicht häufig anzutreffen, doch gelegentlich bringen interessierte Urlauber Stecklinge oder Samen dieser licht- und wärmebedürftigen, sehr interessanten Art mit, um sie weiterzukultivieren.

Die Vermehrung erfolgt aus Samen oder durch Stecklinge.

Passiflora boenderi (sp. nov.)

Hierbei handelt es sich um eine neue Art, die von John MacDougal beschrieben und anschließend veröffentlicht wird.

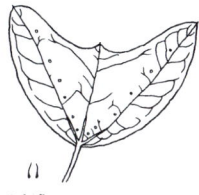

P. biflora

P. biflora

P. boenderi in Butterfly World, Florida

P. boenderi

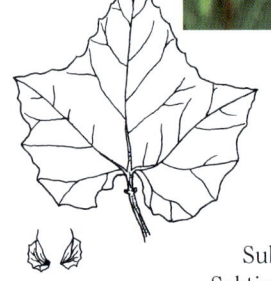

P. bryonioides

P. bryonioides

Passiflora bryonioides HBK.
Subgenus: Plectostemma
Sektion: Cieca
Synonyme: *Passiflora bryonifolia*,
P. inamoena
In Mexiko wird die Art unterschiedlich
bezeichnet: „cocapitos", „pasionaria
del monte" und „granadina".

Diese Art ist wild in Mexiko und Südarizona anzutreffen. Der Stengel ist kantig oder fast rund, die halb eiförmigen Nebenblätter werden 5 mm lang und 2,5 mm breit. Die Blätter befinden sich an 2,5–5 cm langen behaarten, mit 2 Nektardrüsen versehenen Blattstielen. Die dreilappigen Blätter werden 4–7 cm lang und 5–9 cm breit, an der Basis sind sie herzförmig ausgebildet. Die einzeln stehenden Blütenstiele werden 2–3 cm lang, die borstenförmigen Deckblätter 3–4 mm. Die grünlichgelben oder weißen und malvenfarbigen Blüten erreichen einen Durchmesser von 2,5–3 cm. Während die Kelchblätter ein Länge von 9–13 mm erreiche, sind die Blütenblätter nur etwa 4 mm lang. Die Korona besteht aus einer Reihe mit einer Länge von 6–7 mm. Im unteren Bereich sind die Fäden malven- oder violettfarben. Die eiähnlichen, blaßgelbgrünen bis weißlichen Früchte erreichen eine Länge von 3-3,5 cm und einen Durchmesser von ungefähr 2,5 cm.

Diese Art wird leicht verwechselt mit den Arten *P. colimensis*, *P. karwinskii*, *P. morifolia* und *P. warmingii*, alle ebenfalls aus der Sektion Cieca. Sie unterscheiden sich nur in Kleinigkeiten, und zwar in Form und Größe ihrer Blätter und der Länge der Neben- und Blütenblätter. Doch ist diese Unterscheidung nicht immer sicher, denn die Ausbildung der Organe kann durch die Kulturführung, insbesondere die Düngung, bis zu einem gewissen Grade beeinflußt werden. Allerdings sind die Früchte und die Samen der Arten charakteristisch. Bei *P. morifolia* und *P. warmingii* soll es sich nach neuester wissenschaftlicher Ansicht (John MacDougal) nicht um unterschiedliche, sondern um eine Art handeln. Möglicherweise liegen die gelegentlich zu beobachtenden Unterschiede in der Blattgröße und den Blütenblättern in der Kulturführung.

Bei den meisten der hier unter dem Namen *Passiflora bryonioides* kultivierten Pflanzen handelt es sich offensichtlich um *P. morifolia* (siehe dort). *P. bryonioides* wird leicht vermehrt aus Samen oder durch Stecklinge.

Passiflora caerulea L.

Subgenus: Passiflora
Diese Passionsblumenart hat viele lokale Bezeichnungen. So wird sie in Uruguay und Paraguay „burucuya" und „viricuja" genannt, in Paraguay „murucua guarani" und in Argentinien „murucuya". Im übrigen ist ihr Name im Spanischen Amerika „pasionaria", in den englischsprechenden Ländern „passionflower" und in den deutschsprachigen „Passionsblume".

Passiflora caerulea bedeutet „Blaue Passionsblume".

Wildwachsend gefunden und beschrieben wurden Exemplare aus vielen Teilen Mittel- und Südamerikas, von Mexiko bis Uruguay und Argentinien. Mittlerweile ist sie in allen Teilen der Welt als Zierpflanze in Kultur, oft unter Glas.

Die bis 10 Meter hoch wachsende Pflanze hat einen kahlen, oft blaugrünen kantigen und gefurchten Stengel bzw. Haupttrieb. Die 1–2 cm langen und halb so breiten Nebenblätter sind halb-eiförmig und an der Seite verbunden. An den 1,5–4 cm langen Blattstielen befinden sich gewöhnlich 2–4 gestielte Drüsen, seltener bis 6. Die palmenartigen fünf-, gelegentlich auch drei-, sieben- oder neunlappigen Blätter werden bis 15 cm

lang und 10 cm breit. Die Blattlappung macht etwa zwei Drittel ihrer Länge aus. Im unteren Bereich der einzelnen, sich manchmal überlagernden Lappen befinden sich 2–4 Drüsen. Die schlanken oder kräftigen Blütenstiele haben eine Länge von 3–7 cm. Die deutlich eiförmigen bis eiförmig-länglichen dünnen Deckblätter werden bis 2,5 cm lang und 1,5 cm breit, an ihrer Spitze sind sie abgerundet. Sie sind von blaßgrüner Farbe, sitzen dicht an der Blütenbasis. Die blauen und weißen Blüten erreichen einen Durchmesser bis zu 7, manchmal 10 cm. Ihre 2–3,5 cm langen, lederartigen Kelchblätter sind außen grünlich, innen weiß, selten rosablau, rückwärts gekielt. Die weißen, manchmal rosa getönten dün-

P. caerulea

P. caerulea

P. caerulea

107

neren Blütenblätter sind etwas länger. Die Korona erscheint in 4 Reihen, die beiden äußeren werden bis 2 cm lang, sie sind purpurn an der Basis und nach oben hin weiß und blau gebändert. Die beiden inneren köpfchenförmigen und aufrecht-stehenden haben eine Länge von 1–2 mm. Die eßbare, bei Reife gelbliche bis leuchtend orangefarbene Frucht ist eiförmig oder leicht rundlich und hat eine Länge von 6 cm.

Passiflora caerulea, die „Blaue Passionsblume", ist weltweit die bekannteste und zu Zierzwecken die am häufigsten kultivierte Art. Obgleich die Gattung *Passiflora* über 400 Arten umfaßt und nicht wenige davon in Kultur sind, ist diese Art doch die beliebteste. Dafür liegen auch hinreichend Gründe vor. Zwar läßt sich über Geschmack streiten, doch ist unumstritten, daß *Passiflora caerulea* zu den schönsten zählt. Sie zählt zudem zu den pflegeleichtesten und ist in manchen Teilen Mitteleuropas sogar winterhart. Zumindest dann, wenn sie mit Stroh oder Mulch abgedeckt und damit vor sehr starken Frösten geschützt wird. Und schließlich ist sie nicht nur eine Pflanze für den Wintergarten oder das Gewächshaus, sondern eignet sich ebenso zur Kultur im Wohnzimmer

Ihr Wuchs wird bei Kübel- bzw. Topfkultur beeinflußt von der Größe des Topfes. Steht sie im Wohnbereich in einem kleineren Gefäß, ist ihr Zuwachs weniger stark. Doch auf Blüten braucht man auch hier nicht zu verzichten – sie blüht sowohl frei ausgepflanzt als auch als Kübelpflanze im Wintergarten, ebenso im Wohnzimmer. Je nach der vorherrschenden Temperatur, der Luftfeuchtigkeit und dem Licht, kann sie nahezu das ganze Jahr über mit zahlreichen Blüten geschmückt sein.

Werden die Blüten bestäubt, setzen sie leicht Früchte an. Diese können roh verzehrt – der Geschmack ist nicht sonderlich – oder verarbeitet werden. Aus den Samen ist Nachzucht möglich.

Wegen der verschiedener, oft auch unbenannter Kultivare ist es ratsam, die schönsten und blühwilligsten und sonst den gewünschten Eigenschaften entsprechenden Pflanzen nur vegetativ, z.B. durch Stecklinge, zu vermehren. So bleiben die guten Eigenschaften sicher erhalten.

Verschiedene Varietäten der Art sind benannt und sehr beliebt. An erster Stelle sei hier 'Constance Elliott' genannt. Sie besitzt reinweiße, duftende Blüten. 'Grandiflora' trägt bis 20 cm große Blüten und 'Chinensis' ist blaßblau. Außerdem sind *P. caerulea* bzw. 'Constance Elliott' Elter einer großen Anzahl von Hybriden.

Passiflora capsularis L.

Subgenus: Plectostemma
Sektion: Xerogona
Synonyme: *Passiflora pubescens*,
P. piligera, *P. paraguayensis*,
P. hassleriana, *P. quinquangularis*
In El Salvador wird diese Art auch „Calzoncillo" genannt, in Brasilien „maracuja branco miudo".

Die Artbezeichnung „capsularis" bedeutet „kapselartig".

Die Heimat dieser Art ist das Gebiet von Brasilien bis Paraguay und Teilen Mittelamerikas. Anzutreffen ist diese Art mittlerweile in großen Teilen der Westindischen Inseln, Mittelamerika und den nördlichen Staaten Südamerikas in Höhen bis etwa 1.900 Metern.

Der Haupttrieb der 3–4 m groß werdenden Pflanze ist drei–bis fünfeckig,

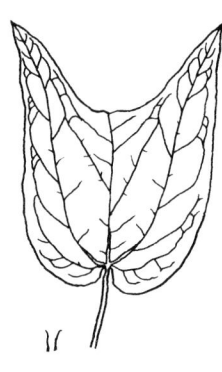

P. capsularis

kahl oder auch behaart, die 1–3 cm langen Blattstiele sind drüsenlos. Die pfriemartigen, leicht sichelförmigen Nebenblätter werden 5–7 mm lang. Die zweilappigen, 4–10 cm langen Blätter sitzen an 1–3 cm langen Blattstielen. Die grünlichweißen oder blaßgelben Blüten befinden sich an 1–6 cm langen Blütenstielen. Sie werden 2–6 cm groß. Die grünweiße oder gelbgrüne Korona besteht aus 1 oder 2 Reihen, wobei die äußere eine Länge bis zu 1,5 cm erreicht. Die violettbraune oder dunkelbraune Frucht ist elliptisch oder spindelförmig und 5–6 cm lang sowie 1,5–2 cm breit.

Passiflora capsularis ist eine empfehlenswerte Rankpflanze für den Wintergarten. Im Sommer blüht sie sicher und schmückt sich anschließend mit dekorativen Früchten. Sie gedeiht in warmen Sommern auch ausgezeichnet als Kübelpflanze oder ausgepflanzt im Freien. Im Winter muß sie jedoch hereingeholt werden. Die Vermehrung erfolgt sicher durch Aussaat oder mit Stecklingen.

Es ist sehr schwierig, *P. capsularis* und *P. rubra* auseinanderzuhalten. Zumal sie die beiden einzigen Arten des Subgenus Plectostemma sind, deren Koronen aus einer oder aus zwei Strahlenkränzen bestehen können, während alle anderen Arten definitiv einen oder zwei Strahlenkränze aufweisen. Eine Unterscheidung ist am besten möglich, wenn beide Arten nebeneinander stehen. Ihre Früchte sind unterschiedlich. Auch sind ihre Fruchtknoten, die sich im oberen Bereich der Blüte befinden, verschieden. Bei *P. rubra* ist er dicht überzogen mit weißlichen oder braunen Haaren, die oft auch an den Früchten verbleiben. Der Fruchtknoten von *P. capsularis* hingegen hat sehr feine kurze Härchen, die auf der Frucht nicht mehr zu finden sind.

P. capsularis

Außerdem sind die Blätter von *P. rubra* etwas größer und oft gelblichgrün, während die Blattfarbe von *P. capsularis* tiefgrün ist.

Passiflora cincinnata Mast.
Subgenus: Passiflora
Synonyme: *Passiflora corumbaensis*,
 P. perlobata
In Bolivien wird diese Art „pachis"
genannt, in Brasilien „maracuja"
oder „tubarao".

109

P. cincinnata mit Frucht (links)

P. cincinnata, Mutant mit Blüten am Ende der Ranken (rechts)

P. cincinnata

P. cinnabarina

P. cincinnata bedeutet „gekräuselte Passionsblume".

Diese Art ist wild in Brasilien, Bolivien, Paraguay, Argentinien, Venezuela und Kolumbien anzutreffen.

Die Pflanze ist gewöhnlich kahl, selten auch sehr zart behaart. Der Stengel ist rund oder schwach kantig ausgeprägt. An den 1,5–4 cm langen Blattstielen, die etwa 1 cm von der Basis entfernt 2 Nektardrüsen aufweisen, befinden sich die drei–fünflappigen und bis zur Basis hin getrennten Blätter. Sie erreichen eine Länge von 3–8 cm.

Die rosablauen oder violetten Blüten können einen Durchmesser von über 12 cm erreichen. Sie sitzen an bis zu 6 cm langen Blütenstielen. Die fast ledrigen, bis 5 cm langen Kelchblätter sind außen grün gefärbt, die Blütenblätter erreichen eine Länge bis zu 3 cm.

Die Korona besteht aus mehreren Reihen, wovon die äußere, im unteren Be-

reich tiefviolett gefärbte 2–4 cm Länge erreicht, die folgenden Reihen sind etwa 3 mm lang, in der unteren Hälfte weiß und blaßblau. Bis 5 cm lang und 3 cm breit werden die eiähnlichen Früchte.

Bei dieser Art handelt es sich um eine ansprechend schön wirkende tropische Passionsblume, die in der Vergangenheit häufiger kultiviert wurde. Sie ist wegen ihrer tief eingeschnittenen Blätter und ihrer großen violetten Blüten und des ausgeprägten Strahlenkranzes besonders beliebt. Kultiviert werden sollte sie in einem Gewächshaus oder Wintergarten. Dann blüht sie im Sommer recht sicher.

Die Vermehrung erfolgt durch Aussaat oder durch Stecklinge.

Passiflora cinnabarina Lindl.
Subgenus: Plectostemma
Section: Decaloba
Synonym: *Passiflora muelleriana*

Der Artname „*Passiflora cinnabarina*" bedeutet „zinnoberrote Passionsblume".

Diese Passionsblumenart stammt aus den subtropischen Gebieten in New South Wales und Victoria in Australien.

Die kräftige Pflanze erreicht eine Höhe bis etwa 4 Meter und hat recht schlanke Triebe. Ihre dreilappigen Blätter erreichen eine Länge und Breite bis etwa 12 cm. Sie sitzen an bis zu 4,5 cm langen drüsenlosen Blattstielen.

Die zinnober- oder scharlachroten Blüten werden bis 6 cm breit, sie befinden sich an etwa 3 cm langen Stielen. Ihre Kelchblätter erreichen eine Länge bis zu 3 cm, die schmalen Blütenblätter bis 1 cm. Die zweireihige Korona ist von gelber oder weißer Farbe, die äußere wird 8 mm lang, die innere 6 mm. Die fast runde, graugrüne Frucht wird etwa 4 cm groß.

Diese Art ist eine zunehmend beliebter werdende Passionsblume, weil ihre einfacheren Blüten von großer Schönheit sind und sie in einem Wintergarten oder Gewächshaus gut gedeiht. Sie verträgt zwar niedrigere Temperaturen als viele amerikanische Arten, doch sollte man im Winter nicht unter 5–7° C gehen. Die Pflanze wächst nur langsam, ebenso verhält es sich mit der Bewurzelung von Stecklingen. Vermehrt wird durch Aussaat, durch Stecklinge oder Markottage.

P. cinnabarina (links)

Passiflora cirrhiflora Juss.
Subgenus: Polyanthea
Synonyme: *Passiflora jenmanii,*
P. septenata

Die Artbezeichnung „*Passiflora cirrhiflora*" bedeutet frei übersetzt „Passionsblume mit Blüten an den Ranken".

Diese auffällige, kräftige Art stammt aus Guyana, ihr Stengel ist rund, glatt und kahl oder auch flaumig behaart. Ihre Blattstiele haben eine Länge von etwa 10 cm und besitzen 2 Nektardrüsen von unterschiedlicher Größe. An den Blattstielen befinden sich gut 10 cm große Blätter, bestehend aus 5–9 Einzelblättern; diese sind 5–8 cm lang und 3–4 cm breit. Die an einer kräftigen Ranke erscheinenden Blütenstiele haben eine Länge von 1–4 cm, an ihrer Spitze befinden sich zwei 6–8 cm große Blüten. Ihre Farbe ist ein leuchtendes Gelb und rötliches Violett. Ihre Deckblätter wachsen an der Blütenbasis, sie sind zweidrüsig und haben eine Länge von etwa 1 cm. Die Korona erscheint in 3 Reihen, die äußere, im oberen Bereich zickzackförmig gebogene erreicht eine Länge von ungefähr 3 cm. Während sie im oberen zwei Drittel kräftiggelb gefärbt ist, ist der untere Teil orangerot bis dunkelrot. Die beiden inneren roten Strahlenkranzreihen sind 1 cm lang. Die runde Frucht hat eine ledrige Schale.

Diese Passionsblumenart ist die einzige des Subgenus Polyanthea, sie hat die größten Narben aller Passionsblumenarten. Sie zählt nach Meinung verschiedener Passionsblumenfreunde zu den besonders attraktiven Arten. Die Kultur

P. cirrhiflora

111

P. cirrhiflora

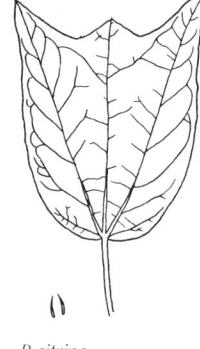

P. citrina

muß bei viel Licht in einem Warmhaus erfolgen. Auch im Winter muß die Temperatur deutlich über 12° C liegen. Vermehrt wird am besten durch Aussaat oder durch Markottage.

Passiflora citrina MacDougal
Subgenus: Plectostemma
Section: Xerogona
Diese und ähnliche Spezies werden in Guatemala „moco" und in Honduras „calzoncillo" genannt.

Passiflora citrina ist die „zitronengelbe Passionsblume".

Gefunden wurde die Art in den Pinienwäldern im Westen Honduras und im Osten Guatemalas, wo sie kleine Büsche und Grasflächen überwächst. Die Pflanze bleibt klein, ihre nahezu fünfeckigen Triebe sind an der Oberfläche flaumhaarig. An den 2 cm langen Blattstielen sit-

zen zwei-, gelegentlich auch dreilappige Blätter, 3–8 cm lang und 2–6 cm breit. Die leuchtend gelben oder grüngelben 4–6,5 cm breiten Blüten stehen einzeln. Die einreihige 1–1,5 cm lange blaßgelbe Korona steht aufrecht. Die 2,5–3,5 cm langen behaarten, rötlichen Früchte sind elliptisch oder eiähnlich. Sie weisen 6 kielartige Auswüchse auf.

John MacDougal hat diese auffallend schöne Passionsblumenart erst vor wenigen Jahren in Höhen von etwa 900 Meter entdeckt und beschrieben. Sie ist in einem Gewächshaus oder unter Folie besonders gut zu kultivieren, denn sie wächst gedrungen und ist daher auch eine ideale Topfpflanze. Dazu blüht sie bei uns recht sicher über eine längere Zeit im Sommer. Ihr steht als Zierpflanze - zumindest bei Liebhabern von Passionsblumen – möglicherweise eine große Zeit bevor.

Wer Früchte von dieser Pflanze ernten möchte, sollte eine erfolgreiche Bestäubung mit Hilfe eines Pinsels unterstützen. In ihrer Heimat werden die Blüten von Kolibris besucht. Vermehrt wird die Art aus Samen oder von Stecklingen.

Passiflora coactilis (Mast.) Killip
Subgenus: Tacsonia
Synonym: *Passiflora mariae*

Diese Art stammt aus den Anden in Ecuador, dort wurde sie in Höhenlagen um 2.220 Meter gefunden.

Der wollige Stiel dieser starkwüchsigen Tacsonie ist rundlich und fuchsrot, die Nebenblätter erreichen eine Länge von 8–10 mm. Auch die wolligen, zuweilen mit zahlreichen schwarzen Haaren bestückten, knapp 3 cm langen Blattstiele sind fuchs- bis zimtrot gefärbt, sie tragen winzige Nektardrüsen. Die ab der Mitte dreigelappten, fast ledrigen behaarten Blätter erreichen eine Länge und Breite von 6–12 cm und sind fein ge-

zähnt. Auf dem Mittelnerv können schwarze Haare aus dem übrigen Haarfilz heraustreten. Der sehr schlanke Blütenstiel erreicht eine Länge von 10–20 cm, an ihm befindet sich die 10–16 cm große rosafarbene Blüte. Die Kelchröhre hat eine Länge von 8–10 cm, außen fuchsrot und wollig. Die länglichen Kelchblätter wachsen zu einer Länge von 5–7 cm, die Blütenblätter sind wenig

P. coactilis

113

P. coactilis

P. coccinea

kürzer. Die Korona erscheint in 2 Reihen, die äußere hat eine Länge von etwa 3 mm, die innere 1 mm oder weniger.

Haarlos ist die Frucht dieser Art, in ihrer Form erinnert sie an eine Birne, 9 cm lang und 4 cm im Durchmesser.

Diese bei Sammlern noch recht selten anzutreffende Tacsonie ist es wert, kultiviert zu werden. Sie ist auffällig mit ihren besonders großen, prächtigen Blüten an langen Kelchröhren und ihrem auffällig langen Blütenstiel, der ebenso wie der Blattstiel fuchs- bis zimtrot behaart ist. An verschiedenen Stellen sprießen zudem schwarze Haare hervor. Eine unverwechselbare Art.

P. coccinea

Die Kultur erfolgt in einem im Winter frostfrei gehaltenen hellen Gewächshaus oder einem entsprechenden Wintergarten. Vermehrt wird durch Aussaat und durch Stecklinge.

Passiflora coccinea Aubl.
Subgenus: Distephana
Synonyme: *Passiflora fulgens*,
P. toxicaria, *P. velutina*
In ihrer Heimat hat diese Passions blumenart verschiedene lokal gebräuchliche Namen. So heißt sie in Surinam „Sneki marcoesa", in Guyana „marudi-oura", in Bolivien „pachio-tutumillo" und in Brasilien „thome assu".

Der Artname *Passiflora coccinea* bedeutet „scharlachrote Passionsblume".

Sie ist wild anzutreffen in Guyana, dem südlichen Venezuela, im Amazonasbecken von Peru, Bolivien und Brasilien.

Ihr Stengel ist rund oder leicht kantig, ältere Teile sind tief dreigefurcht. Junge Triebe haben eine leicht violette Farbe. Die länglichen, seltener kreisförmigen, bis 14 cm langen Blätter befinden sich an etwa 3,5 cm langen Blattstielen. Sie haben keine oder 2 Drüsen im unteren Bereich. Die Blätter sind an ihrer Basis leicht herzförmig. Ihre Oberfläche ist unbehaart oder ganz zart behaart, unterseits sind sie oft leicht rostfarbig. Besonders prächtig sind die scharlachroten Blüten mit einem Durchmesser von über 10 cm. Ihre scharlachroten Kelchblätter werden bis 5 cm lang und knapp 1 cm breit, die gleichfarbigen Blütenblätter werden 3–4 cm lang. Die Deckblätter der Blüten erreichen eine Länge von 4–6 cm. Die Korona besteht aus 3 Reihen, die beiden äußeren, 1 cm langen sind in ihrer oberen Hälfte tiefviolett gefärbt, blaßrosa bis weiß an ihrem unteren Bereich. Die innere weiße Reihe erreicht eine Länge von 6–8 mm. Deutlich eiförmig bis nahezu rund wird die bis 5 cm große Frucht. Bei Reife ist sie orange oder gelb, ihre spröde Schale ist gesprenkelt und grünlich gestreift. Sie ist sehr schmackhaft.

Diese schöne Passionsblumenart ist in vielen Teilen der Welt, insbesondere in den USA und in Europa, in Kultur. Mit ihren großen, leuchtend scharlachroten Blüten und ihrer ansehnlichen kräftiggrünen Belaubung gehört sie sicher zu den besonders schönen Arten. Sie ist zwar keine Pflanze, die man problemlos über einen längeren Zeitraum im Wohnzimmer kultivieren kann, doch wer einen hellen Wintergarten oder ein Glashaus besitzt, kann sich lange an dieser Pflanze und ihren schönen Blüten, vom Sommer bis zum Herbst, erfreuen. Die „scharlachrote Passionsblume" setzt zudem Früchte an, die sich nicht nur äußerlich sehr attraktiv der ganzen Pflanze anpassen, sondern deren Pulpa auch noch von allerbestem Geschmack ist. Das ist auch der Grund, warum diese Art in Guyana und Guadeloupe als Obstpflanze gewerblich angebaut wird. Die Vermehrung erfolgt durch Aussaat oder von Stecklingen.

P. coccinea führt gelegentlich zu Verwechslungen mit anderen, ähnlich blühenden Arten wie *P. speciosa*, *P. vitifolia* und *P. quadriglandulosa*. Typisch für *P. coccinea* sind jedoch die besonders großen Deckblätter der Blüten, die bis zu 6 cm lang werden können. Außerdem sind die Blätter dieser Art ungelappt, während die von *P. speciosa* und *P. vitifolia* dreigelappt sind. Die Deckblätter von *P. quadriglandulosa* erreichen nur eine Länge von 0,8–1,5 cm.

Passiflora complanata (sp. nov.)
Subgenus: Decaloba

Diese Art hat besonders große Blätter, die denen der Art P. escobariana ähneln. Die Blätter erreichen eine Länge um 20 cm und eine Breite um 10 cm. Der schwere Blütenstand ist traubig. Ihr Stengel ist glatt und steif.

P. complanata

Passiflora conzattiana Killip
Subgenus: Plectostemma
Sektion: Xerogona

Die Pflanze stammt aus Mexiko, sie erreicht gewöhnlich eine Höhe von 2–4 Metern.

115

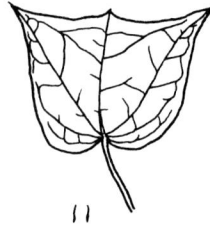

P. conzattiana

Ihr rötlich schlanker Stengel ist rund und zart behaart, er verkahlt jedoch. An weichbehaarten, drüsenlosen, 1–2 cm langen Blattstielen sitzen die zweilappigen und dreinervigen feinbehaarten Blätter, gelegentlich ist auch eine dritte Blattlappenspitze in der Mitte angedeutet. Ihre Länge beträgt 2–5 cm, ihre Breite 3–8 cm. Die borstenförmigen Nebenblätter werden um 4 mm lang, Deckblätter fehlen.

Die kleinen, 1–2 cm breiten Blüten sind von rotpurpurner und weißer Farbe. Während ihre länglich-lanzettlichen Kelchblätter eine Länge von 8–10 mm erreichen, werden die Blütenblätter nur halb so lang. Der Strahlenkranz besteht aus einer Reihe 3–4 mm langer, zungenförmiger Fäden mit tieflila Farbe im unteren Bereich, die Spitze ist gelblich. Nahezu elliptisch erscheint die Frucht bei Reife, sie hat eine Länge von etwa 5 cm und ist leicht sechseckig.

P. conzattiana ist eine nicht sehr stark wachsende Art für das helle Gewächshaus. Sie erinnert an *P. rubra* und *P. capsularis*, hat jedoch kleinere, fleischigere Blätter, die an ihrem oberen Rand gestutzt erscheinen. Sie ist auch im kleineren Gewächshaus oder Wintergarten sehr dekorativ, in Europa jedoch nur selten einmal zu erhalten. Vermehrt wird durch Aussaat oder Stecklinge.

P. coriacea

Passiflora coriacea Juss.
Subgenus: Plectostemma
Sektion: Cieca
Synonyme: *Passiflora cheiroptera*, *P. clypeata*, *P. difformis*, *P. obtusifolia*, *P. sexocellata*. Hernandez beschrieb diese Art bereits im Jahre 1651 unter dem Namen „tzinacanatlapatli".
In Mexiko und Guatemala wird die Art auch „hoja de murcielago" genannt; in Mexiko und El Salvador „murcielago", in Guatemala "media luna" und „granadilla del monte", in El Salvador „ala de murcielago", in Kolumbien „bejuco de blatijito" und in Inkasprache „uchuanquirisi".

P. coriacea bedeutet „lederartige Passionsblume", was sich auf ihre Blätter bezieht.

Sie ist wild anzutreffen im ganzen mittel- und südamerikanischen Raum von Mexiko bis Peru und Bolivien. Dort wächst sie in Höhen um 2.000 Metern.

Die kräftige Pflanze hat einen eckigen, meist kahlen, im oberen Bereich dicht flaumhaarigen Stengel. Die 5 mm langen spitzen Nebenblätter sind strichförmig. Die Blattstiele erreichen eine Länge von 2–4 cm. Sie tragen gewöhnlich etwa in ihrer Mitte zwei, manchmal auch vier 1 mm breite Drüsen. Ihre ungewöhnlichen ledrigen und kräftiggrünen Blätter sind überwiegend unregelmäßig in verschiedenen blaß- bis gelbgrünen Farbtönen gesprenkelt. Sie sind mit 7–25 cm deutlich breiter als lang (3–7 cm), gewöhnlich zweilappig, oft auch mit einem kleinem dritten Lappen. Die beiden äußeren Lappen stehen häufig in einem Winkel von 90° zur Mittelrippe. Die Blätter können denen von *P. suberosa* ähneln, die der selben Untergattung und Sektion angehören. Letztere besitzen jedoch deutlich größere und aufsitzende Blattstengeldrüsen.

Die oberen, gelblichgrünen Blüten sind traubenartig angeordnet und haben eine Breite von 2,5–3,5 cm, während die unteren einzeln oder in Paaren stehen. Die Kelchblätter haben eine Länge von 1–1,5 cm, Blütenblätter sind nicht vorhanden.

Der Strahlenkranz besteht aus 2 Reihen, die äußere gelbe, fadenförmige mißt etwa 7–8 mm, die innere 2–3 mm. An ihrer Basis sind sie dunkellila.

Die runde kahle Frucht hat einen Durchmesser von 1–2 cm.

P. coriacea ist eine sehr ansehnliche, ungewöhnlich ausschauende Kletterpflanze, die im geheizten Wintergarten oder Gewächshaus bestens kultiviert werden kann. Sie ist bei den meisten Passionsblumensammlern gut bekannt und in vielen Botanischen Gärten anzutreffen. Zum guten Wachstum sollte ihr an einem hellen Standort eine Mindesttemperatur von 10–15° C geboten werden, obgleich sie zeitlich beschränkt auch wesentlich niedrigere Temperaturen aushält. In Guatemala werden die zerstoßenen Samen als wirksames Insektizid gegen Küchenschaben eingesetzt. Zudem wird die ganze Pflanze von vielen Schädlingen gemieden wie Käfern, Roter Spinne, Weißer Fliege und Schnecken.

Vermehrt wird sie durch Aussaat oder durch Stecklinge.

Passiflora obtusifolia hat dünnere Blätter, der mittlere Blattlappen ist kurz und deutlich gestutzt, die seitlichen Blattlappen sind stumpfwinklig. Doch wird diese Art als zu *P. coriacea* zugehörig gerechnet.

Passiflora cornuta Mast.
Subgenus: Passiflora

Passiflora cornuta bedeutet „gehörnte Passionsblume" und bezieht sich auf die grannenartigen Ausstülpungen an den Kelchblättern der Blüten.

Die Art wurde wild in Porto Imperial in Zentralbrasilien gefunden. Sie ist in ihrer Gesamtheit kahl, ihr Stengel ist

P. coriacea (oben)

*P. coriacea
(Syn. P. obtusifolia)
(unten)*

rund. Die länglichen Nebenblätter erreichen eine Länge bis 2,5 cm und eine Breite bis 1 cm. Die schlanken Blattstiele werden 3–5 cm lang und haben nahe der Mitte 2–4 kurzgestielte Drüsen. Die ab unterhalb der Mitte dreigelappten fünfnervigen Blätter werden 5–7 cm lang und 6–10 cm breit. An ihrer Basis sind sie

117

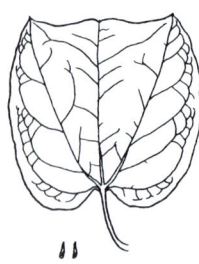

P. costaricensis

herz- oder leicht schildförmig. Ihre Oberseite ist grün, die Unterseite ins Bläuliche gehend. An den 4–8 cm langen kräftigen Blütenstielen befinden sich die etwa 5 cm breiten purpurvioletten Blüten. Ihre Deckblätter sind bis 2,5 cm lang und 1,3 cm breit. Die länglichen Kelchblätter sind abgestumpft kapuzenförmig und tragen rückwärtig an ihrer Spitze die für sie typische grannenartige Ausstülpung, das Horn. Ihre Blütenblätter sind den Kelchblättern ansonsten ähnlich.

Die Korona besteht aus 4 Reihen, wobei die beiden äußeren etwas kürzer sind als die Blütenblätter; die inneren sind bis 3 mm lang und stehen aufrecht. Der filzige Fruchtknoten im oberen Teil der Blüte ist eiähnlich.

Diese Passionsblumenart trägt besonders schöne violette Blüten. Sie kann in

Früchte von
P. costaricensis

einem Warmhaus kultiviert werden und ziert dann eine lange Zeit im Jahr. Leider wird sie jedoch kaum angeboten, und wer sie kultivieren möchte, muß auf gelegentliche Samenangebote von Sammlern in der Fachliteratur und in den Informationsblättern verschiedener Pflanzenliebhabergesellschaften achten.

P. cornuta ist sehr leicht zu verwechseln mit *P. amethystina* und *P. violacea*, mit denen sie auch eng verwandt ist. Zudem sind ihr mehrere Hybriden zum Verwechseln ähnlich. Die Vermehrung erfolgt aus Samen und durch Stecklinge. Handelt es sich bei der vermeintlichen Art doch um eine Hybride, muß vegetativ vermehrt werden.

Passiflora costaricensis Killip
Subgenus: Plectostemma
Sektion: Xerogona

Der Artname *P. costaricensis* besagt „aus Costa Rica stammend".

P. costaricensis wurde wild wachsend gefunden in Guatemala, Honduras und Costa Rica, doch mittlerweile ist sie vielerorts zwischen Mexiko und Kolumbien verwildert anzutreffen.

Der dreieckige Trieb ist hellbraun behaart, im unteren Bereich jedoch kahl. Die 6–8 mm langen Nebenblätter sind pfriemartig. An den 1,5–2 cm langen, dicht rauhhaarigen, drüsenlosen Blattstielen befinden sich die 9–13 cm langen und 7–11 cm breiten kräftiggrünen und leicht behaarten Blätter. Sie sind länglich, eiförmig oder fast rund, zweilappig, dreinervig, dünn und spitz zulaufend.

Die Blüten haben einen Durchmesser von 4,5–5 cm, ihre 4 mm schmalen Kelchblätter werden um 2 cm lang und sind außen behaart, innen kahl. In der Mitte sind sie dunkelgrün, am Rand weiß gefärbt. Ihre weißen Blütenblätter sind etwa 8 mm lang und 2 mm schmal. Die Korona besteht aus einer Reihe, ihre Länge entspricht der der Blütenblätter.

Die langovale Frucht erreicht eine Länge von 7–8 cm und eine Breite von 1–1,5 cm in der Mitte. Sie verjüngt sich auffallend an beiden Enden.

P. costaricensis ist eine ansehnliche Passionsblumenart, die am besten im beheizten Gewächshaus oder Wintergarten kultiviert wird. Temperaturen unter 14° C sollte man ihr nicht zumuten. Wird sie im Kübel kultiviert, kann sie in warmen Sommern auch im Freien gehalten werden. Vermehrt wird aus Samen und aus Stecklingen.

Die Früchte und Samen dieser Art deuten auf die enge Verwandtschaft mit *P. capsularis* hin, ihre Blattform ist jedoch deutlich unterschiedlich.

Passiflora crispolanta (sp. nov.)
Subgenus: Tacsonia

Ihre dreigelappten stumpfen Blätter sind denen anderer Tacsonien nicht ähnlich. Das Mittelblatt ist länger als die äußeren. Die Blüten sind rosaorange.

Die zerbrechlichen, um 6 cm langen Früchte sind bei Reife gelborange gefärbt und tragen weiße Flecken. Ihr Fruchtfleisch ist gelb.

Diese Art ist gefährdet, an ihrem Standort im nördlichen Kolumbien in Höhenlagen bis 3.000 Metern ist sie bereits selten. Sie sollte in Kultur genommen werden.

Passiflora cuatrecasasii Killip
Subgenus: Tacsonia

Diese Passionsblumenart ist benannt worden nach Dr. Jose Cuatrecasas, einem Freund von Killip, der diverse Passionsblumenarten beschrieb.

P. cuatrecasasii wurde wild wachsend am Paramo in Kolumbien gefunden in Höhenlagen zwischen 3.200 und 3.300 Metern.

Der Trieb der Pflanze ist nahezu kantig, im jungen Alter wollig. Die Neben-

P. crispolanta, eine der seltensten Arten

blätter sind bis 1,1 cm lang, kahl und violettbraun unterhalb der Mitte, der obere dicklichere, ledrige Teil ist hell gelbbraun und spitz zulaufend. An den bis 2 cm langen Blattstiele sitzen 2–3 Drüsen nahe der Spitze. Die eiförmig-lanzettlichen ledrigen Blätter sind zugespitzt und haben eine Länge von 6–11 cm. An ihrer Basis sind sie abgerundet oder herzförmig. Ihre Oberseite ist dunkelgrün, kahl und glänzend, die Unterseite dicht wollig. Gelegentlich davon ausgenommen ist die Nervatur der Unterseite. Besonders schlank sind die 7–10 cm langen Blütenstiele. Die Deckblätter sind eiförmig-länglich und werden bis 4 cm lang und bis 3 cm breit.

119

Einen Durchmesser bis zu 10 cm erreicht die rosaviolette Blüte. Ebenso lang wird die 1–1,5 cm dicke kahle Kelchröhre. An ihrer Basis ist sie grün, rot oder purpurn darüber. Die rosavioletten Kelchblätter sind bis 4,5 cm lang und rückwärtig gekielt. Die Blütenblätter entsprechen den Kelchblättern.

Die Korona besteht aus einer Reihe, die an der Röhrenspitze steht.

Diese Passionsblumenart ist eine typische Vertreterin der Tacsonien. Sie ist durch ihre große Blüte und ihre ansehnliche Kelchröhre eine besonders schöne Pflanze, die im Sommer im Freien kultiviert werden kann, im Winter an einem hellen Platz möglichst nicht unter 7° C aufgestellt werden sollte. Die Vermehrung erfolgt durch Aussaat oder durch Stecklinge.

Diese Art steht in recht enger Verwandtschaft zu *P. lanata* sowie *P. rugosa* und *P. leptomischa*.

Passiflora cumbalensis
(Karst.) Harms
Subgenus: Tacsonia
Synonyme: *Passiflora ecuadorica*,
P. blaberrima var. *cumbalensis*,
P. goudotiana

In Kolumbien wird diese Passionsblumenart „curuba" oder „tacso" genannt.

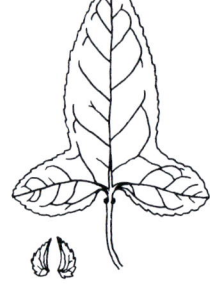
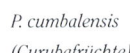

P. cumbalensis

P. cumbalensis
(Curubafrüchte)

Auch in vielen Ländern, in die die Früchte dieser Art und die von *P. mollissima* exportiert werden, ist Curuba ein üblicher Name für die Früchte.

Der Artname „cumbalensis" bezeichnet den Wildstandort dieser Art, Cumbal in Kolumbien.

Die Pflanze stammt aus den Anden Kolumbiens und Ecuadors in Höhenlagen zwischen 2.000 und 3.000 Metern mit besonders hohen Niederschlägen. Sie ist insgesamt unbehaart, außer an den Innenseiten der Deckblätter. Ihr Stengel ist eckig. Am bis zu 3 cm langen Blattstiel befinden sich 2 oder 4 Drüsen. Die Nebenblätter werden etwa 1,5 cm lang und 0,5 cm breit. Bis 9 cm lang und bis 12 cm breit sind die dreilappigen ledrigen Blätter, die an ihrer Basis gerundet oder herzförmig ausgebildet sind.

Die 6–11 cm großen rosalila bis blaulila Blüten hängen an bis zu 7,5 cm langen Blütenstielen. Der violettfarbene einreihige Strahlenkranz erreicht eine Höhe von ungefähr 8 mm. Die langovalen bis eiähnlichen, bis 10 cm langen Früchte haben bei Reife eine orange- bis rotviolette Farbe. Sie sind sehr schmackhaft.

Diese Art ist eine besonders schön blühende Tacsonie, die wegen ihrer Herkunft, den Höhenlagen in den Anden, auch bei uns während eines Teiles des Jahres im Freien kultiviert werden kann. Im Winter genügen ihr Temperaturen von 5–10° C, allerdings sollte sie so hell wie möglich plaziert werden. Vermehrt wird sie durch Aussaat und durch Stecklinge.

P. cumbalensis besitzt Ähnlichkeiten mit den ebenfalls zu den Tacsonien zählenden Arten *Passiflora mixta* und *P. mollissima*. Ihre Ansprüche sind vergleichbar, Unterscheidungsmerkmale sind in erster Linie ihre Blüten.

Ihre Früchte ähneln in der Form und Größe denen von *Passiflora mollissima*.

Passiflora cuneata Willd.

Subgenus: Plectostemma
Sektion: Decaloba
Synonyme: *Passiflora flexicaulis*,
P. furcata, *P. bifurca*

Der Artname bedeutet „keilförmige Passionsblume".

Wild wachsend wurde *P. cuneata* gefunden in Venezuela und Kolumbien.

Ihr Stengel ist kräftig und eckig, gewöhnlich gebogen, kahl oder ganz zart behaart. Die strich- oder borstenförmigen Nebenblätter erreichen eine Länge bis zu 6 mm. Die sehr schlanken und drüsenlosen flaumbehaarten Blattstiele werden bis zu 2,5 cm lang. 4–8 cm lang und 3,5–5 cm breit werden die variablen, zwei- oder dreilappigen dünnen Blätter. Der mittlere Blattlappen ist gleichlang oder kürzer als die beiden äußeren Lappen, selten auch länger. An ihrer Basis sind die dreinervigen, netzartig strukturierten Blätter keilförmig oder abgerundet. Sie sind kahl oder ganz fein behaart.

Die schlanken, bis 5 cm langen Blütenstiele stehen einzeln oder paarig. An ihnen befinden sich die bis 4 cm breiten Blüten. Ihre schlank-lanzettlichen, außen grünen, innen weißen Kelchblätter erreichen eine Länge von 1-1,5 cm, ihre weißen Blütenblätter haben eine Länge um 5 mm und sind an ihrer Basis fast gleich breit. Die Korona besteht aus 2 Reihen, die äußere, gelbgrün und purpurn gebänderte, spatelförmige mißt 3–5 mm. Oberhalb der Mitte verbreitern sich die Koronafäden fast zu Dreiecken. Die innere grasgrüne Reihe ist fadenförmig ausgebildet, sie wird etwa 2 mm lang.

P. cuneata

Die runde, 1,5 cm große Frucht ist flaumig behaart.

Insbesondere wegen ihrer auffällig gefärbten Korona und ihren weißen, verhältnismäßig großen Blüten ist diese Art für den hellen, beheizten Wintergarten geeignet. Sie wird nicht häufig angeboten, ist aber bei einigen Sammlern in Kultur. Vermehrt wird durch Aussaat und durch Stecklinge.

Killip meint, bei *P. luciensis* (gefunden auf St. Lucia) handele es sich um *P. cuneata*, denn er könne keine Unterschiede feststellen. Der beschriebenen Art sehr ähnlich sind zudem *P. andersonii* – möglicherweise ist *P. luciensis* eine Form dieser Art – und *P. rotundifolia*.

Passiflora cuprea L.

Subgenus: Pseudomurucuja
Synonym: *Passiflora cavanillesii*
Diese Art wird auf Kuba
„Saibey de costa" genannt.

P. cuprea

Der Name dieser Art bedeutet „kupferfarbene Passionsblume".

121

P. cyanea

Ihre Heimat liegt auf den Westindischen Inseln. Sie wurde wildwachsend gefunden auf den Bahamas, Ostkuba und Haiti in Meereshöhe.

Die Pflanze ist insgesamt unbehaart, der Haupttrieb kantig. Ihre borstenförmigen Nebenblätter werden bald abgeworfen. An 1 cm langen drüsenlosen Blattstielen befinden sich die eiförmig-länglichen dreinervigen Blätter. Sie erreichen eine Länge von 2,5–7 cm und eine Breite von 1,5–5 cm. Die kupferbraunen Blüten werden 6–8 cm groß. Sie hängen einzeln oder paarweise an bis zu 2,5 cm langen Blütenstielen. Die einrei-

P. cyanea

hige gelbliche Korona hat eine Länge von 3–4 mm. Die runden Früchte werden 1 cm groß.

Diese Passionsblumenart ist bei uns kaum in Kultur. Einige Passionsblumensammler in den USA kultivieren sie jedoch. Aufgrund ihrer Herkunft sollte sie in einem Warmhaus kultiviert werden, in dem auch im Winter Mindesttemperaturen um 13-16° C herrschen. Vermehrt wird die Art aus Samen oder durch Stecklinge.

Passiflora cyanea Mast.
Subgenus: Passiflora
Synonym: *Passiflora monticola*

Der Artname „*Passiflora cyanea*" bedeutet „dunkelblaue Passionsblume".

P. cyanea wurde wild wachsend auf Trinidad und Tobago sowie im Norden Venezuelas gefunden.

Sie ist insgesamt kahl, der Stiel fast zylindrisch oder eckig. Ihre Nebenblätter werden 2–4,5 cm lang und 1–2 cm breit, sie sind länglich-lanzettlich. Die Blattstiele werden bis 3 cm lang und besitzen nahe der Mitte 2–4 winzige aufsitzende Nektardrüsen. Die 6-10 cm langen und 7-15 cm breiten 5-nervigen Blätter sind ab der Mitte dreigelappt oder auch asymetrisch viergelappt. Sie sind annähernd ledrig bis ledrig. Die Blattlappen sind länglich bis eiförmig-länglich und besitzen 1–2 Drüsen in ihren Achseln. Spitz laufen die 4–5 mm langen und halb so breiten Deckblätter zu, an ihrer Basis zusammentreffend. Sie entspringen dem 5 cm langen Blütenstiel etwa 1 cm unterhalb der Blütenbasis.

Die weißblauen oder purpurnen Blüten erreichen einen Durchmesser um 5 cm. Ihre länglichen Kelchblätter sind 2–2,5 cm lang und 6–8 mm breit, außen grün und rückwärtig grannenartig ausgebildet, ähnlich die Blütenblätter.

Die Korona besteht aus mehreren Reihen, ihre 2 oder 3 äußeren werden etwa 1,3 cm lang, die folgenden etwa 2 mm. Die reife runde Frucht hat einen Durchmesser bis 3 cm.

Passiflora cyanea ist wegen ihrer besonders schönen weißblauen oder purpurnen Blüten eine empfehlenswerte Kübelpflanze. Sie sollte in einem Warmhaus kultiviert werden. An der Spitze ihrer Nebenblätter bildet sie kleine Eiattrappen aus, die *Heliconius*-Schmetterlinge davon abhält, weitere Eier an ihr abzulegen. So schützt sich die Pflanze vor Raupenfraß durch Schmetterlingslarven. Näheres im Kapitel „Schmetterlinge und Passionsblumen".

Leider ist sie nur gelegentlich in Kultur anzutreffen, in erster Linie bei Sammlern. Sie wird durch Aussaat oder durch Stecklinge vermehrt.

Passiflora dalechampioides Killip
Subgenus Passiflora

P. dalechampioides wurde wildwachsend in Teilen Zentralboliviens gefunden.

Die Pflanze ist kahl und besitzt 1,5–3,5 cm lange und halb so breite Nebenblätter. An der rückwärtigen Seite der 2–3,5 cm langen Blattstiele befinden sich 6–9 Drüsen an kurzen Stielen. Die drei- bis fünfnervigen Blätter sind bis etwa 2 mm zur Basis dreigeteilt. Die einzelnen Blattsegmente sind lanzettlich und 3,5–10 cm lang und 1–3,5 cm breit. Oft überlappen sich die Blattsegmente. Die leicht ledrigen Blätter sind netzartig geadert und an ihrer Basis herzartig. 3,5–10 cm lang können die Stiele erreichen, an denen die ungefähr 4,5 cm großen grünlichblauen Blüten hängen. Die länglichen, ungefähr 2 cm langen Kelchblätter besitzen an ihrer Spitze eine Kapuze in Form einer kurzen, grannenförmigen Ausstülpung. Die Blütenblätter erreichen eine Länge von 1 cm. Die Korona besteht aus 3 Reihen, die äußere hat eine Länge um 7 mm, die beiden inneren 2–3 mm. Die eiähnliche Frucht wird 4 cm lang und 2 cm breit. Ihre Schale ist lederartig.

Die Art stammt aus dem tropischen Bolivien und sollte daher in einem Warmhaus kultiviert werden. Sie wird durch Aussaat und durch Stecklinge vermehrt.

Passiflora dalechampioides ist eine „neuere" Art, die erstmals im Jahre 1927 von Killip beschrieben wurde. Sie ist wegen ihrer Blütenfarbe sehr ansehnlich und eng verwandt mit *P. amethystina* und *P. violacea*. Wegen der Ähnlichkeit ihrer Blätter mit *P. trisulca* erkannte der englische Botaniker Masters in *P. dalechampioides P. trisulca*. Doch u. a. die Unterschiede im Grad der Blatteinschnitte und der Anzahl der Blattstieldrüsen sowie der Blütengröße rechtfertigen die vorliegende Einteilung.

Passiflora danielii Killip
Subgenus: Passiflora

Die Pflanze wurde benannt nach Bruder Daniel, der diese Passionsblume in Kolumbien (Cocorna, Antioquia) an ihrem Wildstandort fand.

Sie wächst krautartig, ihr schlanker, gestreifter Stiel ist unbehaart. Ihre Nebenblätter sind halb-herzförmig und 1,5–2 cm lang sowie knapp 1 cm breit. Sie laufen stachelsitzig bis spitz zu, an ihrer Basis sind sie abgerundet. Die unbehaarten Blattstiele werden 2,5–4 cm lang, sie besitzen eben über der Mitte ein Paar aufsitzende, konkav gewölbte, 1,5 mm große Drüsen und ein weiteres Paar an der Spitze, manchmal auch schon am Blattrand nahe des Stieles. An ihnen befinden sich die glattrandigen, siebennervigen Blätter, eiförmig-lanzettlich mit deutlich langer Spitze. Sie haben eine Länge von 10–12 cm und eine Breite von 6–6,5 cm und sind von fast ledriger Struktur. Oberseits sind sie kahl und etwas glänzend, unterseits an der Nervatur und an den Adern kurz weichbehaart.

123

P. deltoifolia

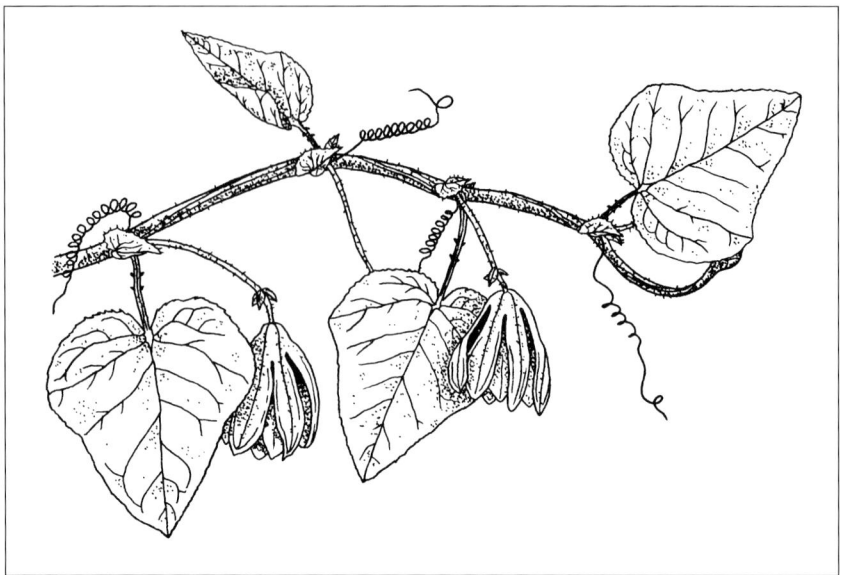

Die schlanken, runden Blütenstiele stehen einzeln, sie haben eine Länge von 8–9 cm. Deckblätter sind nicht bekannt. Etwa 6 mm lang und 8–9 mm breit ist die deutlich glockenförmige Kelchröhre.

Die schmal-lanzettlichen Kelchblätter erreichen eine Länge bis gut 2 cm und eine Breite an der Basis um 8 mm. Sie sind auf ihrer Rückseite bis unterhalb der Spitze mit einer hornartigen Ausstülpung versehen. Die Blütenblätter sind etwa um ein Drittel kleiner als die Kelchblätter, ansonsten entsprechen sie ihnen. Die Korona besteht aus etwa 5 Reihen, wovon die äußeren fadenförmigen eine Länge von 1,5–2 cm aufweisen, die folgenden sind 3 mm lang.

Diese recht seltene Passionsblumenart ist besonders auffällig durch ihre großen, dekorativen Blätter. Sie erinnern deutlich an spitz zulaufende Herzen. *P. danielii* benötigt bei uns ein helles Warmhaus, wenn sie in Kultur genommen werden soll. Wie bei den meisten Passionsblumenarten, erfolgt die Vermehrung aus Samen und Stecklingen.

P. danielii ähnelt hinsichtlich ihres Hornes an der Rückseite der Kelchblätter *P. praeacuta* derselben Untergattung, ansonsten ist die Art recht klar abgegrenzt.

Passiflora deltoifolia
Holm-Nielsen & Lawesson
Subgenus: Passiflora

Ihre Heimat ist Ecuador, wo sie örtlich begrenzt vorgefunden wurde. Die Pflanze ist nur schwach behaart, ihre Blattunterseiten sind kahl. Der runde Stengel ist gestreift. An den Stielen befinden sich etwa 2 cm lange, am Rand drüsig gezackte Nebenblätter. An 3 cm langen runden Blattstielen befinden sich 4 unterschiedlich angeordnete, 1–2 mm große Nektardrüsen. An ihnen sitzen die dreieckigen, bis 10 cm langen Blätter, die an ihrer Basis herzförmig sind. Die einzeln stehenden Blütenstiele werden 5–6 cm lang. An ihnen befinden sich, 1 cm unterhalb des Blütenansatzes, 7 mm breite und 3 mm lange Deckblätter. Sie sind am Rande drüsig gezackt.

Leicht glockenförmig sind die 6–7 cm großen glockenförmigen Blüten. Die Kelchblätter sind gekielt, jedoch ohne grannenartige Ausstülpung. Der Strahlenkranz besteht aus 5–8 Reihen, wobei die äußeren, zungenförmigen, an der Spitze fädigen eine Länge bis zu 3 cm erreichen. Die inneren Reihen weisen eine Länge von 1–5 mm auf.

Die eiförmigen bis elliptischen Früchte erreichen eine Länge um 5 cm.

Diese wärmeliebende Passionsblumenart ist verwandt mit *P. menispermifolia, P. crassifolia* und *P. nephrodes*.

Passiflora discophora
Jorgensen & Lawesson
Subgenus: Plectostemma

Diese Art stammt aus Westecuador. Sie hat einen recht schlanken runden Stiel. Ihre winzigen, borstenförmigen Nebenblätter erreichen eine Länge von 1 mm. An dem bis gut 1 cm kurzen Blattstiel befinden sich die 2–5 cm langen und halb so breiten ganzrandigen Blätter. Aus ihren Achseln wachsen die ungewöhnlichen, 1–2 mal gegabelten Sproßranken, deren Spitzen mit einem kleinen Diskus – ähnlich dem mancher *Parthenocissus*arten – ausgestattet sind. Hierdurch ist ein Klettern an recht glatten und senkrecht stehenden Gegenständen möglich.

An den einzeln oder paarweise stehenden Blütenstielen bzw. Sproßranken befinden sich die etwa 4 cm breiten Blüten. Die Korona besteht aus 3 Reihen, sie sind von unten nach oben orange, gelb und weiß gebändert.

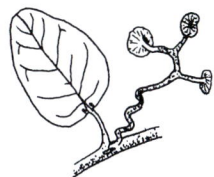

P. discophora mit verzweigten Ranken

P. discophora

P. discophora erinnert durch ihre Blattform und ihren Wuchs ein wenig an *Ficus pumila*. Ihre Blüten sind ansehnlich. Zur Kultur benötigt sie einen warmen, sonnigen Platz und eine möglichst hohe Luftfeuchtigkeit. Vermehrt wird durch Aussaat und durch Stecklinge.
Diese Art ist verwandt mit *Passiflora arbelaezzi*, die ebenso verzweigte Sproßranken aufweist.

Passiflora edulis Sims
Subgenus: Passiflora
Synonyme: *P. iodocarpa, P. middletoniana, P. pallidiflora, P. pomifera, P. rigidula, P. rubricaulis, P. vernicosa, P. verrucifera*

P. edulis

Die Art ist lokal unter verschiedenen Namen bekannt. In Mexiko heißt sie „granadita de China", in Venezuela „parche", in Teilen Südamerikas und in Brasilien

125

„maracuja", „maracuja-mirim", „maracuja de doce" und „maracuja peroba", in Guyana „grenadille", „pomme-liane violette" und „couzou", in Thailand „linmangkon", in Teilen des englischen Sprachraumes „golden passion fruit" oder „purple passion fruit" und im deutschen Sprachraum „Maracuja", „Passionsfrucht", „Purpurgranadilla", „Süße Kalabasch" oder „Granadilla".

Die Artbezeichnung *P. edulis* bedeutet „eßbare Passionsblume", was sich auf die Früchte bezieht.

P. edulis wurde wild wachsend gefunden von Guatemala in Mittelamerika über Venezuela, Ecuador, Brasilien und Paraguay bis nach Argentinien. Außerdem auf verschiedenen Westindischen Inseln.

Die unbehaarte Pflanze ist starkwüchsig und erreicht eine Höhe nahe 10 Metern, ihr Stengel ist rund und kräftig. Die 1 mm breiten, pfriemartigen Nebenblätter werden etwa 1 cm lang. Sie sind ganzrandig oder winzig gezackt und drüsig.

Die Blattstiele erreichen eine Länge bis 4 cm, sie besitzen 2 aufsitzende oder kurz gestielte Drüsen im oberen Bereich. An ihnen sitzen die ab unterhalb der Mitte dreilappigen, am Rande gezähnten Blätter in unterschiedlicher Größe. Ihre Länge und Breite variiert zwischen 4 cm und gut 20 cm, oberseits glänzen sie. Die Blätter junger Pflanzen oder junger Triebe können auch ungelappt erscheinen. Die Blütenstiele haben eine Länge um 6 cm, die eiförmigen Deckblätter sind 2–2,5 cm lang und 1–1,5 cm breit, am Rande gezackt und oft drüsig.

Einen Durchmesser bis etwa 8 cm weisen die Blüten auf, ihre länglichen Kelchblätter werden um 3,5 cm lang und 1 cm breit. Sie sind außen grün gefärbt, innen weiß. Ihre Blütenblätter sind wenig kürzer und schmaler, ebenfalls weiß gefärbt. Die Korona besteht aus 4 oder 5 Reihen, wovon die beiden äußeren faden- bis leicht zungenförmig zugespitzt und 1,5-2,5 cm lang sind, oft auch gewellt. Sie sind weiß, an der Basis purpurn. Die fol-

P. edulis f. flavicarpa, Kolumbien

genden Reihen haben eine Länge von 2–2,5 mm, sie sind sichelförmig oder zu winzigen Zähnchen reduziert.

Die eiförmige bis runde Frucht hat einen Durchmesser von 4–6 cm. Sie ist bei Reife gelb, grüngelb oder purpurfarbig bis braun.
P. edulis ist die weltweit wohl bekannteste und am häufigsten angebaute Passionsblumenart. Sie ist starkwüchsig und macht im Topf an der Fensterbank Jahrestriebe von über einem Meter. Auch ist

ihre sommerliche weißpurpurne Blüte mit den langen, welligen Koronafäden überaus dekorativ, und sie setzt nicht selten Früchte an. Da *P. edulis* eine Langtagspflanze ist, ist ein Blühen ohne ausreichende zusätzliche, künstliche Belichtung nur im Sommer zu erwarten.

Wer ein Gewächshaus oder einen beheizten Wintergarten mit subtropischen Temperaturen besitzt, kann P. edulis auch auspflanzen. Sie wird dann kräftig ranken, blühen und fruchten. Ein Rückschnitt muß dann den Wuchs im Zaume halten.

Im Winter verträgt sie auch niedere Temperaturen, die aber nicht unter 0°C fallen sollten, obwohl die Pflanze sie kurzfristig auch einmal verträgt. Jungpflanzen, besonders Sämlinge, sind empfindlicher und sollten wärmer überwintert werden.

Hinzu kommt die sehr einfache Vermehrbarkeit der Art. Frisches Saatgut keimt problemlos bei 22–26°C, ebenso lassen sich Stecklinge einfach bewurzeln, zuweilen sogar in Blumenstecksubstrat oder in einem Wasserglas.

P. edulis f. edulis
(links oben)

P. edulis f. flavicarpa var.
'Painter's Pride'
(links unten)

Früchte von
verschiedenen Cultivars
von P. edulis (rechts)

127

Maracuja-Plantage in Kolumbien

Weltweiter Anbau

Die Beliebtheit und Bekanntheit von *P. edulis* liegt in erster Linie begründet in ihren sehr schmackhaften Früchten, die roh verzehrt oder zu vielerlei Zubereitungen verarbeitet werden können. ZurZeit ist Maracujanektar in Europa ein sehr gefragtes erfrischendes Getränk mit stetig steigenden Verkaufszahlen. Auch das Samenöl wird für Speisezwecke und in der Farbindustrie genutzt, und die Preßrückstände sind ein wertvolles Viehfutter (siehe auch Nutzpflanze *Passiflora*).

Wegen ihrer Früchte wird *P. edulis* weltweit in großem Stil angebaut. Sie stellt keine großen Ansprüche an den Boden, er darf jedoch weder zu Staunässe neigen noch einen hohen pH-Wert aufweisen. Chlorotische Blattverfärbungen, die auf Eisenmangel zurückzuführen sind, haben meistens ihre Ursache in kalkhaltigem, alkalisch reagierendem Boden. Die Pflanzen kommen mit einer verhältnismäßig dünnen Humusschicht aus, da sie recht flach wurzeln. Allerdings sind daher regelmäßige, über das Jahr verteilte Niederschläge oder eine entsprechende künstliche Bewässerung notwendig. In Maracujaplantagen wird oft phosphorbetont gedüngt. Der Gesamtnährstoffbedarf liegt recht hoch, allerdings ist die erforderliche Düngung sehr stark abhängig vom Boden.

Da die Pflanzen auch mit subtropischen Klimabedingungen gut zurechtkommen, liegen die möglichen Anbaugebiete weit gestreut. Das sind unter anderem die mittel- und viele südamerikanische Staaten, Kenia, Südafrika, Israel, Thailand, Indien, Vietnam, Malaysia, viele pazifische Inseln sowie Australien und Neuseeland. In Australien liegt die derzeitige Jahresproduktion zwischen 3.000 und 4.000 Tonnen, in Brasilien waren es 1978/79 sogar 50.000 Tonnen. Mit deutscher Hilfe wird in Kenia in Höhenlagen zwischen 1.500 und 2.500 Metern erfolgreich *P. edulis* zur industriellen Fruchtsaftgewinnung angebaut; wegen der Pflegeerfordernisse (Schnittmaßnahmen) und des großen Ernteaufwandes überwiegend von bäuerlichen Kleinbetrieben. Der Anbau erfolgt in Reihen, in denen die überwiegend aus Samen gezogenen Pflanzen im Abstand von 4 x 4 Metern gesetzt werden. Ein Klettergerüst wird aus Drahtspalieren errichtet, das an Holzkonstruktionen fixiert ist. Die erste Ernte erfolgt bereits im 2. Jahr und weitet sich aus bis zum 5. oder 6. Jahr. Anschließend wird die Anlage aus wirtschaftlichen Gründen erneuert, obwohl die Pflanzen erheblich älter werden könnten.

Doch nicht nur die bekannte *P. edulis* var. *edulis* mit ihren runden, dunkelvioletten Früchten wird kultiviert, zunehmend auch *P. edulis* var. *flavicarpa*, deren größere Früchte bei Reife leuchtendgelb gefärbt sind. Diese Varietät hat zudem den großen Vorteil, gegen Fusariumwelke (*Fusarium oxysporum* var. sp. *passiflorae*) resistent zu sein, ebenso wie ein Hybrid aus *P. edulis* var. *flavicarpa* und *P. edulis* var. *purpurea*. Die Pilzerkrankung hat in Queensland in Australien in der Mitte dieses Jahrhunderts erheblichen Schaden angerichtet.

P. edulis var. *flavicarpa* wird auch als Veredlungsunterlage zur Anzucht von fusarium- und phytophtoraresistenten Pflanzen verwandt. Näheres in den entsprechenden Kapiteln.

Passiflora eichleriana Mast.
Subgenus: Passiflora
Synonym: *P. violacea* f. *albiflora*

Der Artname *P. eichleriana* bezieht sich auf den deutschen Botaniker und Mitherausgeber der „Flora brasiliensis" (1861–1886), A. W. Eichler.
P. eichleriana stammt aus Ostbrasilien bis Paraguay.
Sie hat einen runden, unbehaarten Stiel, dessen Farbe ins Violette geht. Der 2–6 cm lange Blattstiel trägt 3–4 Paare zungenförmiger, bis 2 mm großer Drüsen. Die Nebenblätter sind um 3 cm lang und halb so breit. Die Blätter sind fünfnervig und dreilappig, ihre Länge beträgt etwa 8 cm und ihre Breite 10 cm. In den Krümmungen der Blattlappen befinden sich 2–4 Drüsen. Der Blütenstiel mißt 3–6 cm, die Deckblätter sind etwa 2 cm lang. Einen Durchmesser bis zu 7 cm weist die Blüte auf, ihre ledrigen weißen Kelchblätter haben eine Länge von etwa 3 cm. Die ebenfalls weißen Blütenblätter sind nur wenig kürzer. Der Strahlenkranz besteht aus 6 Reihen, wovon die äußeren beiden fadenartigen ebenso lang sind wie die Blütenblätter, die anderen sind haarfein und haben eine Länge um 3 mm.

Bei Reife mißt die dann grüngelbe, ledrige Frucht etwa 3,5 cm.
Diese Passionsblume blüht sehr dekorativ weiß und ist *P. caerulea* 'Constance Elliott' sowie der Art *P. subpeltata* (*P. alba*) ähnlich. Schmetterlingszüchter haben eine Vorliebe für diese Art, weil sie eine ausgezeichnete Futterpflanze für verschiedene Schmetterlingsarten ist. Die Art gedeiht gut in einem warmen und hellen Gewächshaus oder Wintergarten, zeitweise auch auf einer entsprechenden Fensterbank. Im Winter sollte die Temperatur nicht unter 14° C fallen. Vermehrt wird durch Aussaat oder Stecklinge.

Passiflora escobariana
(sp. nov.)
Subgenus: Decaloba
Sektion: Xerogona

Diese aus Kolumbien stammende Art ist in ihrem Bestand gefährdet. Benannt wurde sie von Dr. John MacDougal nach der verstorbenen Botanikerin Dr. Linda Escobar, Verfasserin verschiedener wissenschaftlicher Arbeiten, u. a. über die Gattung Passiflora,. Die Art bevorzugt feuchte und kühlere Klimata der Tropen. Ihre länglichen, zweilappigen Blätter

129

P. escobariana (oben)
P. filipes (unten)

P. filipes

sind recht groß und besonders strukturiert. Sie sind sehr dekorativ.

Passiflora filipes Benth.

Subgenus: Plectostemma
Örtlich wird die Art auch „sandillita de
pajaro" und „ahuachapan" genannt.

Der Artname *Passiflora filipes* bedeutet
„Passionsblume mit fädlichem (fadenar-
tigem) Stiel".

Diese Passionsblume wächst wild in
den trockeneren Bereichen entlang der
Pazifikküste Zentral- und Südamerikas
und der Küste des Golfs von Mexiko.

Sie ist eine krautartige, kahle Pflanze mit
zylinderförmigem, leicht gestreiftem
Stiel. Ihre sehr kleinen, länglichen Nebenblätter haben eine Größe von nur wenigen Millimetern. Am 1–4 cm langen
Blattstiel befinden sich keine Drüsen.
Sehr dünn sind die dreilappigen und
dreinervigen Blätter, ihre Rückseite geht
leicht ins Blaue. Sie erreichen eine Länge bis etwa 6 cm und eine Breite bis etwa
8 cm. Die 3–4 cm langen Blütenstiele
hängen in Paaren rechtwinklig vom Stiel
herab, Deckblätter fehlen.

Die kleinen grünlichen Blüten werden
nur bis 1,5 cm breit, ihre grünen bis
blaßgrünen Kelchblätter haben eine
Länge bis knapp 1 cm, die blaßgrünen
Blütenblätter sind nur halb so lang. Die
Korona besteht aus 2 Reihen, wovon die
äußere, fadenförmige bis 5 mm Länge erreicht, die innere knapp 2 mm. Einen
Durchmesser von nur wenig über 5 cm
erreichen die runden Früchte bei Reife.

Diese Passionsblumenart ist sowohl
ungewöhnlich als auch rar. In Florida ist
sie hin und wieder in Kultur zu finden.
Sie ist auch in einem Warmhaus gut zu
kultivieren und kommt mit unseren
durchschnittlichen Sommern im Freien
aus. Sie stellt keine so großen Ansprüche
hinsichtlich der notwendigen Luftfeuchtigkeit, wie dieses viele andere Arten tun.

Die Vermehrung erfolgt durch Aussaat und Stecklinge.

Passiflora foetida L.

Subgenus: Dysosmia
Synonyme: *P. balansae, P. hastata,*
P. baraquiniana, P. hibiscifolia,
P. hispida, P. gossypiifolia,
P. liebmannii, P. moritziana,
P. muralis, P. nigelliflora,
P. pseudociliata, P. vesicaria,
P. foetida hat eine Vielzahl lokal

unterschiedlicher Namen, die sich nicht immer auf eine, sondern auf unterschiedliche Varietäten beziehen. Folgend eine Auflistung der bekanntesten: Mexiko: „clavellin blanco", „injito colorado", „flor de granadita", „kepa".El Salvador: „granadilla colorado", „granadilla montes", „granadilla silvestre", „sandia de culebra".
Costa Rica: „bombillo".
Kuba: „caguajasa", „canizo", „cuguazo", „granadilla cimarrona", „pasionaria hedionda", „pasionaria de la Candeleira".
Jamaika: „love-in-a-mist".
Haiti: „mariegouya", „toque molle".
Puerto Rico, Venezuela: „tagua-tagua".
Martinique, Guadeloupe: „Marie goujeat".
Britisch-Westindien: „Pop bush", „running pop", „stinking passionvine", „wild water-lemon".
Niederländisch-Westindien: „bel appel", „korona die la birgi", „kruisebloem", „maraaka", „markosea", „sjonsjon", „sosoro".
Surinam: „markosea", „sneeki markosea".
Guyana: „fit weed", „simito".
Venezuela: „parchita de culebra", „parchita de montana", „parchita de sabana".
Kolumbien: „bejuco canastilla", „cinco llagas".
Peru: „purupuru". Bolivien: „pedon".
Brasilien: „maracuja de cobra", „maracuja de lagartinho", „maracuja de cheiro".
Nigeria: „ninge-ninge".
Senegal: „maribisap".
Passiflora foetida bedeutet übersetzt die „übelriechende Passionsblume".

Diese Passionsblumenart stammt aus weiten Teilen Mittelamerikas, von den Westindischen Inseln und dem nördlichen Südamerika.

Die Pflanze wächst krautartig und verströmt einen mehr oder minder unangenehmen Duft. Ihr Haupttrieb ist schlank bis kräftig. Sie ist unbehaart oder mehr oder weniger behaart in unterschiedlicher Färbung. Die Nebenblätter sind halbberingt um den Stiel oder deutlich gefiedert mit drüsigen Abschnitten. An den bis 6 cm langen Blattstielen befinden sich keine Nektardrüsen. Die drei- bis fünflappigen Blätter sind an der Basis gewöhnlich herzförmig. Sie können eine Länge bis zu 15 cm erreichen. Die Ausprägung der Belappung sowie die Behaarung und die Form der einzelnen Blattlappen ist sehr unterschiedlich. Die einzeln stehenden Blütenstiele werden um 7 cm lang. Die fädigen, um 6 cm großen Deckblätter sind für diese Art typisch. Sie

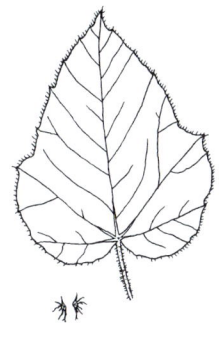

P. foetida

P. foetida, Früchte

sehen aus wie eine zwei- bis vierfach ge-
fiederte Maske oder Feder, die die Knospe umschließt oder der offenen Blüte als
Unterlage oder Schutz dient. Ihre Spitzen sind drüsig.

Die Blütengröße ist unterschiedlich,
etwa von 2–6 cm. Sie ist auffällig weiß, lila oder purpurn bis blau gefärbt. Ihre
Kelchblätter sind eiförmig-lanzettlich
geformt, bis eben unterhalb der Spitze
gekielt, die Blütenblätter sind etwas kürzer als die Kelchblätter. Die Korona besteht aus mehreren Reihen, die beiden
äußeren sind fadenförmig und erreichen
eine Länge um gut 1 cm. Sie sind unterschiedlich oder wie die Blüten gefärbt
und oft rosa oder violett gebändert. Die
anderen sind 1–3 mm lang und haarfein.
Die Früchte sind rund oder nahezu rund,
ihre Farbe schwankt zwischen Gelb und
leuchtendem Rot. Meistens umschließen
sie noch Teile der auffälligen Deckblätter.
In reifem Zustand sind die süßen und saftigen eßbaren Früchte sehr schmackhaft,
unreif sind sie jedoch giftig.

Diese tropische Passionsblumenart
zählt zu den bekanntesten, ungewöhnlichsten und sicher auch zu den schönsten. Besonders auffällig sind ihre wun-
derbar gefärbten, mehr oder weniger
großen Blüten, die unterseits von
großen, die Blüten überragenden filigra-
nen Deckblättern, den Brakteen, bedeckt
sind. Im Knospenstadium umschließen
sie diese nahezu vollends, man mag mei-
nen, sie seien bedornt. Doch auch die
auffällig gelb bis leuchtendrot gefärbten,
in die Deckblätter eingeschlossen erscheinenden Früchte sind von besonderer Schönheit. *P. foetida* wächst krautartig und erreicht eine Höhe von etwa 2
Metern; sie läßt sich recht einfach kultivieren, wenn ein Warmhaus oder zumindest ein geheizter Wintergarten zur Verfügung steht. Dort kann sie an einem hellen Platz ganzjährig gehalten werden,
doch auch die Kultur in einem Kübel ist
möglich. In diesem Fall sollte ihr eine im
Topf befestigte Rankhilfe gegeben werden, dann kann sie im Sommer auch im
Freien aufgestellt werden. Wenn die Kultur gut gelingen soll, ist es zu empfehlen,
die winterliche Tiefsttemperatur nicht
unter 7° C absinken zu lassen, obwohl die
Art kurzfristig auch niedrigere Temperaturen verträgt. Die Vermehrung durch
Aussaat erfolgt problemlos, ebenso die
Anzucht aus Stecklingen. Diese Methode
hat zudem den Vorteil, daß die neue
Pflanze identisch ist mit der Pflanze, von
der der Steckling geschnitten wurde.

P. foetida ist eine Nutzpflanze, die in
vielen Teilen der Welt angebaut wird. Sie
liefert ein schmackhaftes Obst, das in erster Linie roh verzehrt wird. Auch ist die
Art wegen ihres schnellen Wuchses, ihrer
guten Dürreverträglichkeit und ihrer Anspruchslosigkeit als Schutzhecke für andere, insbesondere tropische landwirtschaftliche Kulturen in Kultur. Ferner
zum Schutz gegen Erosionen wird die
Art angebaut und schließlich als Boden-
decker in Kautschuk- und Kakao-Plantagen. Es wird berichtet, daß die Früchte
ein wirksames natürliches Mittel gegen
Schnupfen darstellen. Im ehemaligen
Britisch-Honduras (jetzt Belize) war und
ist diese Pflanzenmedizin jedenfalls ein
bekanntes und wirkungsvolles Mittel gegen diese lästige Erkrankung.

P. foetida ist mittlerweile im tropischen Afrika und in Süd- bis Südost-Asi-
en (Indien, Sri Lanka, Java, Malaysia) vielerorts verwildert. Sie ist die variabelste
Passionsblumenart überhaupt. Viele andere Arten sind ihr im Wuchs, den Blättern und weiteren vegetativen Merkmalen ähnlich. Dazu zählen *P. arida*, *P. ba-*

hamensis, *P. chrysophylla*, *P. fruticosa* und *P. urbaniana*. In der Blüte und den Früchten sind ihr folgende, auch zum Subgenus Dysosmia zählende Arten auffallend ähnlich: *P. lepidota*, *P. palmeri*, *P. pectinata* und *P. vestita*.

Weiterhin gibt es von P. foetida über 50 verschiedene Varietäten, die mit Namen versehen wurden. Allerdings ist nicht immer ganz sicher, ob es sich dabei möglicherweise auch um Hybriden handelt. Der Meinung jedenfalls ist Masters (1833–1907), einer der wichtigsten Botaniker und Taxonomen, der sich eingehend mit *Passiflora* beschäftigt hat und von dem viele Veröffentlichungen stammen. Es gibt auch Varietäten in unterschiedlichen Formen, als Beispiel sei genannt *P. foetida* var. *hirsuta* f. *longifolia*.

Folgend sind Varietäten aufgeführt mit einigen typischen Merkmalen:

P. foetida var. acapulcensis: Sehr schlanker Stiel, dicht weißbehaart, Härchen um 0,4 mm lang, Blätter dreilappig, bis 7 cm lang und 5 cm breit, Blüte bis 2,5 cm breit, Frucht bis 2 cm breit, gelb, rotgefleckt und rauh behaart. Herkunft Mexiko.

P. foetida **var.** ***arizonica*:** Fünflappige Blätter, weiße Blüten, gelbliche behaarte Früchte. Herkunft Arizona/ USA, Mexiko.

P. foetida **var.** ***ciliata*:** Die Pflanze ist unbehaart mit Ausnahme weniger drüsenbesetzter Wimpern (ciliata – bewimpert) am Blattstiel und an den Blatträndern. Hellblaue oder blaßrosa, 4–5 cm große Blüten. Scharlach- bis glänzendrote oder gelbe Früchte, 2,5–3,5 cm groß. Herkunft: Mexiko, Westindische Inseln.

P. foetida **var.** ***eliasii*:** Bräunlich kurzbehaart, selten kahl, Blätter dreilappig,

weiße Blüte, gelbliche, um 1,5 cm große Früchte. Herkunft Kolumbien.

P. foetida **var.** ***fluminensis*:** Pflanze dicht mit 2–4 mm langen gelben Haaren behaart, Blätter dreilappig, weiße Blüten, bis 2 cm große gelbliche Früchte. Herkunft Brasilien.

***P. foetida var. galapagensis*:** Stiel dicht fuchsrot rauhaarig, Haare unter 1 mm Länge, Blätter 3-lappig, weiße, 4 cm große Blüten, die äußere Strahlenkranzreihe ist purpurn gebändert, gelbe kahle

P. foetida var. ciliata mit gelben Früchen

133

P. foetida var. hibiscifolia

P. foetida var. hirsuta

Früchte, um 2,5 cm und rund. Herkunft Galapagos-Inseln.

P. foetida var. *gossypifolia*: Untere Blätter ungelappt, sonst dreigelappt, weiße Blüten, grüngelbe, rotgefleckte Früchte. Herkunft Mittelamerika.

P. foetida var. *hastata*: Dicht gelblich rauhbehaart, Blätter dreilappig, gut 3 cm lange Deckblätter, bis 3 cm große Früchte. Herkunft Mittelamerika.

P. foetida var. *hibiscifolia*: Die Pflanze ist kahl, bis 10 cm große, fünflappige fast ledrige Blätter, rosa Blüten. Die 3–4 cm großen Früchte sind scharlachrot. Herkunft Mittelamerika.

P. foetida var. *hirsuta*: Gelblich weich behaart. Bis 12 cm große, dreilappige Blätter, um 2,5 cm große weiße Blüten, bis 2,5 cm große, fast runde grünlichgelbe Früchte, eßbar. Herkunft Amazonasgebiet.

P. foetida var. *hirsutissima*: Dicht rauhhaarige Pflanze, Blätter dreilappig, blaßrosa Blüten, Kelch- und Blütenblätter tiefrosa gefleckt, rötliche Früchte. Herkunft Guatemala.

P. foetida var. *hispida*: Triebe gelblich behaart, Haare 2–3 mm lang, Blätter dreilappig, Deckblätter vielfach gefiedert, gelbliche runde Früchte, Größe 2–3 cm. Herkunft Bahamas, Westindische Inseln, Mittel- bis Südamerika.

P. foetida var. *isthmia*: Pflanze mit 2 mm langen, gelbbraunen rauhen Haaren überzogen, große dreilappige Blätter, weiße Blüten, bis 2,5 cm große gelbliche Früchte. Herkunft von Panama bis Ecuador an der Pazifikküste.

P. foetida var. *longipedunculata*: Triebe dicht weißlich weichbehaart, Blätter spießförmig. Herkunft Kalifornien/USA, Mexiko.

P. foetida var. *mayarum*: Stiel sehr schlank, selten behaart. Blätter rundlich und 3-lappig, cremefarbene Blüten, Strahlenkranz purpurn und weiß, die roten Früchte erreichen eine Größe bis 2,5 cm. Herkunft Belize.

P. foetida var. *muralis*: Pflanze sehr klebrig, Stengel gelblich behaart, Blätter dreilappig und dicht gezähnt, Früchte rund, bis 2,5 cm. Herkunft Brasilien.

P. foetida var. **nicaraguensis:** Die Pflanze ist unbehaart, Blätter 3-lappig, lanzettlich und bewimpert, Blüten purpurweiß, Früchte um 3 cm groß. Herkunft Nicaragua.

P. foetida var. **nigelliflora:** Blätter fünflappig, weiße Blüten, gelbliche, behaarte bis 2 cm große Früchte. Herkunft Mexiko.

P. foetida var. **oaxacana:** fünflappige palmenähnliche Blätter, weiße Blüten, gelbliche, 2,5 cm große Früchte. Herkunft Mexiko.

P. foetida var. **orinocensis:** Die Pflanze ist insgesamt kahl, ihre bis 6 cm langen winzig gezähnten Blätter sind dreilappig und herzförmig. Die klebrigen Deckblätter sind zwei- bis dreifach gefiedert und besetzt mit sehr kleinen Nektardrüsen. Die Blüte ist rosa, die etwa 3 cm großen Früchte sind rot. Herkunft Venezuela.

P. foetida var. **parvifolia:** Pflanze weißbehaart, viele dicht beblätterte Zweige, Blätter dreilappig, rosa Blüten, rötliche Früchte um 1,5 cm. Herkunft Mexiko.

P. foetida var. **polyadena:** Pflanze insgesamt unbehaart, Blätter dreilappig, die Blüten sind weiß und rosa getönt, Strahlenkranz weiß und purpurn. Die 2 cm großen Früchte sind scharlachfarben. Herkunft Kuba.

P. foetida var. **quinqueloba:** Pflanze ist unbehaart, Blätter fünflappig, 4 cm große rosa Blüten, scharlachrote Früchte, um 2 cm. Herkunft Kuba.

P. foetida var. **riparia** (Syn. **P. ciliata** var. **riparia**): Die Pflanze ist unbehaart. Die dreilappigen schwach gezähnten und sparsam bewimperten Blätter erreichen eine Länge und Breite bis 7 cm. Die bis zu 6 cm großen Blüten sind purpurn, die roten Früchte sind 3–4 cm groß und rund.

Herkunft Bahamas, Florida/USA, Westindische Inseln.

P. foetida var. **sanctae-martae:** Kahler Stengel, Blätter dreilappig, unregelmäßig gezackt, rosa Blüten um 2,5 cm, gelbliche 1,5 cm große Früchte. Herkunft Kolumbien.

P. foetida var. **santiagana:** Weiß bis gelblich behaart, palmenartige, um 3 cm lange Blätter, fünflappig, weiße Blüten, gelbliche, um 2,5 cm große Früchte. Herkunft Kuba.

P. foetida var. **strigosa:** Pflanze unbehaart, Blätter dreilappig, weiße Blüte, gelbe Früchte bis 1,5 cm. Herkunft Brasilien.

P. foetida var. **subintegra:** Der kahle Trieb ist schwarz. Blätter lanzettlich, bis 6 cm lang, dunkelrosa Blüten, scharlachfarbene Früchte. Herkunft Belize.

P. foetida var. **tepicana:** Schlanker Stengel, fein weißbehaart, Blätter drei-

P. gigantifolia

lappig, unterseits kahl werdend, 4 cm große weiße Blüten. Herkunft Mexiko.

P. foetida var. **vitacea:** Stengel gelblich behaart, Blätter gewöhnlich dreilappig, jedoch variabel hinsichtlich der Ausbildung der Blattlappen, Deckblätter zwei- oder dreifach gefiedert, ungefähr gleiche Länge wie die Kelchblätter. Herkunft Uruguay, Paraguay, Argentinien.

Passiflora gigantifolia Harms
Subgenus: Astrophea
Sektion: Euastrophea
Synonym: *P. lorifera*

P. gigantifolia bedeutet „riesenblättrige Passionsblume".

Diese baumartig wachsende Passionsblume stammt aus Ecuador, wo sie in 200–600 Metern Höhe wächst.

Sie ist ein weniger stark bezweigter Strauch, der bis zu 4 Meter groß werden kann. Seine fast runden Zweige sind kahl

P. gilbertiana

und rankenlos, die Blattstiele haben eine Länge von 3–4 cm. Die länglich-eiförmigen und zugespitzten dünnen Blätter erreichen eine Länge von 50 cm bis nahezu 1 m und eine Breite bis 35 cm. Im un-

teren Bereich des Mittelnervs befinden sich 2 Drüsen. Die Oberseite des Blattes ist unbehaart und seegrün gefärbt, während die Unterseite ins Blaue geht. Die Blütenstiele sind ein- oder zweifach gegabelt und etwa 15 cm lang.

Die weißlichen Blüten haben einen Durchmesser von etwa 6–9 cm. Ihre 3–4 cm langen Kelchblätter sind außen grün, innen weiß. Die Blütenblätter sind wenig kürzer und weiß. Die orangefarbene Korona besteht aus 4 Reihen, wovon die äußere etwa 3 cm lang ist, die anderen zwischen 8 und 1 mm.

Diese Art ist nur selten in Kultur, bei Passionsblumensammlern jedoch gelegentlich anzutreffen. Wegen ihrer riesengroß werdenden Blätter ist sie sehr ungewöhnlich, doch wird man auf die Blüten oft vergebens warten. Es ist nicht einfach, ihr bei uns die optimalen Wachstumsbedingungen zu verschaffen und sie zum Blühen zu bringen. Notwendig wäre ein ganzjährig feuchtwarmes Klima und viel Sonnenlicht.

Vermehrt wird gewöhnlich aus Stecklingen. Sollte einmal frisches Saatgut zu bekommen sein, ist natürlich auch eine Vermehrung durch Aussaat möglich.

Passiflora gilbertiana (sp. nov.)
Subgenus: Decaloba

Aus den Bergen Costa Ricas stammt diese Passionsblumenart, die von Dr. John MacDougal nach Dr. Larry Gilbert benannt wurde. Sie zeichnet sich aus durch ihre sehr ansehnlichen Blätter, deren Unterseiten purpurviolett gefärbt sind. Die orangefarbenen Blüten verbreiten einen strengen Brandgeruch. Er soll auch an den Geruch in einem Schweinestall erinnern. Die Art ist eng verwandt mit P. apetala und P. jorullensis.

Passiflora glandulosa Cav.
Subgenus: Distephana
Synonyme: *P. glandulosa* var.
canaliculata, P. silvicola, P. im thurnii
Diese Art wird in Surinam
„markoesa", „kalawiroe" und
„jawohemeroeke" genannt sowie
„maracuja cabeza de grado" in
Ceara (Brasilien).

P. glandulosa bedeutet „drüsige Passionsblume".

Die Art stammt aus dem nördlichen Südamerika bis Mittelbrasilien. Ihr purpurner Stengel ist rund oder leicht eckig, kahl oder wenig behaart; ihre strichförmig-borstigen Nebenblätter fallen schon bald ab. Die etwa in der Mitte mit 2 aufsitzenden Drüsen besetzten Blattstiele erreichen eine Länge um 2,5 cm. Länglich lanzettlich sind die 6–15 cm langen und 4–10 cm breiten spitz zulaufenden Blätter. Sie sind ganzrandig oder leicht wellig und herzförmig oder abgerundet an der Basis. Sie sind dick-ledrig bis fast ledrig, ins Bläuliche gehend und kahl oder weich behaart an der Unterseite, gelegentlich auch borstig an der Nervatur. Sehr schmal sind die am Rande drüsigen 5–10 mm langen Deckblätter.

Die gut 10 cm großen tiefrosa oder scharlachfarbenen und weißen Blüten besitzen rosa- oder rotfarbene 2,5–5 cm lange Kelchblätter und etwas kürzere Blütenblätter gleicher Farbe. Sie sitzen an einem bis zu 8 cm langen Blütenstiel. Der äußere des aus 2 Reihen bestehenden Strahlenkranzes hat eine Höhe von etwa 1 cm und ist von blaßrosa Farbe, der innere mißt 2,5–3 cm. Die eiförmigen Früchte werden 5–6 cm lang und haben einen Durchmesser von etwa 2,5–3 cm.

P. glandulosa ist wegen ihrer großen, auffallend gefärbten Blüten eine besonders ansprechende Art, die allerdings im üblichen Wintergarten oder Gewächshaus nur schwer zu kultivieren ist. Die Pflanze benötigt auch im Winter einen warmen, hellen und luftfeuchten Standort, wo die nächtlichen Tiefsttemperaturen nicht unter 16° C liegen sollten. Auch die kurzen Wintertage machen der Art zu schaffen, so daß eine Zusatzbelichtung angeraten sein kann, wenn eine regelmäßige Blüte erwartet wird. Es kann aus Samen und aus Stecklingen vermehrt werden.

In der Vergangenheit bestand diese Passionsblumenart – nach heutiger Ansicht – aus vielen unterschiedlichen Arten. Inzwischen sind sie alle zusammengefaßt unter *P. glandulosa*.

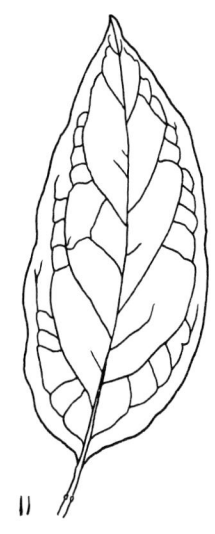

P. glandulosa

Passiflora goniosperma Killip
Subgenus: Plectostemma
Sektion: Xerogona

Die Artbezeichnung *P. goniosperma* bedeutet „Passionsblume mit kantigem Samen".

Wild wachsend wurde die Art im südlichen Mexiko gefunden. Sie ist insgesamt dicht rauhhaarig, ihre Haare sind am nahezu dreieckigen Stiel oft zurückgebogen. Die sehr schmalen Nebenblätter haben eine Länge von 4-6 mm, die drüsenlosen Blattstiele sind etwa 5 mm lang. Ihre weißhaarigen Blätter sind in ihrer Gesamtheit rund, doch auf ein Viertel bis ein Drittel ihrer Länge zweigelappt. Ihre Größe mißt 2–6 cm entlang den Außennerven und 2–4 cm zwischen den Spitzen der Blattlappen, unterseits sind sie weich - rauhaarig. Deckblätter sind nicht vorhanden.

P. goniosperma

Die Blüten sitzen paarweise an blattartigen, etwa 2 cm langen Zweigen, seltener am Haupttrieb. Sie erreichen eine Breite bis 1,5 cm. Ihre lanzettlichen, spitz zulaufenden und außen rauhaarigen Kelchblätter werden 7 mm lang, die sehr schmalen (um 1 mm) Blütenblätter haben eine Länge von 3–4 mm. Die Korona besteht aus einer Reihe mit zungenförmigen, 2 mm langen Fäden. Die Frucht ist asymetrisch elliptisch, bis 4 cm lang und 1 cm breit und ausgeprägt sechseckig. Ihre schwärzlichen kantigen Samen haben ein annähernd verkehrt eiförmiges Aussehen und sind 3–4 mm lang sowie 1,5–2 mm breit und geritzt.

P. goniosperma ist nur selten in Kultur anzutreffen, jedoch im Besitze von einigen Sammlern von Passionsblumen. Das Besondere und ungewöhnliche an dieser Art sind ihre Samen, die sich auffällig unterscheiden von denen anderer amerikanischer Passionsblumenarten. Unter Berücksichtigung ihrer Herkunft erfordert die Kultur von *P. goniosperma*

P. gracilis

ein helles und warmes Haus. Vermehrt wird durch Samen und Stecklinge.

Die Art ist recht eng verwandt mit *P. capsularis*. Doch beide Arten unterscheiden sich u. a. in der Form ihrer Samen und der Größe ihrer Blätter.

Passiflora gracilis Jacq. ex Link
Subgenus: Plectostemma
Sektion: Cieca

Die Artbezeichnung *P. gracilis* bedeutet „schlanke Passionsblume".

P. gracilis wurde wild wachsend gefunden in Südkarolina, Kalifornien, Costa Rica, Venezuela, Guyana, Ecuador und Brasilien.

Der sehr schlanke kahle Haupttrieb ist fast viereckig, die strichförmigen Nebenblätter weisen eine Länge von 1–1,5 mm auf. Ihre ab der Mitte dreilappigen Blätter erreichen eine Länge von 3–7 cm und eine Breite von 7–10 cm. Die Blattlappen sind entweder gleich lang oder der mittlere Lappen ist wenig länger als die beiden äußeren. Die Basis der 3-nervigen dünnen, unterseits bläulichgrünen Blätter ist herzförmig. Sie befinden sich an sehr dünnen, bis 5 cm langen Blattstielen, die in der unteren Hälfte mit 2 gestielten Nektardrüsen ausgestattet sind.

An den 2–3 cm langen Blütenstielen befinden sich winzige borstenartige Deckblätter, die Blüte hat einen Durchmesser von etwa 2 cm. Ihre weißen Kelchblätter sind um 1 cm lang, Blütenblätter fehlen. Der Strahlenkranz besteht aus 2 Reihen, wovon der äußere fadenförmige 6–8 mm, der innere nur gut 1 mm lang wird.

Die reife Frucht hat eine elliptische Form und wird etwa 2,5 cm lang. Sie ist dann scharlachrot.

P. gracilis ist eine empfindliche, aber reizende, kleinblütige einjährige Passionsblumenart. Vom Sommer bis in den Herbst hinein ist sie übersät mit weißen bis hellvioletten Blüten. In Teilen Amerikas ist sie ein beliebtes Ziergewächs, sowohl als Topfpflanze als auch im Freien wachsend.

Sie muß zeitig im Frühjahr in einem warmen Haus ausgesät werden. Im Sommer, etwa ab Juni, kann sie auch im Freien an einem geschützten Platz aufgestellt werden. Dort erreicht sie bis zum Herbst eine Größe von über 2 Metern. Sie braucht nicht wieder hereingeholt zu werden, da sie ohnehin einjährig ist und im Winter abstirbt.

Vermehrt wird sie durch Aussaat. Die Samen sollten von ausgereiften Früchten genommen werden. Sie werden vom Fruchtfleisch befreit, gereinigt und anschließend langsam an einem luftigen Ort getrocknet. Ausgesät werden sie dann im folgenden Spätwinter oder Frühjahr.

Passiflora gracillima Killip
Subgenus: Tryphostemmatoides
In ihrer Heimat wird diese Art auch „granadilla" genannt.

Der Artname *Passiflora gracillima* bedeutet die „sehr schlanke Passionsblume".

P. gracillima wurde wild wachsend im Westen Panamas, Kolumbien und Ecuador in Höhenlagen um 2.400 Metern gefunden.

Die unbehaarte Pflanze hat einen sehr schlanken Stiel, der im unteren Bereich nahezu zylindrisch ausgebildet ist, im oberen Bereich eckig. Ihre 2,5–3 mm langen Nebenblätter sind borstenförmig. An

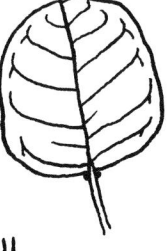

P. gracillima

139

P. gritensis

Spitze der Blütenstiele zeigen sich zwei bis 2 cm breite gestielte, grünlichgelbe Blüten. Während die lanzettlichen Kelchblätter eine Länge von 1–1,5 cm erreichen, werden die Blütenblätter nur 7–8 mm lang.

Aus 2 Serien besteht die Korona, ihre äußere Reihe mißt 4–5 mm, ihre innere 1,5 mm. Die elliptische, sechseckige und sechsgerippte Frucht wird 3–5 cm lang und 1,5–2 cm breit; sie ist eßbar und hat einen an *Annona cherimola* (Cherimoya) erinnernden Geschmack.

Diese Passionsblumenart hat recht kleine Blätter. Sie verträgt auch niedrigere Temperaturen und kann im Sommer im Freien stehen. Die winterlichen Temperaturen sollten nicht unter 7° C abfallen. Vermehrt wird die Art durch Aussaat und durch Stecklinge.

Zwar ist *P. gracillima* sehr eng verwandt mit *P. tryphostemmatoides*, doch hat sie größere Blätter und längere Blütenstiele. Auch ihre Früchte werden durchschnittlich größer.

Passiflora gritensis Karst.
Subgenus: Passiflora
Der Name dieser Art ist abgeleitet von dem Ort, an dem diese Passionsblume gefunden wurde: La Grita, Venezuela.

der Spitze des bis 3 cm langen Blattstieles befinden sich 2 winzige aufsitzende Nektardrüsen. Die länglichen bis fast runden ungelappten und ganzrandigen Blätter erreichen eine Länge von 2,5–5 cm und eine Breite von 2–4 cm. Sie sind dunkelgrün, fast ledrig und auf der Oberfläche glänzend, unterseits dunkelgrün bis fast ins Bläuliche gehend. Die 2-4 cm langen, sehr schlanken Blütenstiele stehen einzeln in den Blattachseln. Sie enden mit einer schlanken Ranke. An der

Passiflora gritensis wächst wild im Westen Venezuelas in Höhenlagen um 2.500 Metern.

Die Pflanze ist insgesamt kahl, der Stengel ist schlank und zylinderförmig. Ihre länglichen Nebenblätter werden 1,3–2,5 cm lang und 5–10 mm breit. An den etwa 3 cm langen Blattstielen befinden sich 4 fadenförmige, 3 mm lange Drüsen. Die dünnen Blätter sind dreilappig und erreichen entlang des Mittelnervs bis 7,5 cm Länge, zwischen den

140

Spitzen der Außenlappen bis 10 cm. An ihrer Basis sind sie abgerundet oder herzartig. Die ziemlich kräftigen Blütenstiele können eine ungewöhnliche Länge von 25–35 cm erreichen. An der Spitze der Stiele stehen die eiförmigen, etwa 1,2 cm langen Deckblätter.

Die rosaroten Blüten haben einen Durchmesser bis zu 10 cm. Ihre lanzettlich länglichen Kelchblätter sind um 1 cm breit; sie tragen rückseitig einen Kiel, der in einer gut 1 cm langen, blattartigen Granne, dem Horn, endet. Die bis 2 cm langen Blütenblätter sind sehr schmal, ihre Korona besteht aus 2 büschelig angeordneten Reihen, wovon die äußere 2–2,5 cm lang ist. Sie sind kräftigrot bis blaßrosa, an der Spitze weiß gefärbt.

Diese Art ist selten in Kultur und nur gelegentlich bei Sammlern anzutreffen. Sie ist es jedoch wert, wegen ihrer großen schönen Blüten kultiviert zu werden. Vermehrt wird aus Samen und durch Stecklinge.

P. gritensis ist verwandt mit *P. meridensis* und in Teilen *P. semiciliosa* ähnlich.

Passiflora guazumaefolia Juss.
Subgenus: Passiflora
Synonym: *P. theobromaefolia*

Diese tropische Art wächst wild am Orinoco in Venezuela und in Kolumbien.

Die Pflanze ist kahl, ihre bis 6 mm langen Nebenblätter sind borstenförmig. Die Blattstiele haben eine Länge bis 3 cm und besitzen eben über der Mitte 2 aufsitzende, sehr kleine Drüsen. Ihre 7–12 cm langen und 3–4,5 cm breiten, mehr oder weniger dünnen Blätter haben eine länglich-lanzettliche Form, sind abrupt zugespitzt und am Rande schwach ge-

P. guazumaefolia

zähnt oder fast ganzrandig. Die Blütenstiele haben eine Länge um 4 cm. Die eiförmigen Deckblätter werden bis 2 cm lang und 1,5 cm breit. Sie sind an ihrer Spitze abgerundet und winzig drüsig-gesägt.

Die Blüten haben einen Durchmesser von 5–7 cm. Ihre kurzbegrannten Kelchblätter werden 2,5–3 cm lang, ebenso wie die schmal-lanzettlichen Blütenblätter. Die Korona besteht aus mehreren Reihen, deren beide äußere eine fadenförmige Form aufweisen und 1,5–2 cm lang sind; die folgenden, sehr dicht stehenden sind 1-2 mm lang. Die Frucht ist rund und hat einen Durchmesser um 4 cm.

Diese Art benötigt ein tropisch-warmes und luftfeuchtes Klima zum optimalen Gedeihen. Sie ist bei einigen Sammlern in Kultur. Vermehren läßt sie sich aus Samen und Stecklingen.

P. guazumaefolia ist eng verwandt mit *P. nitida*, doch lassen sie sich an ihren äußeren Merkmalen sicher unterscheiden.

Killip hält *P. theobromaefolia* möglicherweise für ein Synonym zu der besprochenen Art.

141

P. hahnii

P. hahnii

Passiflora hahnii (Fourn.) Mast.
Subgenus: Plectostemma
Sektion: Hahniopathanthus
Synonyme: *Passiflora guatemalensis*,
 P. cookii

Diese Art wurde wild wachsend gefunden in Zentralmexiko, Guatemala, Honduras, Belize, Costa Rica und Kolumbien in Höhe des Meeresspiegels bis in Höhenlagen von 1.400 Metern.

Die sehr kräftig wachsende Pflanze ist unbehaart. Ihr drahtiger, schlanker und runder Trieb ist im oberen Bereich kantig, die nierenförmigen ganzrandigen Nebenblätter erreichen eine Länge von 1 cm und eine Breite von 1,2–1,7 cm. An 1,5–3 cm langen drüsenlosen Blattstielen befinden sich die 5–8 cm langen und 3–7 cm breiten Blätter. Sie sind deutlich lanzettlich-eiförmig, ungelappt oder nur leicht gelappt, drei- bis fünfnervig. Die weißen, blaßgrünen und gelben, 2,5–6

cm großen Blüten hängen an einzeln stehenden, bis 7,5 cm langen Blütenstielen. Der gelbe, aufrecht stehende Strahlenkranz besteht aus 2 Reihen, wovon der äußere eine Länge von 1,5 cm aufweist, der innere 0,5 cm. Die bei Reife tiefviolette runde Frucht wird bis 3,5 cm groß.

„Hahns Passionsblume" ist besonders wüchsig und wird von verschiedenen Baumschulen der USA angeboten. Sie ist sicher auch bei uns gut zu kultivieren, wenn einmal Saatgut oder Pflanzmaterial zur Verfügung steht. Unter Berücksichtigung ihrer tropischen Herkunft und der Höhenlagen, in denen sie wild wächst, sollte sie hier in einem Warmhaus kultiviert werden. Die Vermehrung erfolgt durch Aussaat oder durch Stecklinge.

Gelegentlich ist eine Passionsblumenart unter dem Namen *P. kirkii* anzutreffen. Die Artbezeichnung rührt her von einem Schreib- oder Hörfehler, der von manchen Autoren übernommen und weiterverbreitet wurde. Gemeint ist damit *P. cookii*, diese wiederum ist Synonym von *P. hahnii*.

Passiflora harlingii Holm-Nielsen
Subgenus: Rathea

Die Art wurde nach Harling benannt, der sie u. a. an ihrem Naturstandort gefunden hat.

P. harlingii ist in Kolumbien und Ecuador wild wachsend in Höhen zwischen 2.300 und 3.500 Metern örtlich begrenzt anzutreffen.

Die Pflanze wächst krautartig, sie ist mit Ausnahme des Fruchtknotens und der oberen Blattnervatur unbehaart. Ihr Stiel ist nahezu fünfeckig, die lanzettlichen kleinen Nebenblätter werden um

8 mm lang. Die 1,5–2 cm langen Blattstiele besitzen 2–6 winzige Drüsen. Ihre dreilappigen Blätter erreichen eine Länge bis 7 cm, die einzelnen Blattlappen sind fast lanzettlich, spitz zulaufend. Die 2–3 um 2 cm langen Deckblätter laufen spitz zu. Sie sind nicht miteinander verwachsen. An den 10–12 cm langen Blütenstielen sitzen die ungewöhnlichen Blüten. Sie haben einen Durchmesser von 1–3 cm und eine Länge von 16–18 cm. Die Kelchblätter sind gekielt, kahl, orange und gelb bis hellgrün, gelblich bis grün innen. Ihre grannenartige Ausstülpung ist kleiner als 1,5 mm. Die Basis ist dunkelpurpurn gefärbt. Der Strahlenkranz besteht aus 2 Reihen 0,5–2,5 mm hoher Fäden.

Bei dieser seltenen *Passiflora* handelt es sich um eine noch recht junge Art, die erst 1974 von Holm-Nielsen unter diesem Namen beschrieben wurde. Das Besondere an ihr sind die attraktiven, sehr großen herabhängenden Blüten. Unter Berücksichtigung ihres Naturstandortes sollten ihr ähnliche Kulturbedingungen gewährt werden wie den Tacsonien. So benötigt sie ganzjährig viel Licht, im Sommer jedoch keine sehr große Hitze. Ebenso ist eine recht hohe Luftfeuchtigkeit erforderlich. Die Vermehrung kann vegetativ aus Stecklingen erfolgen oder aus Samen.

Dieser Art ähnlich ist *P. andina*, die 1938 von Killip beschrieben wurde. Während die Blüten von *P. harlingii* nahezu geschlossen bleiben, sind die von *P. andina* weiter geöffnet. Auch besitzt letztere nur eine oder keine Strahlenkranzreihe.

Die aus dem Süden Kolumbiens stammende Art *P. colombiana*, die erst 1986 von Linda Escobar beschrieben wurde, ist der Art ebenfalls ähnlich.

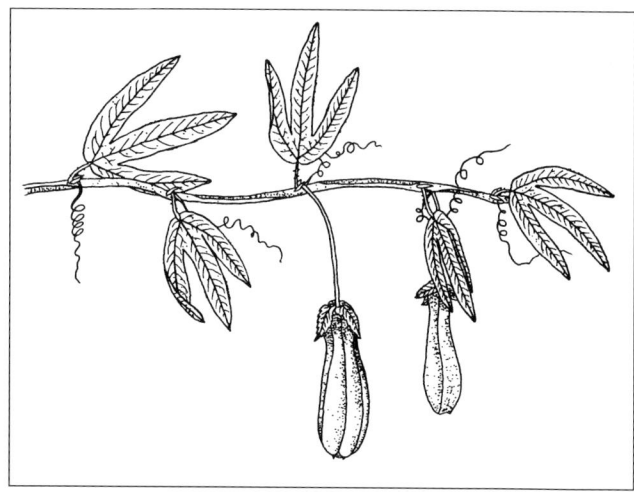

P. harlingii

Passiflora helleri Peyr.
Subgenus: Plectostemma
Sektion: Decaloba
Synonym: *P. fuscinata*

Die Art wurde nach Heller benannt, einem ihrer Entdecker. Heller fand sie wild wachsend in Mexiko.

P. helleri wurde wild wachsend angetroffen in den Bergen von Mexiko bis Guatemala und Costa Rica. Dort wächst sie in Höhenlagen zwischen 1.200 und 1.500 Metern.

Der Haupttrieb dieser recht kräftig wachsenden Kletterpflanze ist nahezu eckig, die etwa 3 mm langen Nebenblätter sind strichförmig. An drüsenlosen, 2–3 cm langen Stielen sitzen die eiförmig-länglichen, dreilappigen Blätter. Sie sind leicht ledrig, netzartig strukturiert und unbehaart und erreichen eine Länge bis zu 8 cm und eine Breite bis zu 7 cm. Die Blütenstiele werden von 2–3,5 cm lang und besitzen haarige, 1,5–2,5 cm lange Deckblätter.

Die duftenden Blüten werden 3–4 cm groß und sind weiß und lilafarben. Ihre

P. helleri

143

Kelchblätter sind länglich breitoval, bis 1,5 cm lang und grün bis grünlichweiß. Die Blütenblätter erreichen eine Länge von etwa 1 cm und sind weiß und rosa getönt. Der Strahlenkranz besteht aus 5–7 mm langen grünen und lila gepunkteten Fäden. Ihre runden Früchte sind haarlos.

P. herbertiana

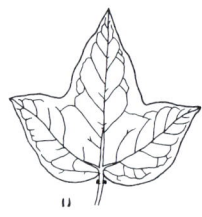

P. herbertiana

Diese Art ist zwar nicht sehr häufig in Kultur anzutreffen, jedoch ist sie Bestandteil mancher Sammlungen. Die recht kleinen, angenehm duftenden Blüten und die ungewöhnliche Form ihres Strahlenkranzes machen sie zu einer empfehlenswerten Topf- und Wintergartenpflanze. Im Sommer kann sie auch im Freien kultiviert werden. Zur Überwinterung ist ein heller Platz zu empfehlen, wo die Niedrigsttemperatur um 10° C liegen sollte. Vermehrt wird aus Samen oder durch Stecklinge.

Passiflora herbertiana Ker-Gawl.
Subgenus: Plectostemma
Sektion: Decaloba
Synonyme: *P. bliglandulosa*,
P. distephana, *P. verruculosa*

Benannt wurde diese Art nach dem englischen Botaniker William Herbert.

Die Kletterpflanze stammt aus den Regenwäldern Neu-Südwales und Nordqueenslands im Südosten Australiens. Sie ist zart- oder unbehaart und erreicht eine Höhe bis zu 5 Metern. Ihre deutlich eiförmigen oder an der Außenlinie fast runden Blätter sind dreilappig, sehr selten auch fünf- oder ungelappt und haben eine Länge um 14 cm und werden etwa ebenso breit, im unteren Bereich der Blattunterseite befinden sich keine oder bis 2 Drüsen. Die Blätter wachsen an etwa 7,5 cm langen Blattstielen, die nur kleine, etwa 4 mm lange Nebenblätter haben und in Blattnähe 2 schwärzliche Nektardrüsen aufweisen.

Die grünlichgelben bis orangefarbenen oder hellgelb-cremefarbenen Blüten erreichen einen Durchmesser von 5–7 cm. Ihre länglich-spitzen, blaßgelben Kelchblätter erreichen eine Länge von etwa 3 cm, die Blütenblätter werden um 2 cm lang. Der fadenförmige Strahlenkranz besteht aus 5 Reihen, wovon die äußeren kräftiggelb, die inneren cremefarben sind. Die 7 cm langen elliptischen Früchte sind in reifem Zustand grün, das eßbare Fruchtfleisch wird von den Ureinwohnern Australiens gerne gegessen.

P. herbertiana ist eine besonders zierende Passionsblumenart, die weltweit in Gärten und Gewächshäusern kultiviert wird. Ihre sternförmige Blüte erscheint bei uns über mehrere Monate im Sommer. Die Einzelblüten halten sich oft mehrere Tage, wenn die Pflanze nicht zu warm steht. Sie setzt auch gut Früchte an; bei Kultur unter Glas sollte jedoch mit einem Pinsel künstlich bestäubt werden. Eine Befruchtung ist dann sicher.

P. herbertiana verträgt auch niedrigere Temperaturen, sodaß sie beispielsweise im Mittelmeerraum frei ausgepflanzt werden kann. Auch in anderen klimatisch günstig gelegenen Gebieten Nordeuropas, wie Südwestdeutschland, Südwestengland und auf Helgoland, sollte ihre Kultur im Freien möglich sein.

Im Topf läßt sich die Pflanze gut kultivieren, ebenso im Glashaus und auch im Freiland. Während des Winters kann sie bei wenigen Graden über 0° C im Hause überwintert werden, frei ausgepflanzt übersteht sie auch einige Frostgrade. Sie sollte dann abgedeckt werden. Vermehrt wird aus Samen, Stecklingen und durch Abmoosen.

Passiflora holosericea L.

Subgenus: Plectostemma
Sektion: Cieca
Synonym: *P. reticulata*
In Acapulco wird die Art auch „etamo real" und „itamo real" genannt.

Der Name bedeutet „dicht seidenhaarige Passionsblume".

P. holosericea stammt aus Mexiko, Guatemala, Honduras, El Salvador, Kuba, Guyana, Venezuela und Kolumbien. Sie wächst in Höhen bis 700 Metern und ist eine tropische Art.

Die Pflanze ist gewöhnlich vollkommen behaart, mit Ausnahme einer kubanischen Form. Der Trieb ist rund und gestreift und im unteren Bereich korkig, insbesondere bei älteren Exemplaren. Ihre dreilappigen und dreinervigen Blätter erreichen eine Länge von 5–10 cm und eine Breite von 4–7 cm, sie sind netzartig geädert. Oberseits sind sie weichbehaart, unterseits dicht filzig. Sie sitzen an etwa 2,5 cm langen Blattstielen, die in der Mitte ausgestattet sind mit 2 dunkelbraunen Drüsen. Ihre fadenartigen Nebenblätter werden etwa 6 mm lang. Aus

P. holosericea

jeder Blattachsel wachsen 1–2 Blütenstiele.

Die duftenden, unterschiedlich gefärbten Blüten sitzen einzeln oder bis zu viert an einem Blütenstiel. Ihre Farbe variiert von weiß über grünlichweiß, gelblich bis orange. Die winzigen Deckblätter sind fadenförmig. Eine Länge bis zu 1,5 cm erreichen die Kelchblätter, sie sind außen behaart und innen kahl und weiß, oft auch spärlich rotgefleckt. Die weißen Blütenblätter sind wenig kürzer, manchmal haben sie bräunliche Strähnen und sind rot gesprenkelt. Der Strah-

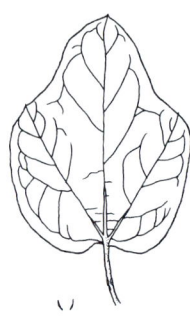

P. holosericea

P. incarnata
(P. 'Elizabeth')

lenkranz besteht aus 2 Serien, der äußere lanzettliche ist ungefähr 7 mm lang, gelb an der Spitze und purpurn zur Basis. Der innere ist haarfein und 4–5 mm lang.

Die runde Frucht ist weichbehaart oder auch kahl und hat eine Größe von etwa 1,5 cm.

Diese tropische Passionsblumenart wächst kräftig und ist sehr attraktiv durch ihre duftenden weißlichen oder pastellfarbenen Blüten und deren Anordnung. An einem Blütenstiel können sich bis zu vier Blüten zeigen.

In Europa ist diese Art nicht häufig anzutreffen, obwohl in mancher Sammlung vorhanden. In einem hellen Gewächshaus oder einem ganzjährig be-

wohnten Wintergarten käme diese Art gut zur Geltung. Allerdings sollte die Luft nicht zu trocken sein. Im Winter liegt die optimale Temperatur um 20° C, sie sollte nicht unter 14° C absinken. Im Sommer kann die Pflanze auch bei warmem, sonnigem Wetter im Freien stehen, wenn sie in Kübelkultur gehalten

wird. Die Vermehrung erfolgt durch Aussaat und durch Stecklinge.

Passiflora incarnata L.
Subgenus: Passiflora
Synonyme: *Passiflora edulis* var. *kerii*, *P. kerii*
Lokal, insbesondere in den USA, wird *P. incarnata* „Maypops", „Apricot vine" oder „May-Apple" genannt.

Passiflora incarnata bedeutet „fleischfarbene Passionsblume".

Wild anzutreffen und heimisch ist die Art in den USA von Virginia bis Missouri sowie in Texas, Florida und auf den Bermudas.

Die krautig wachsende Pflanze kann bis 10 m hoch wachsen. Sie ist entweder unbehaart oder fein weichhaarig und besitzt einen runden Stengel; die jüngeren Teile können auch leicht kantig sein. Die 2–3 mm langen borstenförmigen Nebenblätter fallen schon bald ab. An etwa 8 cm langen, an der Spitze zweidrüsigen Blattstielen sitzen die tief eingeschnittenen dreilappigen und dreinervigen Blätter. Entlang des Mittelnerves haben sie eine Länge von 7–15 cm, entlang der Außennerven 5–12 cm. Sie sind oberseits dunkelgrün, unterseits ins Blaugrüne gehend und sehr dünn. Die Blüten variieren in einem breiten Spektrum. Sie erreichen einen Durchmesser von 7–9 cm und sind weiß, lila oder rotviolett gefärbt und hängen an kräftigen, bis 10 cm langen Stielen. Die länglichen Deckblätter werden 4–7 mm lang und halb so breit, an ihrer Basis sind sie zweidrüsig. Sie stehen etwa 5 mm unterhalb der Blütenbasis. Die außen grünen, innen weißen oder blaß lavendelfarbigen Kelchblätter haben eine lanzettlich-längliche Form und werden bis 3 cm lang. Der außenliegende Kiel endet in einem 2–3 mm langen Hörnchen. Wenig kürzer sind die innen weißen oder blaß lavendelfarbenen Blütenblätter; ihre Farben können variieren.

Die rosa- oder lavendelfarbene Korona besteht aus mehreren Reihen, wovon die äußeren 1,5–2 cm, die inneren 2–4 mm lang sind. Die eiähnlichen oder nahezu runden eßbaren Früchte erreichen einen Durchmesser von 5–6 cm. Bei Reife sind sie leuchtendgrün oder gelb gefärbt.

Diese Passionsblumenart ist in vielerlei Hinsicht eine der sehr beliebten, wichtigen und häufig angebauten. So macht sie ihr kräftiger Wuchs und ihre ansprechende, sehr unterschiedliche Blüte zu einer beliebten Garten-, Wintergarten- und Topfpflanze. Auch bei uns kann sie gewöhnlich in einem ungeheizten Glashaus gehalten werden, denn sie zählt zu den winterhärtesten. Nicht nur im Weinbauklima kann sie unsere Winter im Freien überleben, wenn die Erde gut durchlässig ist und keinesfalls zu Staunässe neigt. Sie kann dann schadlos Temperaturen bis - 15° C überstehen. Sehr hilfreich und zu empfehlen ist es, den Boden oberhalb des Wurzelstockes im Winter abzudecken. Ihr oberirdischer Teil zieht im Winter ein, jedoch auch bei höheren Temperaturen. Im Frühjahr treibt sie dann erneut kräftig aus dem Wurzelstock aus.

Bei Überwinterung im ungeheizten Glashaus muß natürlich darauf geachtet werden, daß sie nicht zu früh zu wachsen beginnt, wenn der Raum anschließend nicht frostfrei gehalten wird. Sonst würde aufkommender Spätfrost das neue Grün vernichten.

Die Blüte ist hinsichtlich ihrer Ausfärbung sehr variabel. So können selbst an einer Pflanze Blüten in unterschiedlichen Blau- Lila und Rosanuancen auftreten. Sie verblühen zuweilen erst nach 3 oder mehr Tagen.

Unterirdisch bildet *P. incarnata* kräftige, fleischige Rhizome, die in die Tiefe und in die Breite wuchern können. So ist es möglich, daß neben der Pflanze an verschiedenen Stellen aus den Wurzeln neue Pflanzen emporwachsen. Diese Ableger oder Wurzelschößlinge können von der Mutterpflanze abgetrennt und neu aufgeschult werden. Auf diese Weise, aber auch durch Aussaat und durch Stecklinge, läßt sich diese Passionsblumenart auf einfache Weise vermehren.

P. incarnata ist die einzige winterharte Art mit wirklich eßbaren Früchten. Sie kann gelegentlich verwechselt werden mit der nahe verwandten *P. edulis*, bei genauerem Hinsehen sind die Arten jedoch sicher zu unterscheiden.

P. incarnata ist auch eine wertvolle Nutzpflanze. Sie produziert nicht nur

P. incarnata

selten: P. incarnata weiß

147

sehr schmackhafte Früchte, die einen Grund darstellen, warum sie in vielen Teilen der Welt in Bereichen mit subtropischem Klima extensiv angebaut wird. Die Früchte werden allerdings kaum exportiert, sondern in den Anbauländern frisch verzehrt oder zu Saft, Sorbets, Eis und vielerlei anderem verarbeitet.

In ihrer Heimat wird diese Passionsblume auch als Spasmolytikum und als Sedativum eingesetzt. Aus ihrem getrockneten Kraut („Passiflorae herba" oder „Herba passiflorae") wird ein Tee zubereitet, der u.a. als Sedativum bei Neurasthenie, neurovegetativer Dystonie, bei Einschlafstörungen und Angstzuständen – besonders bei Kindern – getrunken wird. Und so wird der Tee zubereitet:

Zwei Gramm feinzerschnittenes getrocknetes Passionsblumenkraut wird mit kochendem Wasser übergossen. Nach 10 Minuten wird es durch ein Sieb gegossen, anschließend langsam getrunken. Zur Beruhigung werden während des Tages 2–3 Tassen dieses Tees getrunken, zur Förderung des Einschlafens 1–2 Tassen vor dem Schlafengehen.

Die Zubereitung kann auch auf anderem Wege erfolgen.

Bekanntermaßen werden die Indikationen von Teedrogen überwiegend von Empirie bestimmt, also aus der Erfahrungssammlung über eine lange Zeitspanne. In jüngster Zeit ist die Pharmazie jedoch bestrebt, Teedrogen und Rezepte zur Herstellung von gesundheitsfördernden Tees hinsichtlich ihrer Wirkstoffe zu analysieren und zu standardisieren. Ob diese Bestrebungen letztendlich erfolgreich sein werden, muß die Zukunft zeigen. Näheres zu diesem Thema im Kapitel „Verwendung in der Medizin".

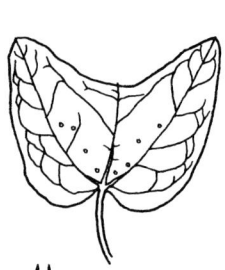

P. indecora

Passiflora indecora HBK.
Subgenus: Plectostemma
Sektion: Pseudogranadilla
Synonym: *Passiflora involucellata*

Der Artname *P. indecora* bedeutet „unschöne (oder häßliche) Passionsblume".

P. indecora stammt aus den Bergen Südekuadors in Höhenlagen um 2.000 Metern.

Ihr gefurchter, (drei-) kantiger Stiel ist flaumig behaart, ihre 7–9 mm langen Nebenblätter sind purpurn gefärbt. Die drüsenlosen Blattstiele werden bis 3 cm lang, an ihnen befinden sich die 3–7 cm langen und 3–6 cm breiten zweilappigen Blätter. Gelegentlich werden sie auch größer. Sowohl ihre Oberseite als auch die Unterseite sind mit flaumigen Härchen überzogen. Die Lappung der Blätter beginnt in der Blattmitte oder im oberen Drittel. Bis 4 cm messen die Blütenstiele. Sie stehen einzeln oder sind paarweise angeordnet, ihre 1–1,2 cm langen und etwa 1 cm breiten Deck- oder Hochblätter (Brakteen) sind deutlich dreieckigeiförmig. Sie sind rötlich-purpurn gefärbt und überzogen mit flaumigem Haar.

Die blaß grünlichweißen Blüten erreichen einen Durchmesser bis gut 4 cm. Ihre kräftigen Kelchblätter werden etwa 1,5 cm lang, die Blütenblätter sind etwas kürzer. Die Korona besteht aus 2 Reihen, von denen die äußere purpurne, an der Spitze sichelförmige eine Länge bis 5 mm erreicht, die innere kopfförmige ist etwas kürzer. Die runde Frucht erreicht einen Durchmesser von etwa 1,5 cm.

Bei dieser Art handelt es sich um eine zwar weniger bekannte, dennoch besonders kulturwürdige Passionsblumenart. In Kultur zu finden ist sie gelegentlich in den USA und bei uns sowie bei Passionsblumensammlern und in nationalen Kollektionen. Sie erfreut mit ihren Blüten vom Sommer bis in den Herbst hinein und kann während dieser Zeit auch im Freien stehen. Die Überwinterung geschieht am besten in einem hellen Glashaus oder Wintergarten bei Temperaturen um 7–10° C. Vermehrt wird aus Samen und durch Stecklinge.

Die Beschreibung der Art *P. involucellata* durch Harms läßt die Identität zu der viele Jahre zuvor bereits beschriebenen Art *P. indecora* erkennen, obgleich die Deckblätter von *P. involucellata* relativ groß (offensichtlich im Vergleich mit denen von *P. indecora*) sein sollen.

Manche Botaniker halten nur die Bezeichnung *P. colinvauxii* für diese Art als korrekt.

Passiflora insignis (Mast.) Hook
Subgenus: Tacsonia
Bei dieser Pflanze handelt es sich um die „ausgezeichnete Passionsblume", wie ihr Name sagt.

P. insignis wurde beschrieben anhand einer in England aus Samen gezogenen Pflanze: „Aus Samen, die aus Südamerika geschickt wurden". Man geht davon aus, daß das Ursprungsland Peru gewesen ist, möglicherweise auch Bolivien.

Der runde Stengel ist dicht wollig. Die Nebenblätter werden ungefähr 2 cm lang und 1 cm breit. Die zwei- vierdrüsigen Blattstiele erreichen eine Länge von 2 cm, an ihnen befinden sich die lanzettlich-eiförmigen, drei- fünfnervigen Blätter. Sie sind kahl bzw. glänzend und erreichen eine Länge von 15–25 cm und eine Breite von 7,5–12 cm.

Die Blüten hängen an bis zu 20 cm langen Blütenstielen. Sie sind mit einer Breite von bis zu 20 cm sehr groß und haben eine tief scharlachrote oder dunkelrote Farbe. Die blaue und weiße Korona besteht aus einer etwa 10 cm hohen aufrechtstehenden Reihe.

Obwohl diese Art sicher zu den schönen Passionsblumen gehört, ist sie kaum in Kultur. Sie trägt die größten Blüten aller Passionsblumen. Aufgrund ihrer Herkunft kann sie bei uns im Sommer auch im Freien gehalten werden, im Winter sollten ihr an einem hellen Platz Temperaturen um 10° C zusagen. Die Vermehrung erfolgt vegetativ aus Pflanzenteilen oder, wenn vorhanden, aus Samen.

Killip bezweifelt, daß es sich bei dieser Pflanze wirklich um eine eigenständige Art handelt. Er ist vielmehr der Meinung, daß es sich um einen gartenbaulichen Hybriden handelt. Ein Elter mag *Passiflora callimorpha* aus dem Subgenus Distephana sein. Die vegetativen Teile dieser Art sind nahezu identisch mit denen von *P. insignis*. Trotzdem führt Killip sie als eigenständige Art auf.

Passiflora involucrata (sp. nov.)
Subgenus: Distephana

An P. vitifolia erinnert diese Art mit den dreigelappten Blättern. Sie wurde in Pe-

P. involucrata

ru und im südlichen Kolumbien im Amazonasbecken gefunden. Dort wächst sie in Sumpfgebieten. Im Gegensatz zu den meisten anderen Arten blüht diese Art auch an altem Holz, ähnlich P. vitifolia. Ihre Blüten erscheinen in Büscheln, sie sind eingeschlossen in große rote Deckblätter.

Passiflora jamesonii (Mast.) Bailey
Subgenus: Tacsonia

Diese Art wurde in den Anden Zentralecuadors in Höhen bis zu 4.000 Metern gefunden. Die Pflanze ist insgesamt unbehaart, der Stamm eckig. Die länglich-lanzettlichen Nebenblätter erreichen eine Länge von 1,5–2,5 cm und eine Breite von 7–8 mm. Ihre bis 5 cm langen Blattstiele besitzen keine oder 2 oder 3 Nektardrüsen. Die kräftigen Blätter werden 3–8 cm lang und 5–11 cm breit. Sie sind bis unterhalb der Mitte dreilappig, an der Basis leicht herzförmig. Die Blütenstiele werden bis zu 10 cm lang. Ihre Deckblätter sind tief gespalten, bis 3,5 cm lang und 1,5 cm breit. Die Kelchröhre mißt 8–10 cm und an der Basis etwa 1,5 cm breit. Dort ist sie grünlich, während sie im oberen Bereich eine dunkelrote bis purpurne Färbung annimmt. Bis 11 cm breit werden die tief korallenfarbenen oder roten Blüten. Ihre länglichen Kelchblätter sind tiefrosa oder rot, bis 5 cm lang und 2 cm breit. Die kürzeren Blütenblätter sind rosa oder rot gefärbt. Der winzige Strahlenkranz ist lilafarben. Bei Reife sind die ovalen Früchte grün gefärbt. Diese Tacsonie ist eine der vielen Schönheiten aus der Passionsblumengattung. Doch leider ist diese Art nur selten in Kultur. Das bedeutet allerdings nicht, daß P. jamesonii selten angeboten wird. Allerdings verstecken sich meistens hinter diesen Angeboten Hybriden, nicht die wirkliche Art. Wer eine „Jamesonii" erworben hat und sich von ihrer Identität überzeugen möchte, findet in obiger Beschreibung bestimmte Anhaltspunkte, die typisch für die Art sind. Dazu gehören die tief eingeschnittenen Deckblätter der Blüte (die Brakteen), die Art der Nebenblätter und der Kelchblätter.

P. jamesonii kann wie die meisten Tacsonien im Sommer im Freien und im Winter in einem frostfreien und hellen Gewächshaus gehalten werden. Der sommerliche Standort sollte möglichst nicht zu heiß sein. Auch liebt die Art eine hohe Luftfeuchtigkeit. Vermehrt wird durch Aussaat oder mittels Stecklingen.

Passiflora jorullensis HBK
Subgenus: Plectostemma
Sektion: Decaloba
Synonyme: *Passiflora medusae*,
P. trisetosa

Der Name dieser Art bezieht sich auf die Berge Mt. Jurullo in Mexiko, wo wild wachsende Exemplare dieser Art gefunden wurden.

Das Herkunftsgebiet dieser schlank wachsenden Art sind die Berge Mexikos in Höhen zwischen 1.300 und 1.800 Metern. Der mit dichtem Flaumhaar überzogene Stengel ist schwach dreikantig, die borstenförmigen Nebenblätter haben eine Länge von 2–3 mm. 3–4 cm Länge erreichen die stark gerillten drüsenlosen Blattstiele. Die dreinervigen Blätter sind nahezu über ihre ganze Länge zwei- oder

P. jamesonii

dreifach gelappt. Sie sind 3–8 cm lang und breit und auf ihrer Oberseite schwach behaart; die Unterseite ist kahl. Die paarig angeordneten Blütenstiele werden bis 30 cm lang, die Deckblätter sind borstenförmig. Eine Größe bis zu 4 cm erreichen die gelborange oder orangefarbenen Blüten. Die zungenähnliche, 8 mm lange orange- und rosafarbene Korona steht in einer Reihe. Etwa 1 cm groß werden die runden Früchte dieser Art. Bei Reife glänzen sie tiefschwarz.

Diese besonders seltene Passionsblume ist sicher nur bei einigen Sammlern und botanischen Gärten in Kultur. Dennoch ist sie eine schöne, wärmeliebende Art, die in einem Gewächshaus oder entsprechendem Wintergarten gezogen werden kann. Voraussetzung zur Kultur ist ein sehr heller Standort, an dem die winterlichen Temperaturen nicht unter 16° C fallen dürfen. So ausgestattet, wird die Art im Sommer auch blühen. Die Vermehrung erfolgt durch Aussaat und durch Stecklinge.

Diese Art ist hinsichtlich der Korona der Art *P. salvadorensis* sehr ähnlich, hinsichtlich der Blätter *P. mexicana*.

Passiflora kalbreyeri Mast.
Subgenus: Plectostemma
Sektion: Pseudogranadilla

Diese Art wurde von Masters nach dem Forscher Kalbreyer benannt.

P. kalbreyeri wurde wild wachsend gefunden in den Bergen Zentralvenezuelas bis zu den Östlichen Kordilleren in Kolumbien in Höhen zwischen 1.500 und 2.500 Metern.

Sie ist dicht rostfarben-filzig, ihr Stengel ist nahezu viereckig. Die ins Violette gehenden, sehr schlanken, pfrie-

P. kalbreyeri

martigen Nebenblätter haben eine Länge um 5–7 mm. An den um 1,5 cm langen, drüsenlosen Blattstielen befinden sich die fast runden oder schwach dreilappigen lederartigen Blätter mit einem Durchmesser bis zu 10 cm. Die 2–4 cm langen Blütenstiele sind paarig angeordnet, an ihnen befinden sich die bis 4 cm großen rosaweißen Blüten. Ihre tiefpurpurnen verkehrtlanzettlichen Deckblätter werden 6–8 mm lang und 2–3 mm breit, sie sind zur Spitze hin drei- bis vierfach gezähnt. Die rosaweißen länglich-lanzettlichen Kelchblätter werden um 1,5 cm lang, die gleichfarbigen lanzettlichen Blütenblätter erreichen nur eine Länge von 5–7 mm. Die Korona besteht aus 2 Reihen, wovon die 5–6 mm lange, fadenförmige äußere sich nach oben hin verbreitert. Sie ist weiß und purpurn, während die innere, reinweiß gefärbte Reihe 4–5 mm lang ist und aufrecht steht. Die runden Früchte haben einen Durchmesser um 1,5 cm, sie sind wenig borstig.

P. kalbreyeri ist zwar selten, doch in mancherlei Hinsicht eine interessante Pflanze, die Eingang als Zierpflanze finden sollte. So ist sie ungewöhnlich und

151

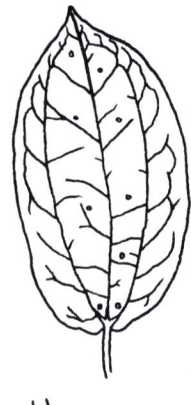

P. lancearia

Eine neuentdeckte Art,
nahe verwandt mit
P. lancearia (unten links)

P. lancearia, Frucht
(oben rechts)

ansehnlich durch ihre rostig-haarigen Triebe, ebenso ist die mittelgroße rosaweiße Blüte auffällig. Die Kultur gelingt in einem beheizten Wintergarten oder Gewächshaus, wo die Temperatur im Winter gelegentlich auch auf 10–7° C zurückgehen darf. Vermehrt wird aus Samen und aus Stecklingen.

Passiflora lancearia Mast.
Subgenus: Plectostemma
Sektion: Decaloba

Diese Art wächst wild in den Bergen Costa Ricas in Höhen zwischen 1.300 und 1.700 Metern.

Ihr kräftiger, streifiger Stengel ist kahl, die jungen Triebe auch ganz fein behaart, die borstenförmigen, 1 cm langen Nebenblätter werden abgeworfen. An den 1–1,5 cm langen drüsenlosen Blattstielen befinden sich die länglich-lanzettlichen,

4–8 cm langen und halb so breiten ganzen, zuweilen auch seitlich etwa bis 1 cm unterhalb der Spitze gelappten Blätter. Sie besitzen im unteren Bereich der Unterseite 4–8 Augenflecke und sind von dick-ledriger Struktur. Jüngere Blätter sind auch tiefer gelappt.

Die etwa 1 cm langen Blütenstiele sind paarig angeordnet, an ihnen befinden sich die 3–4 cm breiten Blüten. Die außen grünen, innen weißen Kelchblätter werden bis 1,5 cm lang, die gut halb so langen Blütenblätter sind weiß. Die Korona besteht aus 2 Reihen; die äußere fadenförmige erreicht eine Länge bis 5 mm, die innere knapp 2 mm. Die unbehaarte, nahezu runde Frucht hat einen Durchmesser um 3 cm.

Bei dieser Art handelt es sich um eine recht rare, aber schöne Passionsblume, der zur Kultur am besten ein Warmhaus oder heller Wintergarten geboten werden sollte. Vermehrt wird durch Aussaat und Stecklinge.

In Costa Rica ist eine sehr ansehnliche Verwandte dieser Art mit cremeweißen

152

Blüten und gelboranger Korona gefunden worden.

Passiflora laurifolia L.

Subgenus: Passiflora
Synonyme: *P. acuminata*,
P. oblongifolia, *P. tinifolia*
Die Art und ihre Früchte sind unter
vielen lokalen Namen bekannt:
Kuba: „saibey", „granadilla de China"
Puerto Rico: „parcha", „belle apple"
Martinique und Guyana: „pomme
liane", „maracuja", „samitoo",
„maritambour", „pomme d´or",
„pomme de liane"
andere Teile Westindiens: „vinegar
pear", „water lemon", „Jamaican
honeysuckle", „vinegar pear", „golden
apple"
Surinam, Brasilien und andere Teile
Südamerikas: „maracuja lauranya",
„macousa", „markosea", „para-
markoesa", „sosopora", „semitoo",
„parcha de culebra"
Ost-Afrika: „yellow granadilla", „sweet
cup", „pomme d´or"
Malaya: „markusa", „leutik", „buah
susu", „buah belebar", „buah selaseh"
Thailand: „sa-wa-rot"
Vietnam: „guoi tay"

Der Name *Passiflora laurifolia* bedeutet
„lorbeerblättrige Passionsblume".

P. laurifolia ist in weiten Teilen Mittel-
und Südamerikas heimisch. So ist sie
wild wachsend anzutreffen auf den Westindischen Inseln sowie in Guyana, Trinidad und Venezuela bis zum Amazonasgebiet Perus und Ostbrasiliens.

Die Kletterpflanze wächst in tropischen Regionen sehr stark und kann eine Höhe von 10–15 Metern erreichen. Ihr
runder Trieb ist unbehaart, die ledrigen,
strichförmigen Nebenblätter erreichen
eine Länge von 3–4 mm, der Blattstiel 5-
15 mm. Am Übergang vom Blattstiel zum
Blatt befinden sich 2 Nektardrüsen. Die
länglichen oder länglich-eiförmigen
Blätter werden 6–12 cm lang und 3,5–8
cm breit. Sie ähnelt den Blättern des Lor-
beerbaumes (*Laurus nobilis*). Ihre Oberfläche erscheint netzartig strukturiert,
die dickledrigen Blätter besitzen einen
Hauptnerv und laufen leicht spitz zu. Der
Blütenstiel hat gewöhnlich eine Länge

P. laurifolia

153

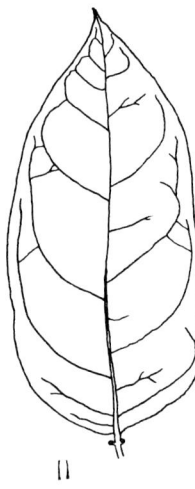

P. laurifolia

von 2–3 cm, selten auch bis 8 cm. Die zur Spitze hin drüsig-gezackten, eiförmig länglichen Deckblätter haben eine Länge von 2,5–4 cm.

Die duftende Blüte kann einen Durchmesser bis zu 7,5 cm erreichen. Sie ist rot bis lilarot gesprenkelt. Ihre bis unterhalb der Spitze rückwärtig leicht gehörnten Kelchblätter sind außen grün und rot gefärbt, innen rot oder lila gesprenkelt, länglich und erreichen eine Länge von 2–2,5 cm. Die Blütenblätter sind wenig kürzer und rot bis purpurrot, innen gefleckt. Der Strahlenkranz ist gebändert in den Farben Rot, Blau, Violett oder Purpur und Weiß in 6 Reihen. Die äußere Reihe besteht aus 2 cm langen zungenförmigen Fäden, die zweite Reihe ist fast doppelt so lang, und die folgenden sind nur etwa 1 mm lang.

Die Frucht ist eiförmig und erreicht eine Länge bis zu 8 cm. Im Reifezustand ist sie von gelber bis oranger Farbe, ihre Oberfläche ist leicht netzartig strukturiert. Das eßbare, sehr schmackhafte, duftende weiße bis gelbweiße Fruchtfleisch ist voller dunkler, bis 7 mm langer und 5 mm breiter Samen.

P. laurifolia ist eine auffällig schöne Rankpflanze, die sich auszeichnet durch ihre lebhaft hellgrünen, glänzenden Blätter sowie durch die große Anzahl ihrer mittelgroßen, attraktiven Blüten.

In beträchtlichem Umfang wird *P. laurifolia* als Zier- und Nutzpflanze unter anderem in Westindien und Ostasien angebaut, aber auch auf manchen der ostasiatischen Inseln.

Die sehr delikaten, vitamin-C-reichen Früchte werden sowohl zur Herstellung von Getränken verwendet als auch frisch verzehrt. Zu diesem Zweck wird die Frucht an einer Seite angestochen und ausgesogen oder ausgedrückt. Durch den Gehalt an Passiflorin soll ein Getränk aus der Fruchtpulpe auch leicht narkotisch wirken können. Auf den Karibischen Inseln werden aus den getrockneten Trieben dieser Passionsblumenart Körbe, Schalen und ähnliches geflochten.

Die Art ist recht gut zu kultivieren. Erforderlich ist ein warmes Gewächshaus oder ein entsprechender heller Wintergarten. Hier gedeiht die Pflanze gut, besonders dann, wenn der Boden nicht kalt, sondern auf Umgebungstemperatur temperiert ist. Soll die Kultur im Kübel erfolgen, muß dieser geräumig sein. Wird die Pflanze ganzjährig im Hause kultiviert, ist zu empfehlen, die Blüten mit einem Pinsel zu bestäuben. Dann ist ein Fruchtansatz sicherer.

In warmen Sommern kann die Pflanze auch im Freien gehalten werden. Die Vermehrung erfolgt durch Aussaat und durch Stecklinge.

Dieser Art ähnlich ist *P. nigradenia*, doch weist sie u. a. eine unterschiedliche Koronastruktur auf. *P. ambigua* unterscheidet sich von *P. laurifolia* zusätzlich noch durch den Sitz der Nektardrüsen am Blattstiel, nämlich unterhalb der Mitte. *P. tinifolia*, die sich nach Jussieu von *P. laurifolia* unterscheidet in der Blattform und der Anordnung der Nektardrüsen an den Blattstielen sowie den Deck- und den Kelchblättern, scheint eine eigene Art zu sein, doch wird sie als Synonym von *P. laurifolia* geführt.

Passiflora ligularis Juss.
Subgenus: Passiflora
Synonyme: *Passiflora serratistipula*, *P. tilliaefolia*

Der Artbezeichnung „ligularis" bedeutet „zungenförmig", was auf die besonders großen und außergewöhnlich geformten Nektardrüsen an den Blattstielen hinweist.

Von Mexiko bis Peru wird diese Art „granadilla" genannt, in Kolumbien (Santa Fé de Bogota) und Brasilien auch „granadilla de China" und „pomme d´or" in Ostafrika. Im englischsprachigen Raum ist es die „Sweet Granadilla", im deutschsprachigen die „Süße Granadille".

P. ligularis wächst wild in Mexiko, Guatemala, El Salvador, Costa Rica, Venezuela, Kolumbien, Ecuador, Peru und Bolivien in Höhen zwischen 1.000 und 3.000 Metern.

Ihr Wuchs ist kräftig. Die unbehaarte Pflanze erreicht eine Höhe von über 5 m. Ihr Stengel ist rund, ihre lanzettlich-eiförmigen Blätter werden 2,5 cm lang und gut 1 cm breit. 4–10 cm Länge erreichen die Blattstiele. Sie besitzen 4-6 faden- oder zungenförmige Nektardrüsen, die paarig angeordnet oder vereinzelt sind. Sie haben eine Länge von 3–10 mm. Die Blätter sind herzförmig, selten dreilappig. Ihre Länge liegt zwischen 8 und 15 cm, die Breite zwischen 6 und 13 cm.

Die prächtigen Blüten werden bis zu 9 cm groß; sie sind weißrosa und lila gefärbt und hängen an einzeln oder paarig angeordneten, 2–4 cm langen Blütenstielen. Ihre Deckblätter werden bis zu 3,5 cm lang. Die 2,5–3,5 cm langen Kelchblätter sind an der Außenseite grün, innen weiß. Die länglichen, etwa gleichlangen Blütenblätter sind weiß oder rosa. Die Korona besteht aus 5–7 Reihen, die runden Fäden der beiden äußeren Reihen haben die gleiche Länge wie die Blütenblätter, sie sind an ihrer Spitze blau, darunter gebändert in Weiß und rötlichem Violett, die weiteren inneren Reihen sind ungefähr 2 mm lang. Die

eiähnlichen Früchte erreichen eine Länge bis etwa 8 cm und einen Durchmesser bis 6 cm. Mit zunehmender Reife erhalten die grünen Früchte eine gelbe bis gelb-orange oder violette harte, aber brüchige Schale. Im weißen sehr schmackhaften Fruchtfleisch befinden sich die ungefähr 6 mm großen dunklen Samen.

Bei *Passiflora ligularis* f. *lobata* Mast. handelt es sich um eine in Antioquia in Kolumbien in 2.000 Meter Höhe gefundene Form. Sie trägt überwiegend tief dreilappige Blätter. Ansonsten entspricht sie der Art.

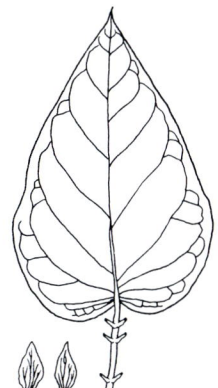

P. ligularis

Wegen ihres delikaten Geschmackes wird die Frucht von *P. ligularis* verschiedentlich „die wahre Granadilla" genannt. Ihre Früchte sind auch der Grund dafür, warum die Pflanze mittlerweile über die ganze Erde verbreitet an geeigneten Standorten angebaut wird. Nicht wegen

P. ligularis

155

ihrer sehr schönen Blüten. Sogar Passionsblumenliebhaber und Sammler kultivieren sie kaum wegen ihrer Blüten, denn sie gilt in unserem Klimabereich, auch unter Glas, als ausgesprochen blühfaul. Doch das ist sie eigentlich nicht, denn in den Ländern, in denen sie erwerbsmäßig angebaut wird, blüht und fruchtet sie überreich. Es ist bei uns nur schwer, ihr die erforderlichen Umweltbedingungen zum Blühen zu verschaffen. Doch auch als kräftig wachsende Grünpflanze ist sie ansehnlich und kulturwürdig - immer mit der Hoffnung verbunden, daß sie doch einmal blüht.

Sie stammt aus den Höhenlagen Mittel- und Südamerikas. Dort herrschen keine extrem hohen Temperaturen, daher sollte sie auch bei uns nicht bei zu hohen Temperaturen kultiviert werden. Zudem muß der Standort sehr hell und luftfeucht sein. Erfolgt die Kultur in einem Pflanzgefäß, muß der Kübel geräumig und tief sein. Für kleinere, jüngere Pflanzen ist daher ein „Rosentopf" besonders gut geeignet.

Angezogen werden die Pflanzen am besten durch Aussaat. Die Samen können einer im Handel erworbenen Frucht entnommen werden. Sie sind anschließend vom Fruchtfleisch zu säubern, damit später keine Fäulnis einsetzen kann. Die Aussaat kann gleich anschließend erfolgen oder auch später. Dann sollten die gereinigten Samen langsam bei Zimmertemperatur getrocknet und in einem verschlossenen Glas aufbewahrt werden. Der Inhalt ist vorerst regelmäßig zu kontrollieren, denn waren einige oder mehrere Samenkörner doch noch feucht, kann der ganze Inhalt des Glasgefäßes zu schimmeln beginnen und dabei alle Samen schnell vernichten.

Die Aussaat erfolgt am besten in ein Gefäß, das mit ungedüngter Anzuchterde gefüllt wurde. Bei 20–25° C keimen die Samen in 10–20 Tagen. Auch aus Stecklingen oder durch Ablegen kann die Pflanze vermehrt werden.

Passiflora lindeniana Tr. & Planch.
Subgenus: Astrophea
Sektion: Euastrophea

Benannt wurde diese Art von den Botanikern Triana aus Kolumbien und Planchon aus Frankreich nach dem luxemburgischen Gärtner und Reisenden Linden.

Diese Passionsblumenart stammt aus dem Staat Merida in Venezuela und wurde in gut 2.200 Meter Höhe gefunden. Ausgewachsen ist sie ein bis zu 15 Meter hoher Baum, insgesamt unbehaart mit Ausnahme des Fruchtknotens. Bis zu 3 cm lang werden die Blattstiele, an ihnen hängen die 10–15 cm langen und 5–10 cm breiten, länglich eiförmigen Blätter. Gelegentlich erreichen sie auch eine Länge bis zu 25 cm. Die dünnen Blätter sind fast spitz oder abgerundet, unterseits ins Bläuliche gehend.

Die weißen, etwa 6–7 cm großen Blüten hängen an den bis 4 cm langen schlanken Blütenstielen. Ihre Kelchblätter sind länglich-lanzettlich und haben eine Länge von 2,5–3 cm, etwas kürzer sind die Blütenblätter. Die Korona besteht aus 3 oder 4 Reihen, die äußere ist länglich-spatel- oder leicht beilförmig und erreicht eine Länge von 1,3 cm, die inneren 2 oder 3 Reihen haben eine Länge von 2 mm.

Die kahle Frucht ist sehr eiähnlich, 4 cm lang und 2,5 cm breit. Bei Reife ist sie gelb und rot gefleckt.

P. lindeniana trägt
kleine Drüsen an den
Unterseiten ihrer Blätter

*P. lindeniana, Baum in
den Anden oberhalb
Merida (oben)*

*P. lobata, Form mit
hellem Schlund
(links unten)*

Diese Baum-Passionsblume ist von besonderer Schönheit. Ihre weißen Blüten
kontrastieren besonders dekorativ zum
blaugrünen Laub. P. lindeniana kann im
warmen Haus gezogen werden; die
Höchsttemperaturen sollten nicht über
30° C liegen. Ebenso wie *P. gigantifolia*

und weitere Arten des Subgenus Astrophea ist es nicht immer ganz einfach, sie
zum Blühen zu bringen.

Die Vermehrung erfolgt durch Aussaat oder durch Markottage. So können
auch schnell große Pflanzen angezogen
werden.

Diese Art ist eng verwandt mit der aus
Kolumbien stammenden Art *P. ocanensis*. Von ihr unterscheidet sie sich jedoch
u. a. durch die kleineren Blüten und die
schlankeren Blütenstiele.

Passiflora lobata (sp. nov.)
Subgenus: Decaloba
Sektion: Pseudodysosmia

Tetrastylis lobata war der ursprüngliche
Name dieser aus Costa Rica stammenden
Art. Die Staubblätter sind an einer Seite
des Fruchtknotens zusammengewachsen und erinnern in ihrer Form an einen
Fausthandschuh. Die ungefähr 4–5 cm
breiten Blüten sind weiß mit braunem
oder weißem Kelch. Die hakenförmig behaarten Blätter sind dreigelappt.

Die roten und ziemlich großen ovalen
Früchte erreichen eine Länge von 10–12
cm.

Die Art ist verwandt mit P. adenopoda.
Die Blüten sind denen der ebenfalls aus
Costa Rica stammenden und eng ver-
wandten Art P. dioscoreifolia ähnlich.

Passiflora lovidesae (sp. nov.)
Subgenus: Decaloba

Hierbei handelt es sich um eine neue,
noch unbeschriebene Passionsblumenart aus Venezuela. Sie wurde benannt
nach der verstorbenen Schwester von Dr.
Miguel Molinari: Lovidese.

Passiflora lutea L.
Subgenus: Plectostemma
Sektion: Decaloba
P. lutea bedeutet „gelbe Passionsblume".

Diese Art ist eine der wenigen, die aus Teilen der USA stammen. Sie wächst wild in Pennsylvania, Indiana bis Illinois und Kansas sowie von Florida über Mississippi bis Texas.

P. lutea ist gewöhnlich unbehaart oder ganz spärlich behaart. An bis zu 5 cm langen, drüsenlosen Stielen sitzen die dreinervigen dreilappigen Blätter, deren Spitzen rundlich ausgeformt sind. Sie sind 3–4 cm lang und 7–10 cm breit, manchmal auch 15 cm. Ihre Oberfläche macht einen netzartigen Eindruck. Die borstenartigen Nebenblätter erreichen eine Länge von 3–5 mm; sie werden schon bald abgeworfen. Die 1,5–4 cm langen Blütenstiele stehen einzeln oder paarweise, Deckblätter sind nicht vorhanden.
Eine Größe von gut 2 cm erreichen die gelblichen Blüten.
Ihre 5–10 mm langen Kelchblätter sind blaßgrün bis gelb. Die spitz zulaufenden weißen Blütenblätter sind nur halb so lang. Der äußere Strahlenkranz besteht aus 5–10 mm langen grünlichweißen Fäden, der innere ist fast zungenförmig und 1,5–2,5 mm lang und an der Basis rosa getönt und an der Spitze weiß. Nahezu eiförmig ist die dunkelviolette reife Frucht. Sie ist dann etwa 1,5 cm lang.
P. lutea ist eine ansehnliche gelbblühende Passionsblumenart, die Jahrestriebe von 1–3 Metern machen kann. Sie gedeiht gut in Kübeln, ihr sollte jedoch eine Kletterhilfe gegeben werden.

P. lobata, Form mit dunklem Schlund (oben)

P. lovidesae (links)

Diese Passionsblumenart zählt zu den wenigen, die in vielen Teilen der gemäßigten Zone im Freien kultiviert werden können. Sie erträgt durchaus einmal Temperaturen bis - 15°C. Bei tiefen Temperaturen kann sie oberirdisch zurückfrieren. Ist dies der Fall, treibt sie dann im Frühjahr aus dem kräftigen Wurzelstock erneut aus. *P. lutea* wird aus Samen oder aus Stecklingen vermehrt.

P. lutea

159

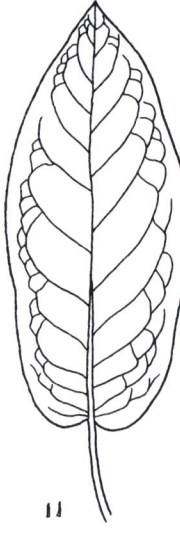

P. macrophylla

Sowohl *P. lutea*, als auch die ihr ähnliche *P. affinis* wachsen wild in den Flußtälern von Südtexas. Sie könnten verwechselt werden, weisen jedoch Unterschiede auf in der Blattform und den Koronafäden. Zudem besitzt *P. affinis* auf der Blattunterseite Nektarien, die bei *P. lutea* fehlen.

Passiflora macrophylla

Spruce ex Mast.
Subgenus: Astrophea
Sektion: Euastrophea

P. macrophylla ist die „großblättrige Passionsblume".

Diese Art wurde im Westen Ecuadors und Kolumbiens wild wachsend gefunden.

Es handelt sich bei dieser *Passiflora* nicht, wie gewöhnlich, um eine Rankpflanze, sondern um einen 3–4 Meter groß werdenden Baum ohne Ranken. Ihre Blattstiele werden bis 3,5 cm lang und

P. magnifica

besitzen keine Nektardrüsen. Mit 30 bis über 75 cm Länge und 10–25 cm Breite werden die eiförmig-lanzettlichen, zugespitzten Blätter besonders groß. Bei manchen Exemplaren erreichen sie eine

Länge von über 1 Meter. An ihrer Basis sind die unbehaarten Blätter abgerundet und dort an der Mittelrippe mit 2 Nektardrüsen ausgestattet. Die einschließlich der Zweige 8–10 cm langen Blütenstiele sind einfach oder zweifach gegabelt. Die weißlichgelben Blüten haben einen Durchmesser von 5–6 cm, ihre länglichen und schmalen Kelchblätter haben eine Länge von 2–2,5 cm und eine Breite von 3–5 mm. Ähnlich sind die Blütenblätter.

Die Korona besteht aus 2 Reihen, die äußere schlanke, zungenförmige ist wenig kürzer als die Blütenblätter lang sind, die innere sichelförmige mißt 1–3 mm.

Diese Art ist es ebenso wert, in Kultur genommen zu werden, wie die engverwandte *P. gigantifolia*. Doch nur derjenige wird die Kultur erfolgreich durchführen können, der ihr die optimalen Bedingungen verschafft. Und dazu gehört ein Gewächshaus mit einer Mindesttemperatur um 18° C und viel Licht – auch wenn die Art in ihrer Heimat im Unterholz wächst. Hier sind die Lichtverhältnisse nicht vergleichbar mit denen, die in den Tropen vorherrschen.

Vermehrt wird durch Aussaat. Steht eine Pflanze zur Verfügung, sollte abgemoost oder abgesenkt werden, weil Stecklinge nur sehr schwer bewurzeln.

P. gigantifolia, *P. arborea* und *P. tica* sind dieser Art ähnlich. Letztere wächst häufig aus felsigem Gestein unter Wasserfällen.

Passiflora magnifica (sp. nov.)

Subgenus: Passiflora

Es ist eine auffällige Pflanze mit großen Zweigen und riesigen, drei-, fünf- oder siebenlappigen Blättern, die rauchiggrau gesprenkelt sind. Sie wirkt daher sehr ornamental. Es besteht eine enge Verwandtschaft zu P. ligularis.

Passiflora maliformis L.

Subgenus: Passiflora
Synonym: *P. caudata, P. ornata*
Die wegen ihrer schmackhaften Früchte vielerorts bekannte Art hat eine große Zahl regional unterschiedlicher Namen:
West-Indien: „sweet calabash", „sweet cup"
Bahamas: „couch apple"
Kuba: „ceibey cimarron", „granadilla de mono", „guerito"
Haiti: „calobassie"
Dominikanische Republik: „calabiso de los indios"
Guadeloupe: „pomme calabas"
Puerto Rico: "parcha cimarrona"
Kolumbien: „culupa", „curuba", „granadilla de nuesa"
Ecuador: „granadilla de hueso"
weitere Namen: „water lemon", „liane a agoutis"

Die Artbezeichnung „maliformis" bedeutet „apfelförmig" und bezieht sich auf die Frucht dieser Passionsblumenart.

Wild wächst diese Art in Wäldern und Dickichten, dort besonders auf feuchten Böden. Sie ist heimisch auf den Westindischen Inseln, in Venezuela, Kolumbien und Ekuador.

P. maliformis wächst recht stark, ihr runder Trieb ist kahl oder ganz zart behaart. Ihre Nebenblätter haben eine Länge um 1,5 cm. Die Blattstiele sind 1,5–5 cm lang und besitzen im oberen oder unteren Teil 2 Drüsen. Die ovalen Blätter können eine Länge von 6–12 cm erreichen, gelegentlich sind sie auch doppelt so lang. Die Blütenstiele messen 5 cm, ih-

re 4–6 cm langen und 3,5–4,5 cm breiten, spitz zulaufenden Deckblätter sind an der Basis etwa 1 cm zusammengewachsen.

Einen Durchmesser bis zu 7,5 cm erreicht die weiße oder grünweiße und violette duftende Blüte. Ihre länglichen grünen Kelchblätter haben eine Länge von ca. 4 cm, während die lanzettlichen Blütenblätter etwa 3 cm lang werden. Sie sind grünlichweiß und mit dunkelroten oder violetten Sprenkeln versehen.

Der Strahlenkranz besteht aus mehreren Reihen. Davon sind die beiden äußeren weiß mit violett gebändert und 1,5–3 cm lang, die inneren sind sehr kurz und grün mit tieflila Flecken. Die runden Früchte werden 3,5–5 cm groß und sind bei Reife grün oder gelbgrün; ihr Perikarp, die Schale, ist sehr hart und mit bloßer Hand kaum zu zerdrücken („Hammerfrucht").

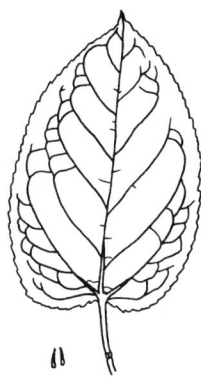

P. maliformis

P. maliformis

In Europa ist diese recht attraktive Art bei Sammlern und in manchen botanischen Gärten anzutreffen. Sie gedeiht gut im geheizten Glashaus, wo sie nicht zu trocken stehen sollte. Obwohl sie in ihrer Heimat in Dickichten wächst, sollte sie bei uns doch einen hellen, sonnigen

161

P. manicata

Platz erhalten. Im Sommer kann die Pflanze auch im Freien aufgestellt werden, sofern sie im Kübel steht. Die Vermehrung erfolgt durch Aussaat oder durch Stecklinge.

P. manicata

Passiflora manicata (Juss) Pers.
Subgenus: Granadillastrum
Synonym: *P. rhodantha*

Der Name dieser Art *P. manicata* bedeutet „manschettenartige Passionsblume". Sie wächst wild in Venezuela, Kolumbien, Ecuador und Peru.

Die kräftige Pflanze erreicht eine Höhe von 3 Metern, ihr Haupttrieb ist eckig. Der bis 5 cm lange Blattstiel ist ausgestattet mt 4–10 Drüsen, die halbeiförmigen Nebenblätter sind 1,5–2 cm lang. Ihre dreilappigen Blätter sind gewöhnlich 4–8 cm lang und nur wenig breiter, kahl oder weichbehaart, am Rande auch fein gesägt.

Die Blütenstiele erreichen eine Länge von etwa 7 cm, die ganzrandigen oder gesägten Deckblätter sind 2–3 cm lang und oftmals rot oder lachsfarben. Die becher-

bis glockenförmige Kelchröhre wird gut 11 cm lang. Sie ist außen grün, innen hellgrün oder weiß gefärbt.

Eine Größe bis zu 10 cm erreichen die roten Blüten. Bis zu 3,5 cm lang sind ihre im äußeren Bereich rosa und grün getönten, innen scharlachroten lanzettlichen Kelchblätter. Sie sind bis kurz vor der Spitze gekielt. Die länglichen Blütenblätter sind scharlachrot. Der Strahlenkranz besteht aus 3 oder 4 Reihen, wovon die beiden äußeren 3–4 mm lang und von blauer bis blauvioletter Farbe sind, die inneren sind weiß. Die glattschalige, eiförmige Frucht erreicht bei Reife eine Größe von etwa 5 cm, sie ist dann gewöhnlich dunkelgrün, gelegentlich auch gelbgrün.

Wegen ihrer auffallend schönen, sternförmigen roten Blüten ist diese Art in vielen Teilen der Welt in Kultur. Die Blüten erinnern an die von *P. antioquiensis*, *P. coccinea* und *P. vitifolia*, die alle im nördlichen Südamerika beheimatet sind.

P. manicata kann im Sommer sehr gut im Freien kultiviert werden, wo sie reich zu blühen vermag. Bei ganzjähriger Wintergarten- bzw. Gewächshauskultur darf die sommerliche Temperatur nicht zu stark ansteigen. Es muß gut gelüftet und eventuell für eine Temperaturminderung gesorgt werden, wenn die Pflanze gut gedeihen soll. Im Winter sollte der Pflanze ein heller Platz bei einer Minimumtemperatur von etwa 14° C gegeben werden, entsprechend ihrer Herkunft aus tropischen Hochlagen.

Die Vermehrung erfolgt durch Aussaat und durch Stecklinge.

Passiflora matthewsii (Mast.) Killip
Subgenus: Tacsonia

Die Art ist benannt nach ihrem Entdecker Matthews.

P. matthewsii stammt aus den Bergen im nördlichen Peru.

Ihr Stiel ist rund, die jüngeren auch leicht eckig, die Nebenblätter sind strichbis pfriemenförmig und 2–3 mm lang. An den 1–2,5 cm langen, sechs- bis achtdrüsigen Blattstielen befinden sich die 5–6 cm langen und 4–6 cm breiten dreilappigen, ledrigen und oberseits kahlen, unterseits dicht gräulich filzigen Blätter. Die Blütenstiele haben eine Länge von 1,5–2 cm, an ihnen befinden sich die ungefähr 2,5 cm langen feinfilzigen, spitz zulaufenden Deckblätter.

Die rosa-rotfarbenen Blüten erreichen einen Durchmesser von 5-6 cm. Ihre 2–2,5 cm langen Kelch- und Blütenblätter sind nach innen hin tiefer rosa gefärbt. Die Kelchröhre hat eine Länge um 4 cm, feinfilzig außen, kahl und dicht purpurn gestreift.

Die Korona besteht aus winzigen, um 1 mm kleinen Knöllchen.

P. matthewsii ist eine ansehnliche Tacsonie, die auch bei uns im temperierten

Haus kultiviert werden kann. Die mit *P. mixta* eng verwandte Art ist allerdings noch recht unbekannt. Vermehrt wird sie aus Samen und durch Stecklinge.

Passiflora membranacea Benth.
Subgenus: Plectostemma
Sektion: Hahniopathanthus

Der Artname „membranacea" bedeutet „dünnhäutig", ein Hinweis auf die Blätter.

P. matthewsii, eng verwandt mit P. mixta

P. matthewsii

163

P. membranacea

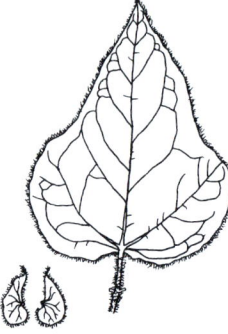

P. menispermifolia

P. menispermifolia

Passiflora membranacea wurde wild in Guatemala, Südmexiko, Honduras und Costa Rica in Höhen zwischen 1.900 und 3.000 Metern gefunden.

Die kräftig wachsende Pflanze ist insgesamt unbehaart, ihr Stengel ist rund bis leicht kantig. Ihre 1–1,5 cm langen und 1,5–3 cm breiten Nebenblätter sind herz- bis nierenförmig. Drüsenlos sind die Blattstiele, die eine Länge von 2–4 cm erreichen. Die dreinervigen Blätter sind kreisförmig und 5–10 cm lang, im oberen Bereich dreilappig und sehr dünnhäutig. Sehr schlank sind die 9–15 cm langen, einzeln stehenden Blütenstiele. Die 2 oder 3 Deckblätter sind herz- ei- oder nierenförmig und 3–5 cm lang und rot bis violettrot. Sie wachsen etwa 0,5–1 cm unterhalb der Blütenbasis.

Die 7–8 cm breiten Blüten erscheinen in Bohnengrün oder Cremeweiß. Die Korona ist in 2 Reihen ausgebildet, wovon die äußere, 1 cm lange tiefrot gefärbt ist, die innere 2 mm lang und weiß ist. Die eiähnliche grüne Frucht mit ledriger Schale erreicht eine unterschiedliche Länge von 4–8 cm und eine Breite von 3–4 cm. Sie ist eßbar.

Diese besondere Passionsblume ist leider nur selten in Kultur. Das Besondere an ihr sind ihre grünlichen Blüten, unterlegt von kräftigroten Deckblättern (Brakteen). Sie läßt sich ähnlich den Tacsonien kultivieren, mag also keine sehr heißen Standorte und verträgt im Winter auch etwas niedere Temperaturen. Vermehrt wird durch Aussaat und durch Stecklinge.

Passiflora menispermifolia HBK.
Subgenus: Passiflora
Synonym: *Passiflora villosa*

Diese Art wurde wild gefunden in Nicaragua, Costa Rica, Panama, Kolumbien, Ecuador, Peru und Brasilien von Meereshöhe bis zu einer Höhe von 1.500 Metern.

P. menispermifolia ist eine sehr robuste, dicht bräunlich behaarte Pflanze mit rundem oder leicht kantigem Stengel. Die annähernd nierenförmigen Nebenblätter werden bis 3,5 cm lang und 1,5 cm breit. Die Blätter sind deutlich lanzettlich oder leicht kreisförmig, ihre dreigelappten Blätter werden 10–16 cm lang und 8–13 cm breit. Sie sind dicht behaart und fünf- bis siebennervig und befinden sich an bis zu 4 cm langen Stielen mit 2 oder 4 Drüsen.

Die violetten Blüten erreichen einen Durchmesser bis zu 6 cm. Der Strahlenkranz besteht aus mehreren Reihen, der äußere violette erreicht eine Länge von etwa 2 cm, die anderen 5–7 cm. Die 6 cm lange und 2 cm breite Frucht ist nahezu eiförmig.

Diese schöne Passionsblumenart ist als ansprechende Topfpflanze gelegentlich im Handel anzutreffen. Ihre schönen violetten Blüten kontrastieren auf-

fällig zu den großen, bräunlich behaarten Blättern. Sie liebt eine warme Umgebung und höhere Luftfeuchtigkeit. Zudem ist sie Futterpflanze für Schmetterlinge. Vermehrung erfolgt durch Aussaat und Stecklinge.

Passiflora micropetala Mast.
Subgenus: Plectostemma
Sektion: Decaloba
Synonym: *Passiflora dawei*

Der Artname bedeutet „Passionsblume mit sehr kleinen Petalen (Kron- oder Blütenblätter)".

Passiflora micropetala wurde im Staat Amazonas in Brasilien wild wachsend gefunden.

Der gedrungen gebogene Trieb dieser Art ist unbehaart, die drüsenlosen Blattstiele erreichen eine Länge bis 6 mm. Die halbkreisförmigen dünnen, oberseits grünen, unterseits weinroten Blätter haben eine Länge um 6,5 cm und eine Breite um 9 cm. Sie erscheinen an der Spitze gestutzt und sind an der Basis herzförmig. Dort besitzen sie Augenflecken mit 2 Drüsen. Die Blütenstiele stehen einfach oder in Paaren.

Die kleinen, glockenförmigen, weißen Blüten haben dreieckige, breite und aufrechtstehende weiße Kelchblätter, die weißen Blütenblätter sind eiförmig. Die Korona besteht aus 2 Reihen, einer äußeren keulenförmigen, die im unteren Bereich grün, oben weiß gefärbt ist, und einer fadenförmigen inneren. Die runde Frucht erreicht einen Durchmesser um 1,5 cm.

Diese seltene Passionsblumenart ist schwächerwüchsig, sie trägt an ihren Trieben eine große Anzahl glockig angeordneter kleiner weißer Blüten.

P. micropetala

Zur Kultur dieser Passionsblumenart ist ein Warmhaus erforderlich, in dem die Luft relativ feucht sein sollte. Vermehrt wird die Art durch Aussaat und durch Stecklinge.

P. biflora ist *P. micropetala* in der Blattform ähnlich, sie unterscheiden sich jedoch im Aufbau der Korona.

Passiflora microstipula (sp. nov.)
Subgenus: Decaloba

Die Art stammt aus Mexiko und hat silbern gesprenkelte Blätter. Die weißen, etwa 4 cm breiten Blüten erscheinen paarweise in der Mitte der Ranken.

Die Früchte sind oval oder rund und werden zwischen 3 und 4 cm lang.

Passiflora misera HBK.
Subgenus: Plectostemma
Sektion: Decaloba
Synonyme: *Passiflora discolor*,
P. laticaulis, *P. longilobis*,
P. maximiliana, *P. microcarpa*,
P. retusa, *P. translinearis*.

165

Früchte von
P. microstipula

In Surinam ist diese Art bekannt unter den Namen „noenonjinopo" und „sji-mio".

Der Artname „misera" bedeutet „kümmerlich".

P. misera wurde wild wachsend gefunden von Panama in Mittelamerika über Surinam, Guyana, Venezuela, Kolumbien, Bolivien, Brasilien und Paraguay bis ins nördliche Argentinien.

Diese kräftig wachsende Art ist kahl oder mit einem zarten Flaum überzogen. Am leicht kantigen Stengel befinden sich die nektardrüsenlosen 1—3,5 cm langen Blattstiele. Ihre Nebenblätter werden nur 2—3,5 mm lang. Die Form der zweilappigen, dreinervigen kahlen oder ganz zart behaarten Blätter variiert stark. Manchmal stehen die beiden äußeren Nerven in einem Winkel von nahezu 90 Grad zum Mittelnerv. Die Blattlänge liegt zwischen 0,5 und 2,5 cm, die Breite zwischen 4 und 13 cm. Die bis 3,5 cm breiten, weißen bis leicht mal-

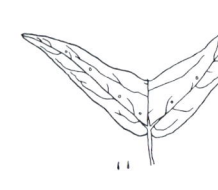

P. misera

venfarbigen Blüten befinden sich an einzeln oder paarig angeordneten schlanken, bis zu 10 cm langen Blütenstielen. Die Kelchblätter sind außen grünlich. Die Korona besteht aus 2 Reihen. Die äußere 1–1,5 cm lange fadenförmige, zur Spitze dünner werdende ist violett bis malvenfarbig, im unteren Bereich weißlich, die innere 3–4 mm lange deutlich kopfförmig und oftmals ein bißchen ausgerandet. Die 0,5–1,3 cm große Frucht ist zumeist rund, nur selten eiförmig.

Diese wärmeliebende Passionsblumenart wird in Europa und Amerika häufig kultiviert. Auch ist sie im Besitz mancher botanischer Gärten und Sammler. Attraktiv ist sie nicht nur wegen ihrer Blüten, auch die ungewöhnlich geformten und variablen Blätter sind sehr ansehnlich. Die Pflanze wächst kräftig, wenn ihr die äußeren Bedingungen zusagen, und nicht kümmerlich, wie ihr Artname vermuten läßt. Wo sie nicht klettern kann, macht sie sich kriechend auf dem Boden breit.

Die Vermehrung erfolgt durch Samen, durch Stecklinge und auch ganz einfach durch Absenker. Wenn die Pflanze auf dem Boden kriecht, bildet sie an verschiedenen Stellen auch selbsttätig neue Wurzeln.

P. misera kann unter Umständen mit *P. biflora* und *P. vespertilio* verwechselt werden. Doch insbesondere an der Blüte sind die Arten zu unterscheiden. Ferner wird *P. punctata* bei uns häufig als *P. misera* ausgegeben. Ein deutliches Erkennungsmerkmal von *P. punctata* sind jedoch ihre deutlich erkennbaren, drüsenbesetzten Blattunterseiten.

P. misera wurde von vielen Botanikern in einem großen Gebiet gefunden, das sich von Mittelamerika bis ins mittlere Südamerika erstreckt. So wurden den gleichen Arten von verschiedenen Forschern unterschiedliche Namen gegeben. Der amerikanische Botaniker Ellsworth Paine Killip hat viele von ihnen nach vergleichenden Untersuchungen der Art *Passiflora misera* zugeordnet.

Passiflora mixta L f.

Subgenus: Tacsonia
Synonyme: *Passiflora longiflora*,
P. tacso, *P. urceolata*
In Venezuela und Kolumbien wird die Art auch „tacso" und „curuba" genannt, speziell in Santa Fé de Bogota auch „curubita" oder „curubita de indio", in Peru „tumbo", „monte-tumbo" und „xamppajrrai" und in Ecuador „guyan".

Passiflora mixta bedeutet „gemischte" Passionsblume.

Sie wurde wild wachsend gefunden in Venezuela, Kolumbien, Ecuador, Peru und in Bolivien; jeweils in Höhen zwischen 2.500 und 3.600 Metern. Sie erreicht eine Höhe von 3–4 m.

Ihr schlanker, vier- bis fünfeckiger, sehr selten rundlicher Stengel ist kahl oder zart leichtgrau behaart. Die ungleichmäßig gezähnten Nebenblätter werden bis zu 7,5 cm lang und 5 cm breit. Die deutlich dreigelappten Blätter erreichen eine Länge von 5–10 cm und eine Breite und 6–15 cm. Ihr Rand ist leicht gezackt. Sie befinden sich an den bis zu 3 cm langen Blattstielen, die 4–8 gestielte oder wenig gestielte Drüsen tragen.

Die rosa oder rosaorangen aufrechtstehenden Blüten werden bis 11 cm breit. Sie befinden sich an den sehr kräftigen, bis 6 cm langen Blütenstielen. Ihre bis 6 cm langen Deckblätter sind zur Hälfte bis zwei Dritteln ihrer Länge zusammenge-

P. mixta

wachsen. Die Kelchröhre mißt hier 8–11 cm; breit ist sie 1 cm. Sie ist zylinderförmig und von grünweißer und blaßrosa Farbe. Die länglichen Kelchblätter sind äußerlich gelbgrün und rosa. Die sehr kurze, knöllchenartige, tieflavendel- oder violette Korona besteht aus einem oder auch aus 2 Kränzen. Sie wird höchstens 1 mm lang, wobei der innere, soweit vorhanden, immer kürzer als der äußere ist.

Die eiähnliche, glattschalige oder leicht behaarte schmackhafte Frucht er-

167

sind. Bei Kultur im Gewächshaus oder Wintergarten muß besonders im Sommer darauf geachtet werden, daß die Temperaturen nicht zu stark ansteigen. Im Winter sind Temperaturen knapp unter 10° ausreichend. Die Vermehrung erfolgt aus Samen und durch Stecklinge.

P. mixta ist eigentlich eine „Mischung" aus unterschiedlichen, aber sehr ähnlichen Arten. Sie wurde u.a. von Killip an Hand von sehr vielen verschiedenen Exemplaren, welche auch aus unterschiedlichen Ländern stammten, beschrieben. Sie unterscheiden sich leicht im Grad der Behaarung des Stammes, der Unterseiten der Blätter, Deckblätter und der Kelchröhre sowie des Charakters der Nektardrüsen, aufsitzend oder gestielt.

Inzwischen werden die unterschiedlichen Formen alle der Art *P. mixta* zugerechnet. Gelegentlich wird *Passiflora*

P. mixta (wild in Ecuador) (oben)

P. mixta, Naturstandort in Kolumbien (unten)

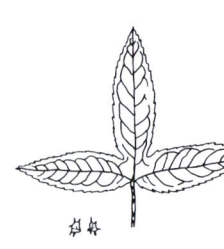

P. mixta

reicht eine Länge von etwa 4,5–6 cm und eine Breite von 2–2,5 cm. Bei Reife ist sie von gelber Farbe.

   Passiflora mixta ist eine attraktive Art, die bei vielen Passionsblumenliebhabern in aller Welt kultiviert wird. Sie ähnelt den Arten *P. antioquiensis*, *P. cumbalensis* und *P. mollissima*, wobei sie zweifellos zumindest mit den beiden letztgenannten Arten in der Heimat natürliche Hybriden bildet. In Ostafrika ist die Art mittlerweile eingebürgert. In manchen Teilen der Welt wird sie wegen ihrer Früchte angebaut. Hierzu zählen neben den oben genannten Ländern auch Java und Neuseeland.

   P. mixta verträgt unsere Sommer im Freien zumeist gut, besonders dann, wenn sie zwar warm, aber auch feucht

mixta var. *eriantha* noch separat genannt. Diese Pflanze unterscheidet sich
von der Art u. a. in folgenden Details: Ihr
Stengel ist kahl, die Blätter dicht weiß-
oder gelblich-wollig zwischen den Nerven, die Kelchröhre gräulich-wollig.

Passiflora mollissima (HBK.) Bailey
Subgenus: Tacsonia
Synonym: *Passiflora tomentosa*
In Mexiko wird diese Art „granadilla
cimarrona" genannt, in Kolumbien
„curuba" und in Peru „tacso", „tintin",

P. mollissima

P. mollissima 'Tumbo'

„trompos" und „tumbo", bei uns auch „Bananen-Passionsfrucht".

Die Artbezeichnung „mollissima" ist der Superlativ von „mollis" = „weich". Es ist also die „weichste" Passionsblume, was sich wohl auf die vollreife Frucht bezieht.

Sie wurde wild wachsend gefunden in Höhenlagen zwischen 2.000 und 3.200 Metern in Venezuela, Kolumbien, Peru und Bolivien. Wegen ihrer besonders schmackhaften Früchte wird sie inzwischen in verschiedenen Teilen der Welt angebaut. Dazu gehören Kalifornien, Mexiko, Ostafrika, Neuguinea und Australien.

Der Stengel der bis zu 5 m groß werdenden Pflanze ist rund, gestreift und dicht- oder weichflaumig. Die 7–9 mm langen und 3–4 mm breiten Nebenblätter sind nahezu nierenförmig und gezähnt oder ganzrandig. Die über zwei Drittel ihrer Länge dreigelappten und am Rande

P. mollissima

gezackten, weichbehaarten Blätter werden bis 12 cm lang und 15 cm breit.

Die prächtigen rosafarbenen Blüten erreichen einen Durchmesser bis zu 9 cm, sie sitzen an der 6,5–8 cm langen und 1 cm dicken Kelchröhre. Diese ist gewöhnlich kahl, selten behaart und von olivgrüner Farbe, außen rotmeliert und innen weiß. Der Blütenstiel hat eine Länge bis zu 6 cm. Die weichfilzigen, um 3 cm langen Deckblätter sind zur Hälfte oder zu einem Drittel ihrer Länge miteinander verwachsen.

Die Korona ist reduziert auf ein violettes Band, bestehend aus einigen rosa- bis weißlichen Erhebungen. Die im Reifezustand langovalen gelben Früchte erreichen eine Länge von 6–8 cm und einen Durchmesser von 3–3,5 cm. Ihre Oberfläche ist von seidig-filziger Struktur. Bei Vollreife sind sie weich.

Passiflora mollissima ist eine der besonders schönen Passionsblumenarten. Sie läßt sich zudem recht gut anziehen und weiterkultivieren in einem Gewächshaus oder Wintergarten oder im Sommer auch im Freien. Der Pflanztopf sollte dabei jedoch nicht zu klein sein, 10–20 Liter Volumen sollte er schon haben. Während der Kultur unter Glas ist darauf zu achten, daß die sommerlichen Temperaturen nicht zu sehr in die Höhe schnellen. Die Pflanze stammt aus den Hochlagen der Anden, dort herrscht überwiegend „angenehme Zimmertemperatur". Volles Sonnenlicht sollte der Pflanze keinesfalls vorenthalten werden.

Die Bestäubung besorgen im Gewächshaus diverse Insekten, es kann zur Sicherheit auch mit einem Pinsel nachgeholfen werden. Wer die genannten Tips beachtet, kann mit einer jedes Jahr vom Sommer bis zum Herbst stets wiederkehrenden Blüte rechnen. Es ist auch keine Seltenheit, daß die Pflanze ihre an Bananen erinnernden Früchte ansetzt. Die Vermehrung erfolgt sehr einfach durch Aussaat oder durch Stecklinge.

Mit Ausnahme der roten Farbe sind die Früchte von *Passiflora cumbalensis* denen von *P. mollissima* sehr ähnlich. In Europa werden beide Arten oft als „Rote" bzw. „Gelbe Curuba" oder als „Rote" bzw. „Gelbe Bananen-Passionsfrucht" bezeichnet.

P. mollissima, „Nationalfrucht" von Kolumbien, wird mittlerweile in vielen Ländern der Tropen und Subtropen wegen ihrer sehr schmackhaften Früchte angebaut. Besonders sorgfältig verpackt, können die Früchte sogar in alle Welt verschickt werden. Auch als Zierpflanze ist sie gelegentlich im Handel anzutreffen.

P. antioquiensis, *P. cumbalensis* und *P. mixta* sind mit *P. mollissima* verwandt und ihr sehr ähnlich. Es kann mit ihrer sicheren Unterscheidung Schwierigkeiten geben, wenn sich die Arten nicht gerade in Blüte befinden. Hinzu kommt ihre Fähigkeit der leichten, natürlichen Hybridisierung. So gibt es viele Formen, die zwischen den reinen Arten angesiedelt sind. Diese dann bestimmten Arten zuzuordnen, ist oft kaum noch möglich.

Passiflora montana
Holm-Nielsen & Lawesson
Subgenus: Passiflora

Der Artname bedeutet „in den Bergen wachsende Passionsblume".

Die Pflanze ist heimisch in Ecuador, wo sie an einigen Stellen wild wachsend gefunden wurde.

Sie ist unbehaart und hat einen runden, gestreiften Stiel. Die nierenförmi-

P. mollissima (Kolumbien)

gen Nebenblätter haben eine Länge bis 4,5 cm, am Rand sind sie drüsig und gezackt. Die 3,5–4 cm langen gestreiften Blattstiele besitzen oberhalb der Mitte 2 gestielte Drüsen. Die dreilappigen glattrandigen Blätter haben eine Länge bis 11 cm und eine Breite bis 13 cm. Gelegentlich sind die Blätter auch vierlappig. Dabei ist der mittlere Blattlappen eingeschnitten. Die 4,5–6 cm langen Blütenstiele stehen einzeln, die bis 3 cm langen und halb so breiten Deckblätter etwa 5 mm unterhalb der Blüte. Sie sind eiförmig und spitz zulaufend, nicht miteinander verwachsen.

Ihre Blüten haben einen Durchmesser von 5–6 cm, ihre länglich-lanzettlichen grünen Kelchblätter erreichen eine Länge um 1,5 cm, sie enden in einer etwa 6 mm langen grannenartigen Ausstülpung. Die hellgrünen länglichen Blütenblätter sind etwa gleich lang. Der lilafarbene Strahlenkranz besteht aus mehreren Reihen, wovon die 3 äußeren eine Länge um 8 mm erreichen, die inneren sind etwas kürzer.

P. montana

Diese Art wurde erst im Jahre 1987 beschrieben. Sie ist recht selten, wegen

171

ihrer ungewöhnlich gefärbten Blüten jedoch auffallend und schön. Sie ist in wenigen botanischen Gärten in Kultur.

P. montana ist eng verwandt mit *P. sprucei* aus derselben Untergattung, unterscheidet sich von ihr jedoch u. a. durch die Blattform, die größeren Nebenblätter und die Blütenstruktur.

Passiflora morifolia Mast.
Subgenus: Plectostemma
Sektion: Cieca
Synonyme: *Passiflora erosa*, *P. heydei*, *P. weberiana*
In Bolivien wird die Art „pachito" genannt.

Der Artname *P. morifolia* bedeutet „maulbeerbaumblättrige Passionsblume".

Diese Passionsblumenart wächst wild in Mexiko, Guatemala, Kolumbien, Brasilien, Ecuador, Peru, Paraguay und Argentinien in Höhenlagen zwischen 450 und 2.800 Metern.

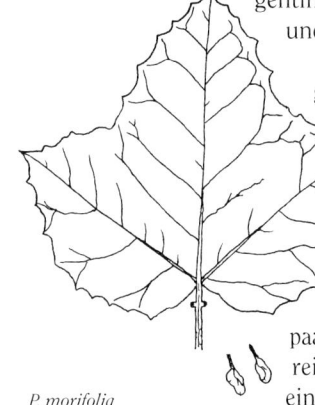

P. morifolia

Ihr Wuchs ist kräftig, der Stengel leicht viereckig. Bis 6 mm lang und halb so breit werden die halb-eiförmigen Nebenblätter. Die bis 6 cm langen Blattstiele sind haarig. An ihnen befinden sich, in einem Abstand von etwa 1 cm von der Spitze, ein Drüsenpaar. Die scharf gezackten Blätter erreichen eine Länge von 4–11 cm und eine Breite von 5–15 cm. Sie sind ab der Mitte dreigelappt und an der Basis stark herzförmig. Ihre Ober- und Unterseite ist versehen mit kurzen steifen Haaren.

An einzeln oder paarweise angeordneten, 2–4 cm langen Stielen befinden sich

die mit 2–3 cm recht kleinen grüngelben oder weiß- bis malvenfarbigen Blüten. Die fadenförmige Korona besteht aus einer Reihe. Sie ist an der Basis violett bis blau gebändert, im oberen Bereich weiß und hat eine Länge von 6–8 mm. Die 2–4 cm lange Frucht ist rundlich bis leicht länglich, bei Reife tiefviolett bis schwarz, ebenso das Fruchtfleisch.

Passiflora morifolia ist bei Liebhabern von Passionsblumen wohlbekannt. Obgleich die Art als Zierpflanze leider nur selten angeboten wird, so sind ihre schönen Blüten doch sehr attraktiv. Hinzu kommt, daß *P. morifolia* mehr oder weniger das ganze Jahr über zu blühen und fruchten vermag, wenn ihr die Kulturbedingungen zusagen. Im Winter sollte dazu eine Temperatur um 15° C vorherrschen; der ihr zugewiesene Platz muß sehr hell sein. Sowohl während des Sommers im Freien als auch bei Gewächshauskultur sollte die Pflanze nicht der starken Mittagssonne ausgesetzt werden, wenn die Luftfeuchtigkeit nur gering ist. Die Blätter neigen dann zum Welken.

Ansonsten wird die Art auch in Schmetterlingsgärten als Futterpflanze kultiviert. Die Vermehrung erfolgt sehr einfach aus Samen oder aus Stecklingen.

Nach Killip sind sich *P. morifolia* und *P. warmingii* (siehe auch dort) sehr ähnlich. Letztere habe weniger tief gelappte und etwas kleinere Blätter, auch die Blattform sei etwas unterschiedlich. Das Wildvorkommen liege zudem weit auseinander. Es handele sich hierbei vielleicht um eine einzige, allerdings variable Art. Nach neueren Erkenntnissen (John MacDougal) soll es sich bei beiden Arten tatsächlich um nur eine handeln.

Auch die Arten *P. bryonioides*, *P. colimensis* und *P. karwinskii* sind *P. morifolia* sehr ähnlich.

Passiflora multiflora L.

Subgenus: Apodogyne
Auf Kuba ist diese Art auch bekannt
unter den Namen „fruta del perro"
und „pasionaria vainilla", in Haiti als
„liane tafia".

Der Artname „*Passiflora multiflora*" bedeutet „vielblütige Passionsblume".

Passiflora multiflora wächst wild in
Südflorida, Haiti und der Dominikanischen Republik, Kuba, auf den Jungfern-
inseln und den Bahamas, Costa Rica und
den Antillen.

Sie ist dicht weichbehaart, der Stengel
nahezu eckig. Ihre borstenförmigen,
schon bald abfallenden Nebenblätter erreichen eine Größe von 2–3 mm. Die bis
1 cm langen Blattstiele besitzen 2 sehr
kleine Drüsen an der Spitze. Ihre
langlanzettlichen, etwas ledrigen Blätter
sind ungelappt; sie erreichen eine Länge
von 3,5–10 cm und eine Breite bis 4 cm.

Die 1,5 cm großen weißen Blüten sitzen an schlanken, 1 cm langen Blütenstielen. Sie sind büschelig zu dritt (selten
zu zweit) bis zu sechst angeordnet. Die
weiße Korona steht in 2 Reihen; die
äußere fadenförmige wird 2-3 mm lang,
die innere borstenförmige 1 mm oder weniger. Die bei Reife tiefblauen runden
Früchte erreichen eine Größe bis 8 mm.

P. multiflora ist es wert, kultiviert zu
werden. Sehr attraktiv sind ihre weißen,
in Büscheln bis zu 6 Stück auftretenden
Blüten. Obwohl sie derzeit in erster Linie
wohl überwiegend in botanischen Gärten und bei Sammlern anzutreffen ist,
lohnt sich ihre Kultur. Voraussetzung ist
ein Glashaus oder Wintergarten, in dem
tropische Gewächse kultiviert werden
können. Denn in solchem Klima fühlt
sich die Pflanze wohl. Ihre Vermehrung
erfolgt aus Samen und durch Stecklinge.

P. morifolia

Eine besondere Form dieser Art wurde
auf den Bahamas, Kuba und Haiti gefunden. Sie ist insgesamt unbehaart, ansonsten entspricht sie obiger Beschreibung.
Diese Form hat den Namen *Passiflora
multiflora* f. *glabra*.

Passiflora mutisii Killip

Subgenus: Astrophea
Sektion: Euastrophea

Die Art ist benannt nach dem spani-schen
Botaniker und Schüler Linnés, Mutis y
Bosio, der lange Zeit in Kolumbien lebte
und die dortige Flora studierte.

Die Art stammt aus Kolumbien.

Obwohl der Strauch keine Ranken bildet, wird er dennoch als schwachklet-
ternd beschrieben. Seine Triebe sind fast
rund und leicht flaumhaarig überzogen.
Ihre Nebenblätter fallen sehr bald ab. Die
länglichen kahlen Blätter an den recht
kurzen Blattstielen sind 8–18 cm lang
und 4–7 cm breit. Sie sind fiedernervig,
zu jeder Seite gehen 10–12 Adern ab,
außerdem glänzt ihre trockene Ober-

173

fläche in einem kräftigen Grün. Der Mittelnerv trägt nahe der Blattbasis 2 Drüsen.

Die glockenartigen Blüten stehen oft paarweise an etwa 2 cm langen Stielen. Sie haben einen Durchmesser von gut 6 cm, ihre außen grünen, innen grünweißen und rot gesprenkelten zugespitzten Kelchblätter werden etwa 3 cm lang. Die grünlichgelben Blütenblätter sind ähnlich groß. Der Strahlenkranz besteht aus etwa 2 cm langen, zungenförmigen Fäden.

Diese rare Art trägt ansprechende Blüten. Sie ist im hellen und tropisch feuchtwarmen Gewächshaus zu kultivieren. Samen sind jedoch nur selten einmal erhältlich.

Passiflora nelsonii Mast. & Rose
Subgenus: Passiflora

Die Art wurde benannt nach dem Botaniker Nelson, der die Pflanze in Chiapas fand.

Passiflora nelsonii wurde wild wachsend gefunden in Südmexiko und dem nördlichen Guatemala in Höhen zwischen 500 und 1.600 Metern. Die Pflanze ist insgesamt kahl, der kräftige runde Stengel ist streifig. Die schon bald abfallenden, verkehrt-lanzettlichen Nebenblätter werden 1–1,2 cm lang und 5–6 mm breit. An den 2–3 cm langen Blattstielen befinden sich 2 Paar untertassenförmige aufsitzende Blattstieldrüsen nahe dem oberen Ende. Ihre deutlich eiförmigen, ganzrandigen dünnen Blätter werden 9–12 cm lang und 8–9 cm breit, sind an der Basis abgerundet oder leicht herzförmig.

Die Blüten erreichen eine Breite von 6–7 cm; sie wachsen an einzeln stehenden, bis zu 3 cm langen Stielen. Eine Länge um 3 cm erreichen die länglichlanzettlichen Kelchblätter; an ihrer äußeren Seite, eben unter der Spitze, befindet sich ein kleines, grannenartiges Hörnchen. Die Blütenblätter sind ebenso lang. Die Korona besteht aus mehreren Reihen, die äußere Reihe hat eine Länge von 1–1,5 cm, die folgenden 5 oder 6 Reihen werden 1–2 mm lang. Die Frucht ist rundlich.

Passiflora nelsonii ist eine seltene Art, die *P. ligularis* ähnlich ist. Sie ist in Florida bei Sammlern und in manchen Gärten anzutreffen. Vermehrt wird durch Aussaat und Stecklinge.

Passiflora nitida HBK.
Subgenus: Passiflora
Synonym: *P. nympheoides*
In Guyana wird die Art auch „bellapple", „semito" und „maricouia" genannt, in Brasilien „maracuja de cheiro".

P. nitida bedeutet „glänzende Passionsblume". Ihre Heimat ist Panama, Guyana, Venezuela, Kolumbien, Peru und

P. nelsonii

174

Brasilien, wo sie in offenen Wäldern im Flachland wild wachsend angetroffen werden kann.

Die Pflanze ist unbehaart und hat einen runden Stiel, die Triebe jüngerer Exemplare beziehungsweise junge Triebe älterer Pflanzen sind auch leicht kantig. Eine Länge von 5–6 mm haben die schmalen Nebenblätter. Ihre gezähnten Blätter sitzen an bis zu 3 cm langen Blattstielen, diese besitzen 2 Drüsen an ihrer Spitze. Die eiförmig-länglichen glänzenden Blätter sind 9-17 cm lang und bis zu 10 cm breit, an der Basis rundlich und mehr oder weniger ledrig. Sie werden gewöhnlich beim Trocknen schwärzlich. Ungefähr 3,5 cm lang werden die länglich-eiförmigen Deckblätter. Sie sind an ihrer Basis und an der Spitze abgerundet.

Die recht stabilen Blütenstiele messen 3–6 cm. An ihnen befinden sich die glockenartigen 9–11 cm großen Blüten mit ihren fleischigen, 4–4,5 cm langen und bis 1,5 cm breiten Kelchblättern. Außen sind sie grünlich gefärbt, innen weiß. Ebenso lang, jedoch wenig schmaler sind die länglichen weißen Blütenblätter. Der Strahlenkranz besteht aus mehreren Reihen. Die beiden äußeren tragen 2–3,5 cm lange, bis 1 mm dicke runde Fäden. Sie sind am Grund weiß und rosa gefleckt, abwechselnd gebändert in Blaupurpurn und Weiß, an der Spitze weiß. Die folgenden 2 oder 3 Reihen haben weiße, 2–3 mm lange Fäden. Die innersten Fäden sind bis 1 cm lang. Die runde Frucht mißt 3–4 cm und ist sehr wohlschmeckend.

P. nitida ist bekannt und beliebt wegen ihrer delikaten Früchte und ihrer besonders ansprechenden, großen Blüten, die denen von *P. laurifolia* ähneln. Allerdings unterscheiden sie sich recht deutlich im Aufbau ihrer Korona und in den Früch-

ten, außerdem werden getrocknete Blätter von *P. laurifolia* nicht schwärzlich.

P. nitida ist in verschiedenen botanischen Gärten in Kultur und bei Passionsblumenliebhabern in aller Welt anzutreffen. In Panama (Kanal-Gebiet) sowie in Guyana und auf Java wird diese Art wegen ihrer Früchte angebaut.

Die Pflanze kann im hellen Wintergarten kultiviert werden, wenn die winterlichen Mindesttemperaturen bei 12–14° C liegen. Vermehrt wird die Art durch Aussaat oder durch Stecklinge.

Passiflora obtusiloba Mast.

Subgenus: Plectostemma
Sektion: Decaloba
Synonym: *Passiflora niorbo*
Lokal wird diese Art in Peru auch „niorbo" genannt.

Der Artname bedeutet „stumpfblättrige Passionsblume".

Sie stammt aus Gebirgslagen um 2.500 bis 3.500 Metern in Zentral-Peru.

Der Stengel dieser Art ist eckig, fein behaart oder kahl. Die 3–4 mm langen Nebenblätter sind borstenförmig, die drüsenlosen Blattstiele haben eine Länge von 6 mm. Die kleinen dreinervigen ledrigen Blätter sind zu einem Drittel ihrer

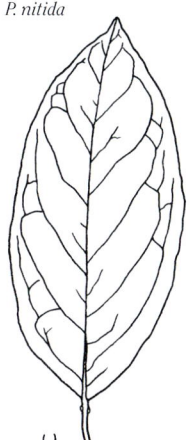

P. nitida

P. nitida

175

Länge dreigelappt und sind im übrigen unübersehbar netzartig benervt. Sie haben eine Länge von 1–2,5 cm und eine Breite von 2–5 cm und glänzen oberseits. Die schlanken Blütenstiele sind paarig angeordnet und erreichen eine Länge bis 1 cm. Die borstenförmigen Deckblätter werden nur 1,5 mm lang.

Hellgelblich-grün sind die 1,5–2 cm großen Blüten. Die Kelchröhre ist außen braunrot gefärbt. 7–9 mm Länge erreichen die gelbgrünen Kelchblätter, die kürzeren Blütenblätter sind hellgrün.

Die Korona besteht aus 2 Reihen, wovon die äußere, gelbgrüne etwa 4 mm mißt, die innere fadenförmige um 2 mm lang wird.

Es handelt sich hierbei um eine rare Passionsblumenart, die man an den Blüten erst nach genauerem Hinschauen erkennen kann; besonders dann, wenn sich die Blüten noch nicht entfaltet haben. Sie verträgt ein ähnliches Klima wie die Tacsonien; im Winter reichen ihr Temperaturen um 7° C. Vermehrt wird aus Samen und aus Stecklingen.

P. lobbii ist in der Blattform und im gesamten Habitus sehr ähnlich, fast identisch. Doch sind ihre Blattstiele mit 2 Nektardrüsen ausgestattet, und das läßt eine Zuordnung in die Untergattung Plectostemma nicht zu. Harms gab *P. lobbi* daher den Namen *P. obtusiloba* var. *glandulifera*. Allerdings ist das nach aktueller Nomenklatur ein Synonym für *P. lobbii*.

Passiflora ocanensis
Planch. & Linden
Subgenus: Astrophea
Sektion: Euastrophea

Der Artname bezieht sich auf den Wildstandort der Art, die Provinz Ocana in Kolumbien.

Sie wächst im nördlichen Teil der Kordilleren in Höhen um 1.600 Metern.

Es handelt sich um einen reich verzweigten Baum ohne Ranken, der, mit Ausnahme des Fruchtknotens, insgesamt unbehaart ist. Die Rinde der jüngeren Äste ist rötlich-braun. Die spitzen Nebenblätter sind dreieckig-eiförmig und 2,5 mm lang. Die länglichen bis eiförmig-länglichen ledrigen Blätter werden 7–15 cm lang und halb so breit, sie befinden sich an den etwa 2 cm langen Blattstielen. An der Spitze und der Basis sind die oberseits dunkelgrünen und unterseits ins Bläuliche gehenden Blätter abgerundet, der Mittelnerv trägt an seiner Basis 2 Drüsen.

Die an einzelnen Stielen befindlichen 4–5 cm großen Blüten sind weiß. Ihre länglich-spatelförmigen Kelchblätter erreichen eine Länge von ungefähr 2 cm, die Blütenblätter sind etwas kürzer.

Der äußere, hobelförmige Strahlenkranz erreicht eine Länge um 1,5 cm; er verbreitert sich zur Mitte, die inneren werden etwa 1 mm lang.

Diese baumartig wachsende Passionsblumenart ist *P. lindeniana* ähnlich. Auch sie kann in einem Warmhaus kultiviert werden, doch ist diese Art rar und Pflanzenmaterial nicht immer erhältlich. Am besten ist es, sich Samen oder Pflanzenteile während eines Aufenthaltes im Heimatland dieser Art mitzubringen. Dabei muß allerdings bedacht werden, daß die Vermehrung aus Samen zwar gut gelingt, der Bewurzelung von Stecklingen jedoch die Markottage, also das Abmoosen, vorzuziehen ist.

Von *P. lindeniana* unterscheidet sich diese Art u. a. durch ihre dickeren, ledrigen Blätter und die kleineren Blüten. Weniger einfach ist das Erkennen der kürzeren inneren Koronafäden.

Passiflora oerstedii Mast.
Subgenus: Passiflora
Synonyme: *Passiflora choconiana*,
P. dispar, *P. populifolia*, *P. purpusii*
In Costa Rica wird die Art auch
„granadilla" genannt.

Die Art wurde benannt nach dem däni-
schen Botaniker und Zoologen Anders S.
Oersted.

Passiflora oerstedii wurde wildwachsend gefunden in Südmexiko, Costa Rica,
Venezuela und Kolumbien in Höhenlagen bis 1.800 Metern.

Der Stengel der Pflanze ist schlank
und kahl, gewöhnlich rund, die jüngeren
Teile auch leicht kantig. Die halb-eiförmigen Nebenblätter sind 1–4 cm lang
und bis 1,5 cm breit. Die Blattstiele erreichen eine Länge von 1–4 cm und tragen 4–6, seltener 2 Drüsen. Sie sind einzeln oder auch paarig angeordnet und bis
1,3 mm lang. Die 6–13 cm langen und
3–9 cm breiten Blätter sind eiförmig-lanzettlich mit deutlicher Spitze. Nur selten
sind sie unsymmetrisch zwei- oder dreilappig. An der Basis sind die dünnen oder
leicht lederartigen, fünf- bis siebennervigen Blätter rund oder herzförmig.

P. oerstedii, eine der
vielen Formen

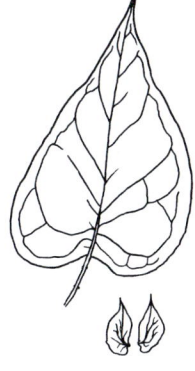

P. oerstedii

Die weißen und rosa- bis lilafarbenen
Blüten erreichen eine Größe von 4–7,5
cm; sie hängen an 2–4 cm langen Blütenstielen. Die purpurne Korona besteht
aus mehreren Reihen, ihre beiden äußeren fadenförmigen werden 1,5–2 cm
lang, die folgenden zungenförmigen
1,5–2 mm. Die eiförmigen Früchte haben
bei Reife eine Länge von 4–6 cm.

Passiflora oerstedii ist eine ansehnliche Pasionsblumenart, die bei uns –
außer bei Sammlern – nur selten anzutreffen ist. In den USA ist sie bei Passionsblumensammlern bekannter. Sie läßt
sich in einem Wintergarten gut kultivieren und blüht dann im Sommer. Die Vermehrung erfolgt durch Aussaat oder
durch Stecklinge.

In Mexiko, Guatemala, Honduras, Belize und Costa Rica wurden an bestimmten Plätzen Exemplare mit vorwiegend
dreigelappten Blättern und violett-gelbli-
chen Blüten gefunden. Hierbei handelt

P. oerstedii var.
choconiana (links)

177

P. oerstedii, Früchte

P. organensis
(rechts unten)

P. organensis

es sich um die Varietät *Passiflora oerstedii* var. *choconiana*.

Passiflora organensis Gardn.
Subgenus: Plectostemma
Sektion: Decaloba
Synonyme: *Passiflora maculifolia*,
P. porophylla

Der Name der Art, *Passiflora organensis*, deutet hin auf das Orgelgebirge (Organ Mountains) in Brasilien, wo Exemplare dieser Art wildwachsend gefunden wurden.

Die gedrungen wachsende Pflanze ist insgesamt unbehaart. Ihr Stengel ist leicht eckig. Die drei- bis fünfnervigen Blätter sitzen an 1,5–3 cm kurzen, schlanken, drüsenlosen Blattstielen. Sie sind zweilappig, selten auch dreilappig, oberseits grün, weiß oder cremefarben gesprenkelt oder marmoriert, unterseits rötlich-purpurn.

Die creme- bis purpurfarbenen 5 cm großen Blüten hängen paarweise an bis zu 4 cm langen Stielen. Die cremefarbenen bis stumpfpurpurnen Kelchblätter erreichen eine Länge von ungefähr 1,5

cm, die Blütenblätter sind nur halb so lang. Die beilförmige Korona besteht aus einer etwa 5 mm hohen, tiefvioletten Reihe. Die runden Früchte werden 1–1,5 cm groß.

Diese ansprechende Art aus Brasilien wird mancherorts als Gewächshauspflanze kultiviert. Sie ist besonders beliebt wegen ihrer sehr auffälligen und ungewöhnlich gesprenkelten oder marmorierten Blätter. Doch auch ihre dekorativen cremefarbenen oder mattvioletten Blüten wirken attraktiv. Zudem ist sie unschwer zu kultivieren. Sie verträgt winterliche Temperaturen um 10° C. Die Vermehrung erfolgt durch Aussaat und durch Stecklinge.

Das Blattwerk der Arten *P. pohlii* und *P. punctata* kann leicht verwechselt werden mit dem von *P. organensis*. Doch am einreihigen tiefvioletten oder purpurnen, typisch ausgebildeten Strahlenkranz ist *P. organensis* eindeutig zu erkennen.

Wegen ihrer intensiv grün, creme und weiß gesprenkelten bzw. marmorierten Blätter ist *P. organensis* var. *marmorata* häufig in Kultur anzutreffen. Eine sortenechte Vermehrung erfolgt hier nur vegetativ.

Passiflora pallens Poepp. ex Mast.
Subgenus: Passiflora

Der Artname *Passiflora pallens* bedeutet „blasse Passionsblume".

Die Pflanze wurde wild gefunden in Südflorida, Haiti und auf Kuba. Sie ist insgesamt unbehaart, ihr ins Bläuliche gehender Stengel ist rund oder leicht kantig geformt. Ihre länglichen bis nierenförmigen, 1–3 cm langen und 0,5–1,2 cm breiten blaugrünen Nebenblätter sind an ihrer Basis abgerundet. Ungefähr 6 cm lang werden die sehr schlanken Blattstiele. Sie besitzen oberhalb der Mitte 2–4 kurzgestielte, etwa 1 mm große Drüsen. Die auf zwei Fünftel ihrer Länge dreilappigen Blätter erreichen eine Länge von 4–6 cm und eine Breite von 6–9 cm. Unterseits sind sie kräftig blaugrün gefärbt. Die einzelnen 2–4 cm breiten Blattsegmente sind deutlich ei- oder fast kreisförmig. An der Spitze sind sie abgerundet.

Die bis 6 cm großen weißen Blüten befinden sich an etwa 2 cm langen Stielen. Ihre länglich-lanzettlichen stumpfen Kelchblätter sind bis 3 cm lang und 7 mm breit, rückwärtig blattartig ausgebildet und mehr oder weniger begrannt. Die grünliche Ausstülpung hat ein Länge von etwa 1 cm. Etwas kürzer und schmaler als die Kelchblätter sind die Blütenblätter.

Die Korona besteht aus 4 Reihen, wovon die beiden äußeren zungenförmigen eine Länge von 1–1,5 cm erreichen. Sie sind weiß und purpurn gebändert. Die

beiden inneren haben eine Höhe von etwa 1,5 mm und sind kopfförmig. Die runde Frucht hat bei Reife einen Durchmesser bis 5 cm; ihre orange-gelbe Schale ist ledrig.

Passiflora pallens ist eine zwar weniger häufig anzutreffende Art, jedoch wegen ihres ansehnlichen Blattschmuckes und ihrer weißen Blüten zur Kultur im warmen Gewächshaus gut geeignet. In Florida ist die Art stellenweise in Kultur, sie wird aus Samen oder über Stecklinge vermehrt.

P. pallens, Blüten

P. pallens, Früchte

179

Die Art ist sehr eng verwandt mit *P. sub-peltata*. Von ihr unterscheidet sie sich jedoch durch den viel einfacheren Aufbau der äußeren Korona, auch sind die Blätter weniger tief eingeschnitten und die einzelnen Blattsegmente sind verhältnismäßig breiter.

Passiflora palmatisecta Mast.
Subgenus: Passiflora

Die Art stammt aus dem Süden Boliviens und dem Nordwesten Argentiniens in Lagen zwischen 550 und 700 Metern.

Ihr Stengel ist leicht eckig und rauhhaarig, ältere Teile sind kahl. Die längli-

chen Nebenblätter sind 4–6 mm lang. An den bis 2 cm langen drüsenlosen Blattstielen befinden sich die dünnen, rauhhaarigen und vielgestaltigen, ungefähr 5 cm langen Blätter. Im unteren Bereich sind die dreilappigen Blätter nahezu spießförmig, die einzelnen Blattlappen länglich und gezähnt, oft sind die Blätter auch unregelmäßig gelappt.

Ihre 3,5–4 cm breiten weißgrünlichen Blüten befinden sich an bis 2 cm langen

Stielen. Die eiförmig-lanzettlichen Kelchblätter haben eine Länge von etwa 1 cm und sind unterseits gekielt, deren Spitzen in einem kleinen Horn enden. Außen sind sie von blaßgrüner Farbe, innen sind sie weiß. Die weißen Blütenblätter sind wenig länger als die Kelchblätter, jedoch schmaler. Die Korona besteht aus 2 Reihen, ihre blaßgrünen Filamente sind nahezu zungenförmig und entsprechen den Blütenblättern. Die eiförmige, kahle und gestielte Frucht erreicht eine Länge von 2,5–3 cm und wird bis 1,5 cm breit. Sie ist von sechseckiger Form und verjüngt sich an beiden Enden.

Diese tropische Passionsblumenart ist wegen ihrer pastellfarbenen Blüten und ihrer unterschiedlich ausgeformten gelappten Blätter eine ansehnliche Rankpflanze für den warmen, hellen Wintergarten oder ein entsprechendes Glashaus. Sie ist jedoch selten. Ihre Früchte haben ein besonders ungewöhnliches Aussehen. Die Vermehrung erfolgt aus Samen und durch Stecklinge.

Die Art hat eine gewisse Ähnlichkeit mit *P. gracilis* (Subgenus Plectostemma).

Passiflora pendens (sp. nov.)
Subgenus: Decaloba
Sektion: Pseudodysosmia

Diese Art stammt aus dem südlichen Mexiko. Sie hat dreigelappte Blätter und

P. pendens (links)
P. perfoliata (rechts)

scheint eng verwandt zu sein mit P. adenopoda.

Die Früchte sind im Reifezustand 5–7 cm lang und rötlichviolett gefärbt. Das orangegelbe Fruchtfleisch besitzt einen parfümierten aromatischen Duft.

Passiflora perfoliata L.
Subgenus: Pseudomurucuja

P. perfoliata bedeutet „Passionsblume mit durchwachsenen Blättern".

Sie stammt von Jamaika. Sie hat einen eckigen Stiel und ist kahl oder auch behaart. Ihre sehr schmalen, pfriemenähnlichen Nebenblätter haben eine Länge von 1,5–3 mm, die drüsenlosen Blattstiele werden gut 5 mm lang. Ihre lederartigen dreinervigen Blätter sind tief zweigelappt, oft stehen die einzelnen Lappen über 90 Grad auseinander. Entlang der Nerven ihrer äußeren Lappen erreichen sie eine Länge von 2–6 cm, die einzelnen Lappen werden 1,5–2,5 cm breit. Zuweilen ist in der unteren Krümmung der beiden Blattlappen die Andeutung eines dritten Lappens zu erkennen. Diese Ausstülpung kann bis zu 1,5 cm ausmachen. Die Blattbasis ist deutlich herzförmig. An den einzeln oder paarweise stehenden 2–3 cm langen Blütenstielen befinden sich borstenförmige, 2,5–3 mm lange Deckblätter.

Die etwa 5 cm großen Blüten können unterschiedliche Purpurrottöne aufweisen. Ihre an der Basis 2–3 mm schmalen Kelchblätter werden bis 2 cm lang, etwas länger und breiter die Blütenblätter. Die Korona ist haarig, die gelben Fäden haben eine Länge von 3–5 mm.

Die runde Frucht erreicht einen Durchmesser um 1,5 cm.

Diese ansehnliche Passionsblumenart ist nur bei einigen Sammlern in Kultur,

obwohl sie sicher nicht zu den am schwierigsten zu kultivierenden Arten zählt. Vom Frühjahr bis zum Herbst sollte ihr ein feuchtwarmer, sonniger Platz gegeben werden; dann wird sie mit ihren schönen roten Blüten im Sommer aufwarten. Auch im Winter sollten die Temperaturen mindestens 7° C betragen. Vermehrt wird die Art durch Aussaat und durch Stecklinge.

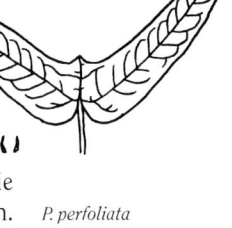

P. perfoliata

Eine Varietät von P. perfoliata ist P. perfoliata var. normalis mit ihren Synonymen P. cephaleima und P. normalis. Sie unterscheidet sich in der schmalen und länglichen Form der 2–8,5 cm langen Blätter. Die äußeren Blattlappen sind 0,4–1 cm breit, die Basis ist herzförmig oder rundlich, die unteren Blattlappen überlappen sich nicht.

Passiflora pergrandis
Holm-Nielsen & Lawesson
Subgenus: Passiflora

P. pergrandis wurde wild wachsend in Ecuador gefunden. Sie wurde erstmals 1987 beschrieben und zählt daher zu den neuentdeckten Passionsblumenarten.

Mit Ausnahme ihres Blütenstandes und der Fruchtknoten ist P. pergrandis insgesamt unbehaart. Ihr Stamm ist rund und gestreift, ältere Teile erreichen einen Durchmesser von 2 cm. Nebenblätter sind nicht zu sehen, die Blattstiele erreichen eine Länge von 2–3 cm und besitzen 1 cm von der Basis entfernt 2 aufsitzende schwarze Nektardrüsen. Die nahezu eiförmigen ganzrandigen und spitz zulaufenden, dicken ledrigen Blätter erreichen eine Länge bis 20 cm und eine Breite bis 10 cm. Vom Mittelnerv geht eine große Zahl von Nerven zum Blattrand.

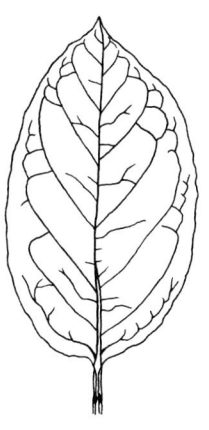

P. pergrandis

181

Der Blütenstand mißt bis zu 30 cm und besteht aus vielen Einzelblüten, gelegentlich auch reduziert auf wenige Blüten. Die brakteenartig reduzierten Blätter des Blütenstandes erreichen eine Länge bis zu 11 cm, während die einzeln stehenden runden Blütenstiele 3–9 cm und die Deckblätter 5 cm lang und 4 cm breit werden. Die Blüten haben einen Durchmesser von 15–16 cm und besitzen lang-eiförmige, bis 6 cm lange gekielte Kelchblätter mit einer 2 mm langen grannenartigen Ausstülpung. Die weißen Blütenblätter sind nur wenig kürzer. Die Korona besteht aus 3 Reihen, von denen die äußere, borstenförmige 2 mm lang wird. Die mittlere, zungenförmige ist sehr kräftig und erreicht eine Länge bis 5 cm. Sie ist abwechselnd weiß und dunkelviolett gebändert. Die innere Reihe besteht aus kleinen, 1–2 mm dicken Knötchen.

Von besonderer Attraktivität sind die riesiggroßen Blüten dieser seltenen Art. Sie muß im Warmhaus kultiviert werden, wenn sie optimal gedeihen soll. Die Vermehrung erfolgt aus Samen und Stecklingen.

Passiflora pinnatistipula Cav.
Subgenus: Tacsonia
Synonyme: *P. chilensis*, *P. pennipes*, *P. pinnatistipula* var. *pennipes*
Lokal im englischen Sprachraum wird die Art auch „Mrs. Arygatt´s Tacsonia" genannt; im französischen „Passiflore à stipules pennées" und „Passiflore du Chili". In Kolumbien heißt sie „cholupa" und „gulupa", in Peru „tin-tin", „purupuru" und „tacso".

P. pinnatistipula

Der Artname „pinnatistipula" deutet hin auf die gefiederten Nebenblätter dieser Passionsblume.

P. pinnatistipula wächst wild in Kolumbien, Ecuador, Peru, Bolivien und Nordchile.

Ihr Stengel ist eckig, die jüngeren Teile sind weiß-filzig oder wollig, die älteren Teile kahl. Ihre Nebenblätter sind 5–7 mm lang und 4–5 mm breit. Sie sind fiederförmig oder palmenblattartig geteilt. Die bis 3,5 cm langen Blattstiele tragen 4–6 Drüsen. An ihnen sitzen die bis 5–10 cm langen und 6–13 cm breiten, dreilappigen ledrigen, spitz zulaufenden Blätter. Sie sind an ihrer Basis umgekehrt herzförmig und insgesamt scharf gesägt; oberseits runzelig und kahl, unterseits dicht weiß- oder grauwollig. Der Blütenstiel hat eine Länge bis 7 cm, ihre eiförmigen, spitz zulaufenden gezackten Deckblätter sind 1–1,5 cm lang und wenig schmaler. Die zylindrische hellrosa Kelchröhre ist 4,5–5 cm lang und 1 cm im Durchmesser.

Die Blüte kann gut 8 cm groß werden, ihre 3–4 cm langen Kelchblätter sind außen grünlich oder rosa, innen weiß. Gleichgroß sind die weißen und undeutlich blaugetönt verwaschenen Blütenblätter. Die Korona besteht aus 2 Reihen, wobei die filigrane äußere hell- oder lilablaue oder weiße 1,5–2 cm lang ist, während die innere tieflilafarbene auf 1 mm reduziert ist. Die gelbgrünen runden Früchte erreichen einen Durchmesser von 5 cm.

Die Blüte dieser Art ist ansprechend und attraktiv, die Kultur der Pflanze ist bei uns jedoch nicht ganz einfach. Sie benötigt auch im Winter einen warmen Platz (Minimum 10° C) und vor allen Dingen sehr viel Licht, wenn sie nicht nur eine Grünpflanze abgeben, sondern auch blühen soll. Vermehrt wird durch Aussaat und Stecklinge.

Obwohl die dünne Schale der an Tischtennisbälle erinnernden Früchte auffällig hart und unempfindlich ist, hatten die Früchte doch überwiegend lokale Bedeutung – mittlerweile weist der Export jedoch eine zunehmende Tendenz auf. Auch in Kalifornien wird die Art inzwischen angebaut. Ihr süßsäuerliches, gelbliches Fruchtfleisch ist von sehr angenehmem und aromatischem Geschmack. Es wird frisch verzehrt oder zu Saft, Konfitüre, Eis oder vielerlei anderem verarbeitet.

Passiflora platyloba Killip
Subgenus: Passiflora
In Guatemala, Costa Rica und
El Salvador wird die Art auch
„granadilla" und „granadilla montes"
genannt.

Der Artname „platyloba" = „breitgelappt" deutet hin auf die Blattform dieser Art.

P. platyloba wächst wild in Costa Rica, Guatemala, San Salvador und Nicaragua in wenig hohen Lagen. Die – außer den Deckblättern – unbehaarte Rankpflanze ist von kräftigem Wuchs. Ihr Stiel ist rund und gestreift, ihre ledrigen, etwa 1 cm langen, sehr dünnen Nebenblätter sind orange-gelb gefärbt und abfallend. An den 6–7 cm langen Blattstielen befinden sich ungefähr 2 cm oberhalb der Basis 2 aufsitzende, 2 mm große Drüsen. Die 10–14 cm langen und wenig breiteren drei- bis fünfnervigen Blätter sind ab der Mitte dreigelappt. Sie sind deutlich herzförmig und recht dünn. Der mittlere Blattlappen ist deutlich eiförmig und spitz zulaufend. An der Basis zwischen den Blattlappen befinden sich 2 Drüsen. Die einzeln stehenden Blütenstiele haben eine Länge um 7 cm; ihre dünnen, eiförmigen, ganzrandigen Deckblätter

P. platyloba

werden bis 7 cm lang und 5 cm breit. Sie sind dicht flaumig behaart, umschließen die Blüte insgesamt und sind etwa 2 cm seitlich zusammengewachsen.

Die duftenden purpurblauen und weißen Blüten haben einen Durchmesser von 4–5 cm. Ihre länglich lanzettlichen Kelchblätter erreichen eine Länge bis 2 cm; sie sind deutlich gekielt, auslaufend in eine borstenförmigen um 6 mm langen Granne. Die recht dünnen Blütenblätter sind etwas kleiner. Die Korona besteht aus mehreren Reihen, wovon die äußere schlanke und fadenförmige um 7 mm lang ist. Die der nächsten Reihen sind zungenförmig und kräftig und werden um 1,5 cm lang, sie sind weiß und violett gebändert. Dann folgen weitere nur sehr kleine Reihen.

P. platyloba

Die 3–3,5 cm groß werdende Frucht hat eine harte Schale. Sie ist von säuerlichem Geschmack und weinartigem Aroma.

P. platyloba ist wegen ihrer ungewöhnlichen Blüten mit den auffälligen Deckblättern (Brakteen) eine beliebte und sehr ansehnliche Passionsblumen-

183

P. platyloba

art. In den USA wird sie häufiger kultiviert als in Europa, doch ist sie im Besitz mancher Sammler. Zur guten Kultur sollte man ihr ein beheiztes Gewächshaus bieten, auch im Winter liebt sie Temperaturen über 10° C. Vermehrt wird durch Aussaat und Stecklinge.

*P. serrulat*a (Syn.: *P. velata*) ist *P. platyloba* sehr ähnlich. Doch unterscheiden sich beide Arten vor allem in der herzförmigen Blattform bei *P. platyloba* und der Form des mittleren Blattlappens.

Passiflora porphyretica Mast.
Subgenus: Plectostemma
Sektion: Pseudogranadilla

Der Artname bedeutet die „purpurne Passionsblume", womit die Neben- und Deckblätter gemeint sind.

Sie wächst wild in Mexiko und Guatemala in Höhen zwischen 400 und 1.300 Metern.

Der Hauptstiel dieser Art ist dicht flaumig oder rauh behaart. Die papierartigen, herzförmigen Nebenblätter werden bis 1 cm lang und 5–7 mm breit. Sie sind rötlich oder purpurviolett gefärbt,

oberseits kahl und unterseits schwach behaart. Die drüsenlosen Blattstiele erreichen eine Länge bis 2,5 cm, sie sind dicht rauhhaarig. Ihre dreinervigen Blätter haben eine netzartige Oberfläche, sie sind rund, die des Haupttriebes haben einen Durchmesser von 5–10 cm, die der Seitenzweige werden 2–3 cm lang und 3,5–4 cm breit, oder schwach zwei- bis dreigelappt. Oberseits sind sie etwas rauh, unterseits dicht borstig-filzig. Die Blütenstiele entspringen paarig dem Hauptstamm oder den beblätterten Seitentrieben, so daß der Eindruck entstehen kann, als seien die Blüten traubig angeordnet. Die Deckblätter ähneln den Nebenblättern.

Die Blüten erreichen einen Durchmesser von ungefähr 3 cm und haben sehr schmale, 1,5 cm lange Kelchblätter, die außen dicht weichbehaart sind und innen kahl. Ihre schmalen, etwa 8 mm langen Blütenblätter sind rosafarben. Die zweireihige fadenförmige Korona ist purpurgefleckt. Die äußere Reihe ereicht eine Höhe von 6–8 mm, die innere, köpfchenförmige 2mm.

Die runden Früchte dieser Art erreichen eine Größe von 1 cm, sie sind mit 6–8 Reihen quer gefurcht.

Wegen ihrer besonderen Neben- und Deckblätter ist diese selten anzutreffende tropische Art sehr ansprechend. Wer ein sehr helles Warmhaus zur Verfügung hat, sollte diese Art zu kultivieren versuchen. Sie wird durch Aussaat oder durch Stecklinge vermehrt.

Passiflora porphyretica var. *angustata* Killip aus Mexiko unterscheidet sich von der Art nur durch ihre nahezu lanzettlichen oder borstenförmigen, etwa 6 mm langen Nebenblätter. Sie wurde als *P. pannosa* beschrieben, doch dieser Name ist nunmehr ihr Synonym.

Passiflora psilantha (Sodiro) Killip
Subgenus: Tacsonia

Der Artname *P. psilantha* bedeutet „kahl-blütig" oder „mit kahler Blüte".
Sie stammt aus den Anden des südlichen Ecuador.

Der Stiel dieser Pflanze ist rund oder leicht kantig und leicht zart behaart. Die Blattstiele haben eine Länge um 2,5 cm und tragen 8–10 Drüsen. Ihre Blätter sind etwa 2 cm oberhalb der herzförmi-gen Basis dreilappig. Sie sind 6–8 cm lang und 7–10 cm breit und dünn be-haart oder oberseits kahl. Die Blütenstie-le sind um 2,5 cm lang, ihre spitz zulau-fenden Deckblätter treffen unterhalb der Mitte in einer etwa 8 mm breiten Röhre zusammen.

Die Blüten sind blaßrot oder weiß, ih-re zylindrische Kelchröhre ist 7–10 cm lang und knapp 3 cm breit und unbe-haart. Um 3 cm lang und 4 mm schmal sind die länglichen, rückseitig bis unter-halb der Spitze gekielten Kelchblätter, die Blütenblätter sind ähnlich. Die Koro-na ist sehr klein und besteht aus winzi-gen, höckerigen Ausstülpungen.

Die eiähnlichen, leicht behaarten Früchte erreichen eine Länge von 5 cm und einen Durchmesser um 2,5 cm. *P. psilantha* ist in Europa recht selten an-zutreffen, sie hätte jedoch wegen ihrer schönen Blüten und ihrer schmackhaf-ten Früchte einen Platz nicht nur bei Passionsblumenliebhabern verdient. Die Kultur gelingt nur dann zufriedenstel-lend, wenn die Pflanze – besonders auch im Winter – einen sehr hellen Platz er-hält. Sie kann, wie andere Tacsonien auch, im Sommer im Freien stehen. Be-sonders dann, wenn er warm und regne-risch ist. Eine Minimumtemperatur von 7° C sollte eingehalten werden, auch wenn die Art kurzfristig niedrigere Tem-peraturen aushält. Die Vermehrung ge-lingt gut durch Aussaat und durch Steck-linge.

Von der einheimischen Bevölkerung wird die Art als Nutzpflanze angebaut. Das Frischobst wird zur Fruchtsaftge-winnung genommen. In Teilen Ecuadors wird sie plantagenmäßig noch in 2.600 Metern Höhe angebaut.
Die Art liegt in ihrem Aufbau zwischen *P. mollissima* und *P. tripartita* und ist möglicherweise ein Hybrid dieser beiden. Die Blätter erinnern an die von *P. mollis-sima* und der Blütenstand an *P. trip-artita*.

Passiflora pterocarpa (sp. nov.)
Subgenus: Decaloba
Sektion: Pseudodysosmia

Von Jalapa, Guatemala, stammt diese Art. Ihre Blätter sind dreigelappt, die 5 cm breiten Blüten sind grünlich-weiß mit Purpur gepunktet und violett gebändert.

Die geflügelten Früchte haben eine Länge von 4–5 cm, ihre Farbe geht bei Reife von Grün ins Purpurne.

P. pterocarpa mit geflügelten Früchten

185

Passiflora pubera

Planch. & Linden
Subgenus: Astrophea
Sektion: Euastrophea
Synonym: *Passiflora sphaerocarpa*
In ihrer Heimat wird diese Art
auch „Gulupo" genannt.

Die Bezeichnung „pubera" bedeutet „behaart".

Aus Kolumbien in Höhenlagen zwischen 1.000 und 1.700 Metern stammt
dieser Busch oder kleine Baum, der eine
Größe bis zu 4 Metern erreichen kann.
Seine jungen Zweige sind rund oder
leicht eckig und zart seidig-filzig. Die
eckigen bis leicht eiförmigen ledrigen
Blätter an 1–1,5 cm langen Blattstielen
sind 7–11 cm lang. An der Blattbasis befinden sich an der Mittelrippe 2 Drüsen.

Die weißen Blüten erreichen einen
Durchmesser bis etwa 5 cm, die Blütenblätter sind kürzer als die Kelchblätter.
Die Korona besteht aus 3 Reihen, wobei
die äußere eine Länge bis zu 1,5 cm erreicht, die beiden inneren 1,5 mm. Sie
besitzen dichtgedrängt wimpernartige
weiße Härchen.

Die runden Früchte erreichen eine
Größe von 1–1,5 cm, sie sind fein behaart
oder auch kahl.

Diese baumartige Passionsblume ist
nur selten in Kultur, jedoch einen Versuch wert, wenn ein geeignetes Haus zur
Verfügung steht. Entsprechend der Herkunft dieser Art, darf die Temperatur
nicht unter 15–16° C absinken, andererseits auch nicht zu hoch ansteigen. Zudem ist viel Licht und eine recht hohe
Luftfeuchtigkeit erforderlich. Die Vermehrung erfolgt am besten durch Aussaat oder – wenn bereits eine Pflanze vorhanden ist – durch Markottage.

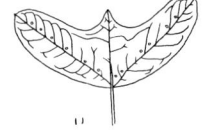

P. pulchella

Passiflora pulchella HBK.

Subgenus: Plectostemma
Sektion: Pseudogranadilla
Synonyme: *P. bicornis, P. divaricarta,
P. mucronata, P. murucuia, P. rot-
undifolia, P. subtriangularis beta*

Die Bezeichnung „pulchella" bedeutet
„niedlich".

Diese Art ist heimisch im mittleren-
und nördlichen südamerikanischen Raum
von Mexiko über Guatemala, El Salvador,
Nicaragua, Costa Rica, Panama, Venezuela bis nach Kolumbien.

Die Pflanze ist unbehaart, manchmal
ist der Stengel auch sehr kurz weichbehaart. Die bis 7 mm langen Nebenblätter
sind sichel- bis fast strichförmig. An den
1–2 cm langen, drüsenlosen Blattstielen
sitzen die bis 6 cm langen und 9 cm breiten zwei- bis dreilappigen ledrigen Blätter. Sie sind dreinervig, ihre Ober-
flächenstruktur ist netzartig. An den
äußeren Blattnerven befinden sich je 3–5
Nektarien.

Die etwa 5 cm großen blaß- bis hellblauen Blüten an den 5–8 cm langen, einzeln stehenden Blütenstielen sind oft
traubenförmig angeordnet. Ihre Deckblätter erreichen eine Länge bis 1,5 cm
und stehen an der Blütenbasis. Die länglichen, stumpfwinkligen Kelchblätter erreichen eine Länge von 2 cm, etwas kürzer sind die lanzettlichen Blütenblätter.
Der aus mehreren Reihen bestehende fadenartige Strahlenkranz erreicht im
äußeren Bereich Blütenblattlänge. Die 3
oder 4 inneren Reihen sind 4–5 mm lang.

Die runde Frucht hat einen Durchmesser von 1–1,5 cm.

P. pulchella wächst in manchen tropischen Gärten und ist dort eine besonders
dekorative Pflanze, mittlerweile wird sie
auch kultiviert auf Hawai und in der Ka-

ribik sowie in Malaysia und auf weiteren pazifischen Inseln. Ein Tee aus den Blättern und Trieben der Pflanze wirkt harntreibend und wird mancherorts deshalb als Diuretikum genutzt.

Ihrer Herkunft entsprechend sollte die Pflanze einen hellen und sonnigen Platz erhalten; im Winter sind 14° C optimal. Die Aussaat erfolgt durch Aussaat und durch Stecklinge.

P. pulchella ist recht eng verwandt mit *P. biflora*.

Passiflora punctata L.
Subgenus: Plectostemma
Sektion: Decaloba
In Peru wird diese Art auch „norbo" genannt.

Die Artbezeichnung „punctata" bedeutet „punktiert" und bezieht sich offensichtlich auf die zahlreichen unterschiedlichen Farbpunkte auf der Blattoberfläche.

Sie stammt aus Panama, Kolumbien, Ecuador, Peru und Bolivien.

Die Pflanze ist unbehaart, ihr gestreifter Stiel ist leicht dreieckig. Die sehr schmalen Nebenblätter werden 3–5 mm lang. An den 3–6 cm langen drüsenlosen Blattstielen befinden sich 6–12 cm breiten Blätter. Sie sind zweilappig oder leicht angedeutet auch dreilappig. Der mittlere Blatteil mißt 2–5 cm, entlang der äußeren Nerven haben die Blattlappen eine Länge von 3–7 cm. Die Blattbasis ist gewöhnlich stumpfkegel- bis herzförmig ausgebildet. Die dunkelgrüne Farbe der Blätter wird unterbrochen durch pastell- bis gelbgrüne Punkte. Auch an der Hauptnervatur bilden sich gelegentlich derartig kontrastierende Aufhellungen.

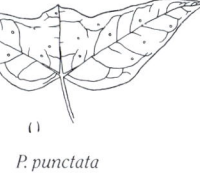

P. punctata

Die glockenförmigen, bis 4 cm großen Blüten befinden sich an sehr schlanken, gewöhnlich einzeln stehenden, 5–8 cm langen Blütenstielen mit 1–2 mm langen borstigen Deckblättern, welche aber schon bald abfallen. An der Kelchröhre befinden sich 10 Furchen.

P. punctata

P. punctata

P. pusilla

Die hell gelbgrünen Kelchblätter werden bis etwa 1,8 cm lang, die grünlichweißen Blütenblätter 1,2 cm. Der Strahlenkranz besteht aus 2 Reihen, wovon der äußere zungenförmige 7–10 mm lang ist. Im oberen Bereich ist er blaß gelbgrün, darunter abwechselnd tiefviolett und blaß purpurn sowie weiß an der Basis. Die in-

P. pyrrhantha, eine rankende Astrophea-Art

nere, köpfchenförmige Reihe wird 4–5 mm lang. Sie ist purpurn bis hellila gefärbt.

Bei Reife hat die elliptische bis eiförmige Frucht eine Größe von ungefähr 2 cm.

Diese Art ist bei Sammlern und in manchen botanischen Gärten nicht unbekannt. Sie ist besonders attraktiv durch ihre eigenartig geformten und gefärbten Blätter. Wenn sie an einem warmen, hellen und nicht lufttrockenen Platz steht, kann der tägliche Zuwachs beobachtet werden. Die Vermehrung erfolgt aus Samen und Stecklingen.

P. biflora und *P. misera* sind der Art recht ähnlich. Zudem wird *P. punctata* in Europa häufig fälschlicherweise mit *P. misera* bezeichnet. Doch ein wichtiges Unterscheidungsmerkmal liegt in der besonderen Blattstruktur und -färbung von *P. punctata*.

Passiflora pusilla (sp. nov.)
Subgenus: Decaloba
Sektion: Xerogona

Eine der ungewöhnlichsten Arten ist P. pusilla. Sie stammt aus dem Norden Costa Ricas und ist vornehmlich in zeitweilig trockenen Gebieten anzutreffen. Dort stirbt diese kleine Pflanze in Trockenzeiten überirdisch ab.

Sie besitzt fleischige Wurzeln, ähnlich denen von P. lutea, ist insgesamt behaart und ziemlich empfindlich. Die unter 1 cm breiten, cremefarbigen Blüten bilden sich bereits bei Pflanzen, die keine 10 cm groß sind – oft schon bei einer Wuchshöhe von 2 bis 3 cm. Die Bestäubung scheint durch Ameisen zu erfolgen.

Ihre grünen, spindelförmigen, eckigen Früchte erreichen eine Länge um 2 cm.

Passiflora pyrrhantha Harms
Subgenus: Astrophea
Sektion: Botryastrophea

Diese Art wurde wild wachsend gefunden in Puerto Melendez und in Loreto in Peru sowie in Kolumbien.

Der kletternde Strauch hat nur wenige Ranken, seine jüngeren Zweige sind flaumig behaart. Die Nebenblätter fallen schnell ab. Die Blattstiele haben eine Länge von 1–3 cm, sie tragen an der Spitze 2 Drüsen. Die spitz zulaufenden Blätter sind eiförmig-länglich und erreichen eine Länge von 10–16 cm und eine Breite von 6–10 cm. An den Außenseiten befinden sich jeweils 5–6 Nerven. An der oberen Hälfte der fast ledrigen und kahlen Blätter befinden sich entfernt zahnförmig aussehende Kerben.

Der 7 cm lange oder längere Blütenstand ist traubenförmig, die dicken Stiele sind 2–3 mm lang. An ihrer Basis ist die zylindrische Kelchröhre bauchig ausgebildet. Sie mißt 4,5–5 cm in der Länge und nahezu 2 cm in der Breite und ist feuerrot. Die länglichen Kelchblätter sind etwa 3 cm lang und 1 cm breit, außen in der Mitte orangefarben; die gleichförmigen Blütenblätter sind feuerrot. Die Korona besteht aus 2 Reihen, wovon die äußere, sich nach oben weitende zitronengelb gefärbt ist und eine Länge um 6 mm erreicht, die innere ist nur sehr kurz.

Eine sehr seltene Art der Untergattung Astrophea ist *P. pyrrhantha*. Sie ist wegen ihrer orangeroten Blütenfarbe – sehr selten bei den Passionsblumen – bei Sammlern und besonders Interessierten bekannt. Die Kultur sollte in einem Warmhaus erfolgen, doch liegen spezielle Berichte darüber derzeit nicht vor. Die Vermehrung erfolgt generativ aus Samen und vegetativ durch Abmoosen. Stecklinge sterben meist nach einiger Zeit ab.

Passiflora quadrangularis L.
Subgenus: Granadilla
Synonyme: *Passiflora grandiflora,
P. macrocarpa, P. tetragona*

P. quadrangularis ist wegen ihrer besonders schönen Blüten, ihres kräftigen Wuchses und ihrer sehr großen, schmackhaften Früchte in Mittel- und Südamerika unter verschiedenen Namen wohlbekannt. „Granadilla" heißt sie im gesamten spanischsprechenden Amerika, „granadilla real" und „sandia de la pasion" in Mittelamerika, einschließlich dem Süden Mexikos, „barbadine" auf den Antillen, „parcha granadina" in Venezuela, „mereekoeja fireberoe" und „grote markoesa" in Surinam, „badea" und „badera" in Kolumbien und Teilen Ecuadors, „tumbo" oder „tumbo grande" im Süden Ecuadors und in Peru, „quijon" in Bolivien sowie „maracuja-assu", „maracuja mamao" und „maracuja uacu" in Brasilien. In Thailand, wo die Art in Kultur ist, heißt sie „Su-Khontha-rot", und auf Sri Lanka ist ihr Name „Seemaisora-kai". Bei uns ist sie unter den Namen „Riesen-" oder „Königsgranadille" oder auch „Badea" bekannt.

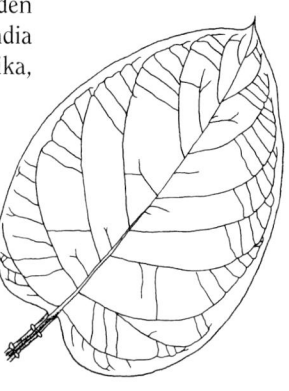

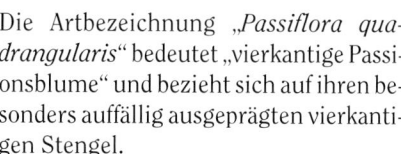

P. quadrangularis

Die Artbezeichnung „*Passiflora quadrangularis*" bedeutet „vierkantige Passionsblume" und bezieht sich auf ihren besonders auffällig ausgeprägten vierkantigen Stengel.

Die Riesengranadilla wurde wild wachsend in Höhen von null bis 2.500 Metern gefunden in vielen Teilen Mittel- und Südamerikas, von Mexiko über Gua-

189

P. quadrangularis am Wildstandort Osa Peninsula, Costa Rica

temala, El Salvador, Costa Rica, Nicaragua, Panama, Kolumbien, Venezuela, Ecuador, Peru, Bolivien bis Brasilien sowie auf den Westindischen Inseln. Inzwischen wird die Art in erster Linie wegen ihrer Früchte angebaut in Südamerika und den Antillen, in West-Afrika, Indien, Australien und auf den Philippinen.

Die unbehaarte Pflanze ist besonders wüchsig. Ihr deutlich vierkantiger Stengel ist zusätzlich unübersehbar geflügelt. Die 2–3,5 cm langen und halb so breiten Nebenblätter sind eiförmig bis lanzettlich. Ihre kräftigen, 2–5 cm langen kanalartigen Blattstiele besitzen gewöhnlich 3 Paar aufsitzende Drüsen. Die ganzrandigen, deutlich eiförmigen oder länglich-eiförmigen Blätter werden 10–20 cm lang und 8–15 cm breit und sind spitz zulaufend. Vom Mittelnerv gehen diverse Nerven zum Blattrand. Herz- bis eiförmig sind die dünnen, 3–5,5 cm langen Deckblätter.

Ihre dreieckigen Blütenstiele erreichen eine Länge von 1,5–3 cm, an ihnen befinden sich die bis 12 cm breiten, prächtigen Blüten. Sie sind tiefrot, purpurn oder violett und weiß. Ihre 3–4 cm langen, breitlänglich konkaven Kelchblätter sind außen grünlich oder grünlichrot gefärbt, weiß, lila oder tiefrot innen. Ihre gleichlangen oder wenig längeren Blütenblätter sind weißlichrot bis tief ziegelrot. Die Korona besteht aus 5 Reihen, wovon die beiden äußeren Kränze eine Länge von 6 cm aufweisen und damit länger als die Kelch- bzw. Blütenblätter sind. Sie sind an der Basis rotpurpurn und weiß gebändert, blau in der Mitte sowie dicht rosablau gesprenkelt im oberen Bereich, die oberen dünnen Spitzen weißlich-violett. Die anderen 2–7 mm langen Reihen sind tiefrot-purpurn, violett und weiß gebändert.

Die langovale Frucht erreicht bei Reife eine Länge bis 30 cm und eine Breite bis 15 cm. Ihre grüne oder gelborange Schale weist oft drei fühl- und erkennbare Absätze auf. Aus Kolumbien sind auch dunkelrote Früchte bekannt. Das Fruchtfleisch ist dunkelrosa, die Samen haben eine Größe von 0,7–1 cm.

Bei dieser Passionsblume handelt es sich um eine der besonders alten Arten, jedenfalls was das Jahr 1759 als den Zeitpunkt ihrer Erstbeschreibung betrifft. Sie zählt heute zu den bekanntesten und beliebtesten Passionsblumen, und das ist auf verschiedene Eigenschaften dieser Pflanze zurückzuführen.

So hat sie ausgesprochen prächtige Blüten, die durch die besonders stark ausgeprägte violette, fädige Korona {Nebenkrone}, ein sehr ungewöhnliches Aussehen aufweist. Hinzu kommen die bis melonengroßen Früchte der Pflanze, deren sehr schmackhaftes Fruchtfleisch verzehrt oder verarbeitet werden kann. Außerdem kann die dicke Schale gekocht oder auf andere Weise wie Gemüse zubereitet werden. Und schließlich können ihre Wurzeln und Triebe als Beruhigungsmittel verwandt werden. Vom Rohverzehr dieser Organe ist wegen ihrer Giftigkeit jedoch abzuraten.

Des weiteren ist die Pflanze im Wintergarten, Gewächshaus und sogar auf der Fensterbank im Wohnzimmer bestens zu halten. Sie gedeiht dort gewöhnlich ausgezeichnet, wenn dem Sonnenlicht Zugang zur Pflanze gewährt wird und der Platz luftig und im Winter nicht zu kalt ist. Sie verträgt zwar bis 5° C, wenn der Boden nicht naß, sondern nahezu trocken ist. Doch das sollte man der Pflanze, sofern es möglich ist, ersparen. Das gilt insbesondere dann, wenn sie im Sommer Früchte angesetzt hat. Die Ausreife der Früchte kann die Zeit bis in den Winter hinein in Anspruch nehmen. Ist es zu kalt, stockt das Wachstum und die Frucht bleibt winzig, ohne auszureifen, oder fällt ab.

P. quadrangularis

Wird die Riesengranadille auf der Fensterbank an einem Spalier gehalten, muß während der Wachstumszeit reichlich gegossen und gelegentlich gedüngt werden. Auch ist ein mehrmaliger Rückschnitt erforderlich.

P. quadrangularis

191

Während die Blüte bei uns gewöhnlich im Sommer erscheint, kann sie unter optimalen Bedingungen nahezu das ganze Jahr über erfolgen. Soll die Pflanze Früchte ansetzen, ist eine manuell unterstützte Bestäubung ratsam. Die Vermehrung gelingt einfach durch Aussaat oder durch Stecklinge.

Nach Masters handelt es sich bei *Passiflora macrocarpa* und *P. quadrangularis* um zwei Arten. Ihre prinzipiellen Unterschiede sind folgende: Die Kelchblätter bei P. quadrangularis sind innen weiß, die längeren Blütenblätter rot. Die äußeren Koronafilamente entsprechen in ihrer Länge den Blütenblättern, die Frucht ist kleiner als jene von *P. macrocarpa*, welche ein Gewicht von bis zu 4 kg erreichen soll. Außerdem haben sie keine gerillte Schale.

Hingegen sind die Kelchblätter von *P. macrocarpa* innen violett, ebenso die etwas kürzeren Blütenblätter. Die äußeren Koronafilamente sind länger als die Blütenblätter, die sehr großen Früchte tragen auf ihrer Schale drei deutlich fühl- und sehbare Absätze.

Durchsetzen konnte sich die Auffassung von Masters nicht, insbesondere deshalb, weil seiner Beschreibung nur wenige Herbarexemplare zugrunde lagen und sie ohnehin übereinstimmt mit der Beschreibung für *P. quadrangularis*. Bestenfalls soll es sich nach Killip bei *P. macrocarpa* um eine Gartenbauform handeln. Dennoch wird die Art gelegentlich angeboten als *P. quadrangularis* var. *macrocarpa*.

P. quadrangularis ist *P. alata* ähnlich. Außerdem sind viele Hybriden bekannt, von denen es sich bei einem Elter um *P. quadrangularis* handelt. Bei weiteren Pflanzen wird vermutet, daß es sich um Hybriden handelt, bei denen auch *P. qua-* *drangularis* als Kreuzungspartner beteiligt ist.

Passiflora quadriglandulosa
Rodschied
Subgenus: Distephana
Synonyme: *Passiflora translinearis*, *P. yacumensis*
In Guyana wird diese Art „Simitu" genannt, in Brasilien „Maracuja".

Die Artbezeichnung „quadriglandulosa" bedeutet „vierdrüsig".

P. quadriglandulosa ist heimisch auf einem Teil der Westindischen Inselwelt (Martinique, Trinidad und Tobago) sowie in Grenada, Guyana, Peru, Bolivien und Brasilien. Ihr Haupttrieb ist rund und kahl, die jüngeren Teile sind gelegentlich auch leicht behaart. Ihre borstenförmigen Nebenblätter erreichen eine Länge von 3–5 mm und werden abgeworfen. Die an der Basis zweidrüsigen, länglichen Blätter sind vielgestaltig, manchmal auch asymmetrisch zwei- bis dreifach gelappt und 8–15 cm lang.

Die rosaroten bis scharlachroten prächtigen Blüten an den bis zu 5 cm langen Blütenstielen erreichen einen Durchmesser von 7–8 cm, ihre zylindrische Kelchröhre hat eine Länge um 1 cm. Die Koronafäden stehen in drei Reihen, wovon die beiden leuchtendroten äußeren eine Länge von etwa 1,5 cm aufweisen, die halb so lange innere ist weiß und rot.

Die Früchte dieser Art sind eiförmig und erreichen eine Länge von 3,5 cm.

P. quadriglandulosa ist eine hier recht unbekannte Art mit sehr dekorativen Blüten, die denen demselben Subgenus angehörenden Arten *P. vitifolia* und *P. coccinea* sowie *P. speciosa* ähneln und mit ihnen verwechselt werden können.

In den USA ist *P. quadriglandulosa* zuweilen als Zierpflanze anzutreffen.

Sie wird vermehrt durch Aussaat oder durch Stecklinge.

Passiflora racemosa Brot.
Subgenus: Calopathanthus
Synonym: *Passiflora princeps*

Der Artname „*Passiflora racemosa*" bedeutet „traubige Passionsblume", was auf die Anordnung ihrer Blüten hinweist. Sie wurde wildwachsend im brasilianischen Bundesstaat Rio de Janeiro gefunden.

P. racemosa ist sehr wüchsig und erreicht eine Höhe bis 5 m. Sie ist insgesamt unbehaart, ihr Stengel ist leicht vierkantig. Ihre älteren Teile sind aschgrau, die jüngeren hellgrün. Die Nebenblätter sind deutlich eiförmig und erreichen ein Länge von 1–1,5 cm sowie eine Breite von 0,7–1 cm. Ihre ledrigen Blätter sind vielgestaltig, gewöhnlich symmetrisch dreilappig ab unterhalb der Mitte, manchmal auch zweilappig oder ungelappt, fünfnervig, oft mit 2 Drüsen. Die Länge der Blätter beträgt 4–8 cm, die Breite 6–11 cm. Sie befinden sich an 2–4 cm langen schlanken Stielen mit 2 aufsitzende Nektardrüsen. Die einzeln oder paarig angeordneten Blütenstiele haben eine Länge von etwa 1 cm, ihre dünnen, rosa oder roten, eiförmigen Deckblätter werden etwa 1 cm lang und 8 mm breit. Sie stehen dicht an der Blütenbasis.

Etwa 20–40 hell purpurrote oder scharlachfarbene und weiße Blüten sitzen traubig an blattlosen Zweigen. So erreichen die Blütenstände eine Länge von 50–75 cm und eine Breite von 10 cm. Ihre rötlichen bis roten Kelchblätter haben eine Länge von 3,5–4 cm, die länglichen purpurroten Blütenblätter sind etwas kürzer als die Kelchblätter. Die Korona besteht aus 3 Reihen, die beiden äußeren erreichen eine Länge von 3-5 mm, die innere ist etwas kürzer. Sie sind purpurn, wobei die Spitze weiß leuchtet. Die grüne oder blaßgrüne Frucht ist länglich bis eiähnlich und 5–7,5 cm lang. Ihre Schale ist fest und ledrig.

Passiflora racemosa ist eine der schönsten und attraktivsten Passionsblumenarten. Das ist sicher auch einer der Gründe, warum diese Rankpflanze bereits seit vielen Jahrzehnten auch in Europa in Kultur ist. Ursprünglich war die Art bekannt unter dem Namen *Passiflora princeps*, was „die Fürstliche" oder „die Erste" bedeutet. Sicherlich würde auch dieser Name der Art vollauf gerecht werden. Das Besondere: Beide Namen wurden dieser Passionsblumenart im Jahre 1817 verliehen. *P. racemosa* von dem portugiesischen Botaniker Brotero, und *P. princeps* von dem englischen Gärtner und Botaniker Loddiges. Der jetzt übliche Name hat sich schließlich durchgesetzt, weil er häufiger in wissenschaftlichen Abhandlungen und Berichten verwandt wurde.

In sehr vielen botanischen Gärten und Privatsammlungen ist *Passiflora racemosa* anzutreffen. Kaum einem Passionsblumenliebhaber ist diese Art unbekannt. Auch im Handel sind Pflanzen dieser Art zu finden, obwohl als Zierpflanze bei uns zur Zeit sicher *P. caerulea* und ihre vielen Hybriden die Vorreiterrolle spielen.

Das Besondere und Auffällige an der Art sind ihre dekorativen, traubenförmig angeordneten Blüten. Obwohl bis zu 40 Einzelblüten an einer Traube wachsen

P. racemosa

193

P. racemosa

194

können, sind doch immer nur wenige – oft nur eine einzige – jeweils geöffnet. Doch das macht die Pflanze besonders interessant. So leuchten gewöhnlich vom Frühsommer bis in den Herbst hinein die prächtigen Blüten zwischen dem ledrigen, tiefgrünen Laub. *P. racemosa* benötigt einen hellen, temperierten Raum zum guten Gedeihen. Im Winter genügen ihr Temperaturen um 12° C, kurzfristig auch einmal bis 7° C. Bei zu trockener Luft ist es nicht ausgeschlossen, daß die auch schon ansehnlichen roten Blütenknospen einfach abfallen. Dann wirken die verbleibenden Blüten beziehungsweise Knospen und die kahlen Zweige recht traurig.

In Tanganyika ist von Greenway eine *P. racemosa* gefunden worden, bei der die Blüten einzeln aus den Blattachseln voll entwickelter Blätter wachsen und nicht in Trauben bzw. an langen Ästen mit stark reduzierten Blättern. Nach Killip kann es sich hierbei um eine Hybride handeln; er schließt aber nicht aus, daß die Blüten von *P. racemosa* vielleicht manchmal auch einzeln stehen.

P. racemosa ist Elter so mancher bekannter Kreuzung, doch bislang ist keine bekannt, die ebenso dekorative, traubig angeordnete Blüten ausbildet. Dennoch sind viele der bekannten Hybriden ausgesprochen dekorativ und als besonders schöne Blütenpflanzen vielerorts in Kultur. Hierzu zählen die bekannte *P. x caeruleo-racemosa* (*P. caerulea* x *P. racemosa*) in ihren unterschiedlichen Formen, *P. x loundonii* (*P. racemosa* x *P. kermesina* (?)), *P. x atropurpurea* (*P. racemosa* x *P. kermesina*) und *P. x paxtonii* (*P. racemosa* x *P. alata*). Zudem sind von diesen Hybriden eine Vielzahl von Synonymen im Umlauf. Näheres hierzu in den Kapiteln „Passionsblumenhybriden" und „Liste der bekannten Hybriden".

P. racemosa läßt sich gut aus Samen und durch Stecklinge oder Markottage vermehren; die Hybriden werden sortenecht auf vegetativem Wege vermehrt.

Wegen der besonderen botanischen Beschaffenheit von *Passiflora racemosa* wurde von dem berühmten deutschen Botaniker Harms der Subgenus Calopathanthus geschaffen, dessen einziger Vertreter *P. racemosa* ist.

Passiflora raimondii Killip
Subgenus: Tacsonia

Die Art wurde benannt nach A. Raimondi, dem Begründer des „Herbario Raimondi" an der Universität von Lima.

Sie wurde in Cajamarca, Peru, in einer Höhe von 2.200 Metern gefunden.

Ihr Wuchs ist krautig, sie ist insgesamt unbehaart. Der gerillte Stengel ist viereckig, die Ranken auffallend schlank. Etwa 4 mm lang werden die borstenförmigen Nebenblätter. Sehr schlank sind auch die 1–3 cm langen, drüsenlosen Blattstiele, an denen sich die 3–5 cm langen und 4.5–8 cm breiten, ab unterhalb der Mitte dreigelappten Blätter befinden. Die einzelnen gezähnten Blattlappen sind mehr oder weniger eiförmig und zumeist abgerundet, an ihrer Basis sind sie herzförmig. Die um 5 cm langen schlanken Blütenstiele stehen einzeln; die lanzettlichen Deckblätter haben eine Länge von gut 1 cm, sie laufen spitz zu und sind an ihrer Basis abgerundet. Sie sind zudem winzig gezähnt und stehen direkt an der Blütenbasis. Die Kelchröhre erreicht eine Länge von 3–3,5 cm und hat einen Durchmesser von 7–8 mm.

195

Ihre Blüte erreicht einen Durchmesser um 4,5 cm. Ihre 2 cm langen und mit etwa 3 mm sehr schmalen Kelchblätter sind ganz schwach fadenförmig gekielt. Sehr schmal sind auch die Blütenblätter. Sie werden 1,5 cm lang und 1,5 mm breit. Die Korona besteht nur aus einem schwachen Grat.

Es handelt sich bei dieser Art um eine rare Tacsonie mit ungewöhnlichen Blüten. Sie ist verwandt mit der in Peru bekannteren Art *P. gracilens*. Vermehrt wird sie durch Aussaat und Stecklinge.

Passiflora reflexiflora Cav.
Subgenus: Tacsonioides
Synonyme: *P. reflexa, P. hastata,
P. lorifera*
Gelegentlich wird die Art auch „norvo" genannt.

Der Artname *P. reflexiflora* bedeutet frei übersetzt „Passionsblume mit zurückgebeugter Blüte".

Sie ist heimisch in Ecuador, wo sie überwiegend in den Küstenregionen wächst.

Der Stengel der unbehaarten Pflanze ist rund und gestreift, die jüngeren Triebe können auch leicht eckig sein. Die gut 2 cm lang werdenden Nebenblätter sind nieren- bis halb eiförmig. Sie sind an der Basis abgerundet, ganzrandig oder gezackt. Ihre bis 5 cm langen schlanken Blattstiele sind mit 4–7 gestielten Drüsen oberhalb der Mitte besetzt. An ihnen sitzen die bis 7 cm langen und bis 10 cm breiten, dreilappigen Blätter. Der mittlere Lappen der an der Basis herzförmigen Blätter ist gewöhnlich doppelt so lang wie die beiden äußeren. Ihr Rand ist glatt oder gezackt. Die Blütenstiele erreichen eine Länge von 4–11 cm, sie stehen einzeln oder paarig. Die eiförmigen Deck-

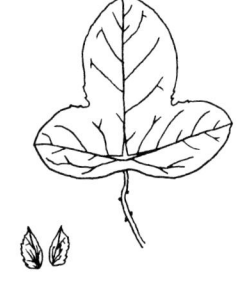

P. reflexiflora

blätter werden bis etwa 2 cm lang und 1,5 cm breit. Auffällig sind die purpurroten Blüten mit einem Durchmesser von 5–7 cm, die unbehaarte, nahezu zylindrische Kelchröhre wird 2–3 cm lang. Ihre zurückgebeugten, bis 4 cm langen Kelchblätter haben eine länglich-lanzettliche Form. Sie tragen an ihrer Spitze ein winziges Hörnchen und sind innen purpurrot, außen grün. Wenig kürzer sind die Blütenblätter. Die lilafarbene Korona besteht aus 2, 3 oder 4 Reihen mit Fäden bis zu 2 mm Länge. An ihrer Basis sind die Fäden hellgrün.

Die runden bis eiförmigen Früchte erreichen eine Größe um 6 cm.

P. reflexiflora wurde schon im Jahre 1799 beschrieben. Obgleich sie schon lange zu den „bekannten" Arten gehört, ist sie trotz ihrer ausgeprägten Schönheit keine häufig anzutreffende Art. Auffällig ist die Blüte außer durch ihre prächtige Färbung auch wegen ihres langen, aus der Kelchröhre herausschauenden Androgynophors. Wer sie kultivieren möchte, muß ihr tropisches Klima bieten können. Vermehrt wird aus Samen und Stecklingen.

Diese Passionsblumenart ist offensichtlich typisch für die Region um Guayaquil in Ecuador. Nach Masters zählt sie zum Subgenus Granadilla (jetzt Passiflora), obwohl sie als typische Vertreterin zuvor von de Candolle dem Subgenus Tacsonioides zugeordnet wurde. Auch den Arten der Subgenera Tacsonia und Pseudomurucuja ähnelt die Art.

Passiflora rotundifolia L.
Subgenus: Plectostemma
Sektion: Decaloba
Die Artbezeichnung „*Passiflora rotundifolia*" bedeutet „Rundblättrige Passionsblume".

Ihre Heimat sind die Kleinen Antillen. Sie ist dichtfilzig und nahezu vollständig von rostbrauner Farbe, der Stiel ist kantig. Ihre fast runden 3–7 cm langen Blätter befinden sich an 1–3 cm langen, drüsenlosen Blattstielen. Manchmal sind sie an der Spitze auch dreilappig mit drei Blattnerven.

Die weißen Blüten stehen gewöhnlich paarig an 1–2 cm kurzen Blütenstielen. Sie erreichen eine Breite von 2,5-3 cm. Der Strahlenkranz besteht aus 2 Reihen, wobei der äußere, weiße 3–4 mm lang wird, der innere, grüne wird nur halb so lang.

Die Früchte haben die Form einer Kugel mit einem Durchmesser bis zu 1 cm.

Typische Merkmale dieser nicht häufig anzutreffenden Art sind ihre nahezu kreisförmigen Blätter und ihre behaarten Fruchtknoten. *P. pohlii* und *P. cuneata* aus dem nördlichen Südamerika sind der Art ähnlich, ebenso *P. pendulifera*, die auf Jamaica heimisch ist.

P. rotundifolia ist in erster Linie bei Sammlern in Kultur, sie benötigt ein Warmhaus, in dem die Temperatur nicht unter 12° C absinken sollte. Vermehrt wird durch Aussaat oder durch Stecklinge.

Passiflora rubra L.
Subgenus: Plectostemma
Sektion: Xerogona
Synonym: *Passiflora cisnana*
Auf Kuba wird diese Art „Pasionaria de cerca" genannt und in Haiti „liane couleuvre". In Jamaica bestehen für sie zwei Namen, „bull hoof" und „Dutchman´s laudanum"; in Peru, speziell in Cuzco, „mazomanchachi".

Der Name *„Passiflora rubra"* bedeutet „rote Passionsblume", was sich auf die Farbe ihrer Frucht bezieht.

Sie stammt von den Westindischen Inseln und ist mittlerweile weit in Südamerika verbreitet bis in Höhen von 1.500 Metern, seltener bis 2.000 Meter.

P. rubra ist wüchsig, sie erreicht eine Größe bis zu 4 m. Ihr Stengel ist drei- bis fünfeckig und dicht grau behaart, selten auch unbehaart. Die borstenartigen Nebenblätter können eine Länge bis 8 mm erreichen. Die zweilappigen Blätter erlangen eine Länge von 4–10 cm. Gelegentlich sind die Blätter auch 3-gelappt, dabei ist der mittlere Lappen jedoch deutlich kürzer als die äußeren. An der Basis sind sie deutlich herzförmig ausgebildet.

Die 5–6 cm großen, blaßgelblichen Blüten befinden sich an einzeln stehenden, 2,5 cm langen Blütenstielen. Ihre Kelchblätter sind an der Außenseite rötlich oder grünlich gefärbt. Die Korona besteht aus 1 oder 2 Reihen, die äußere, zungenförmige ist 5–10 mm lang, violett

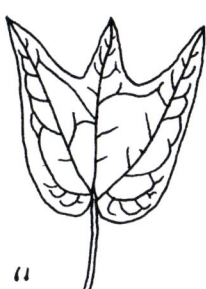

P. rubra

Frucht von P. rubra

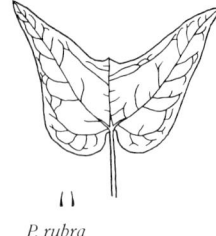

P. rubra

bis lavendelfarbig von der Mitte bis zur Basis, der obere Teil weiß bis gelblich. Ist ein weiterer Strahlenkranz vorhanden, so sind die einzelnen Fäden nur sehr kurz. Die eiförmige oder verkehrt eiförmige rötliche Frucht erreicht eine Länge von 2–2,5 cm, manchmal auch doppelt so groß.

Passiflora rubra ist eine ansehnliche Art, die recht gut im Wintergarten bzw. in einem Gewächshaus gehalten werden kann. Sie blüht während des Sommers ziemlich sicher und setzt auch ihre typischen roten Früchte an. Ebenso kann eine Freilandkultur versucht werden, im Winter muß die Pflanze jedoch soweit abgedeckt werden, daß der Boden nicht durchfriert.

P. rubra und *P. capsularis* sind sich sehr ähnlich und können leicht verwechselt werden. Ohne vorhandene Blüten oder Früchte ist eine sichere Unterscheidung kaum möglich. So sind die einzelnen Härchen der Korona bei *P. capsularis* schlanker als diejenigen von *P. rubra*. Zudem sind die Früchte von *P. capsularis* stärker gestreckt und verjüngen sich an beiden Enden, die Früchte von *P. rubra* sind unterschiedlich in ihrer Länge und Breite.

Die Art läßt sich einfach vermehren aus Saat und durch Stecklinge.

Passiflora sanctae-barbarae
Holm-Nielsen & Jorgensen
Subgenus: Tacsonia

Der Name dieser Art bezieht sich auf den Fundort Santa Barbara der 1987 beschriebenen Pflanze.

Sie stammt aus Kolumbien, wo sie in Höhenlagen zwischen 2.200 und 2.700 Metern gefunden wurde.

P. sanctae-barbarae ist flaumig behaart und hat einen runden Stengel, der unterhalb der Nebenblätter gestreift ist. Ihre spitzzulaufend-eiförmigen Nebenblätter erreichen eine Länge bis etwa 1,7 cm und eine Breite bis 1,3 cm. Ihr Rand ist drüsig-geschlitzt. An den 3–4,5 cm langen Blattstielen befinden sich 6–8 nahezu aufsitzende Drüsen, verteilt über die ganze Stiellänge. Die Blätter bestehen aus 3 lanzettlichen, spitzen Einzelblättern, deren Rand leicht gesägt ist. Das mittlere Blatt erreicht eine Länge bis 13,5 cm und eine Breite bis 3,2 cm, die äußeren sind nur wenig kleiner. Ihre 6–13 cm langen, hängenden Blütenstiele stehen einzeln oder in Paaren. Die lanzettlichen, spitz zulaufenden grünen Deckblätter erreichen eine Länge bis 6,5 cm und eine Breite bis 2,5 cm. Sie sind etwa ab 1 cm oberhalb der Basis zusammengewachsen und an ihrem Rand winzig gezähnt sowie flaumig behaart, ihre Nervatur erscheint in einem hellen Braun. In die Hochblätter eingeschlossen ist der untere Teil der etwa 8 cm langen, zylindrischen, rosafarbenen Kelchröhre. Oberhalb der Basis weist sie einen Durchmesser um 1,5 cm auf, der sich auf 2 cm erweitert.

Einen Durchmesser bis 12 cm erreichen die rosafarbenen Blüten. Ihre rosafarbenen Kelchblätter haben eine Länge von 5–6 cm und eine Breite um 3 cm, sie sind leicht gekielt, ihre grannenartige Ausstülpung mißt 2–4 mm. In Größe und Farbe entsprechen die Blütenblätter den Kelchblättern.

Die einreihige dunkelpurpurne Korona ist reduziert zu einem winzigen gezähnten Ring von weniger als 1 mm Höhe.

Noch ist diese Art sehr selten, doch ihre ansprechenden großen Blüten mögen

P. sanguinolenta

für eine größere Verbreitung dieser Tacsonie sorgen. Sie ist eng verwandt mit *P. trifoliata*, doch hat letztere keine zusammengewachsenen Deckblätter und eine abweichend gestaltete Korona.

Passiflora sanguinolenta Mast.
Subgenus: Psilanthus
Synonym: *Passiflora mastersiana*

Passiflora sanguinolenta bedeutet „blutrote Passionsblume".

Die Art wächst wild in den Bergen von Ecuador in Höhen zwischen 2.000 und 2.600 Metern.

Sie ist insgesamt dicht rauhhaarig, ihr Stengel ist kantig, und die 3–5 mm langen Nebenblätter sind borstenförmig. Mit Drüsen sind die bis 1,5 cm langen Blattstiele nicht ausgestattet; ihre langen dünnen Blätter sind mondförmig-zweilappig, an der Basis auch herzförmig und erreichen eine Länge bis 2,5 cm und eine Breite bis 9 cm.

Die mattroten oder tief bläulichroten Blüten werden 4–5 cm groß, sie wachsen an den schlanken, bis 5 cm langen Blütenstielen. Deckblätter sind entweder gar nicht vorhanden, oder sie fallen schon bald ab. Die länglichen, rosaroten Kelchblätter erreichen eine Länge von 1,5–2 cm, während die gleichfarbigen Blütenblätter etwas schmaler und kürzer sind. Der Strahlenkranz besteht aus 2 Reihen. Eine Reihe beginnt am Kelch, die Fäden haben eine Länge von 4–5 mm, weiß an der Spitze, rotviolett zum Ende hin. Die andere Reihe hat sehr schlanke, bis 2 mm lange Fäden.

Die 3 cm lange und 1 cm breite Frucht ist eiförmig, im Reifezustand rötlichbraun. Die „blutrote" Passionsblume ist eine dankbare, vergleichsweise einfach zu kultivierende Art, die zudem vom Sommer bis in den Herbst hinein ansehnliche Blüten hervorbringt. Oft verblühen sie erst nach 2 Blüten. Wegen ihrer Anspruchslosigkeit ist sie sowohl zur Kultur im Wintergarten, Gewächshaus

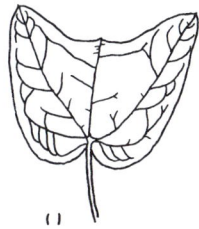

P. sanguinolenta

199

P. sanguinolenta

oder während des Sommers auch im Garten geeignet als auch – zumindest zeitweise – als Zimmerpflanze. Im Winter verträgt sie kurzfristig sogar einmal Temperaturen nur wenig über dem Gefrierpunkt, dennoch sollte sie möglichst über 7° C gehalten werden. Sie gehört zu den

P. seemannii, eng verwandt mit P. serratodigitata

bekannteren Arten, die zu kultivieren sich unbedingt lohnt. Vermehrt werden kann sie ohne Schwierigkeiten aus Samen oder mittels Stecklingen.

Die Zuordnung dieser Art in den Subgenus Psilanthus war umstritten. Killip sah in der Art manche Merkmale – so die Blattform und die fehlenden Deckblätter –, die denen von *P. rubra* aus der Untergattung Plectostemma sehr ähnlich waren. Andererseits entsprachen Teile der Blüte nicht den Merkmalen, die eine Zuordnung zu Plectostemma rechtfertigten. So wird diese Art auch heute noch zur Untergattung Psilanthus gerechnet.

Passiflora seemannii Griseb.
Subgenus: Passiflora
Synonyme: *P. incana, P. orbifolia*

Der deutsche Botaniker Grisebach benannte im Jahre 1858 diese Passionsblumenart nach dem deutsch-englischen Botaniker und Pflanzensammler Seemann.

Sie wurde wild wachsend gefunden in Mexiko, Nicaragua, Panama und Kolumbien, mittlerweile ist sie auf Jamaica eingebürgert. Sie ist insgesamt kahl, ihr Stiel ist rund und gestreift, gewöhnlich bläulich. Die gut 1 cm langen Nebenblätter sind strichförmig. An den 3–7 cm langen Blattstielen befinden sich an der Spitze aufsitzend 2 etwa 1 mm große Nektardrüsen, gelegentlich auch ein zweites Paar nahe der Mitte. Die herz- bis eiförmigen dünnen Blätter haben eine Länge von 6–9 cm und eine Breite von 5–6 cm; ältere Blätter werden auch bis gut 13 cm lang. Gewöhnlich sind sie drei-, seltener zweigelappt und schwach gezähnt oder ganzrandig. Sie sind entweder spitz zulaufend oder auch abge-

rundet und an ihrer Basis deutlich herzförmig. Dort überlappen sich die mehr-
lappigen Blätter. Die bis 10 cm langen
Blütenstiele stehen einzeln, die Deckblätter sind weiß und purpurngefleckt.
Sie haben eine Länge bis zu 4 cm und
sind auf einem Drittel oder der Hälfte ihrer Länge zusammengewachsen. Die einzelnen Blattsegmente sind deutlich lanzettlich geformt und spitz zulaufend.

Die blauen und weißen duftenden
Blüten werden 8–10 cm breit. Ihre eiförmig-lanzettlichen Kelchblätter erreichen
eine Länge bis zu 4 cm und haben eine
weiße und ins Purpurne und Violette gehende Färbung. Die etwa gleichgroßen
Blütenblätter sind purpurn gefärbt. Die
violette oder purpurn und weiß gebänderte Korona besteht aus 2 Reihen, wovon die äußere eine Länge um 1 cm erreicht, die innere aufrecht stehende
2–2,5 cm. Im Inneren stehen weitere
kleine Höcker in nicht definierbaren Reihen. Das sind zweifellos Rudimente einer
weiteren Strahlenkranzreihe.

Die eiförmige Frucht dieser Passionsblumenart hat ausgewachsen eine Länge
von etwa 4,5 cm und eine Breite von
2,5–3,5 cm. Das Fruchtfleisch ist sehr
schmackhaft.

Diese in Mittelamerika – vornehmlich
in Panama in geringen Höhen – verbreitete Art wird in Europa gelegentlich in
privaten Sammlungen und von Pflanzenliebhabern kultiviert. Sie sollte in einem
beheizten Gewächshaus oder Wintergarten bei Tiefsttemperaturen nicht unter
10° C kultiviert werden. Wie in Nord-
deutschland zu erkennen war, übersteht
sie jedoch auch Temperaturen nur wenig
über dem Gefrierpunkt. Vermehrt wird
die Art ohne Schwierigkeiten aus Samen
oder Stecklingen.

Passiflora serratifolia L.

Subgenus: Passiflora
Synonym: *Passiflora denticulata*
In Zentralamerika ist diese Art auch
unter den Bezeichnungen „amapola"
und „granadilla del monte" bekannt,
in Mexiko (Tabasco) als „injito
amarillo".

*P. serratifolia, die Blüte
duftet nach Vanille*

Die Artbezeichnung „*Passiflora serratifolia*" bedeutet „Passionsblume mit gesägten Blättern".

Sie wurde wild wachsend gefunden in
Mexiko, Guatemala, Belize, Honduras
und Costa Rica.

Der Stengel dieser bis 4 m hoch wachsenden Art ist gewöhnlich rund und
kurzborstig. Die Nebenblätter erreichen
eine Länge von 7 mm. Die am Rande
leicht gesägten, 8–12 cm langen und 4–7
cm breiten Blätter sind länglich-eiförmig. Sie sind recht dünn oder auch leicht
ledrig und sitzen an 5–12 cm langen
Blattstielen, die ausgestattet sind mit 6
keulenförmigen, etwa 1 mm großen Drüsen. Einzeln stehen die 5–7 cm langen
Blütenstiele. Die grünen Deckblätter erreichen eine Länge von 2–3 cm, ihre
Breite mißt etwa die Hälfte.

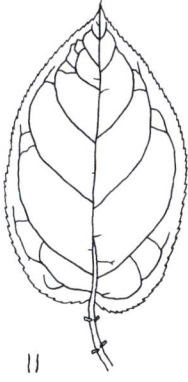

P. serratifolia

201

P. serratodigitata

der Spitze weiß gefärbt. Die folgenden 3–4 Reihen sind 1–2 mm lang und purpurn und weiß gebändert, die inneren sind 8–10 mm lang.

Die kahle, zitronengelbe, eßbare Frucht ist eiförmig oder rundlich, 5–9 cm lang und 3,5–5 cm breit.

Diese Passionsblumenart ist in Europa schon seit über 200 Jahren bekannt. Sie hat in vielerlei Garten- und Pflanzenliteratur Eingang gefunden. Ihre Beliebtheit ist auf ihren ansehnlichen Wuchs und ihre recht ungewöhnlichen und angenehm duftenden Blüten zurückzuführen, die zudem sporadisch vom Frühjahr bis in den Herbst hinein erblühen.

Im „Amoenitates" wurde im Jahre 1745 bereits von dieser Passionsblumenart als der *Passiflora* Nr. 1 berichtet. Auch im 1753 erschienenen Werk „Species plantarum" von Linné wurde über sie berichtet.

Am besten gedeiht *P. serratifolia* in einem hellen Warmhaus. Doch im Winter verträgt sie auch 10° C, kurzfristig sogar auch noch darunter. Dennoch: Besonders vorteilhaft ist für sie ein ganzjährig beheiztes Haus, zum Beispiel ein bewohnter Wintergarten. Allerdings sollte die Luft nicht zu trocken sein. Die recht großen Früchte, die nach Fremdbestäubung heranwachsen, sind süß und von sehr angenehmem Geschmack. Sie sind auch der Grund dafür, daß diese Art in Zentral- und Südamerika häufig angebaut wird. Die Vermehrung erfolgt durch Aussaat und durch Stecklinge.

Einen Durchmesser von 4–6 cm haben die ansehnlichen, duftenden, purpurvioletten Blüten, die in erster Linie durch ihre Korona so ansprechend wirken. Ihre schwertförmigen, 2,5–3 cm langen Kelchblätter sind innen purpurn und außen weiß, die purpurvioletten Blütenblätter erreichen eine Länge von 1,5–2 cm. Der Strahlenkranz besteht aus mehreren Reihen. Der äußere, fadenförmige wird 2,5–3,5 cm lang. Er ist im unteren und mittleren Bereich violettpurpurn, an

Passiflora serratodigitata L.
Subgenus: Granadilla
Synonyme: *Passiflora cearensis*,
P. digitata, *P. palmata*, *P. serrata*
Lokal wird die Art in Guyana und

Guadeloupe „pomme d`agouti", in Puerto Rico „tagua-tagua", in Brasilien „maracuja pedra" und „maracuja de cobra" und in Peru „ccoto-gguantte" genannt.

Der Artname bedeutet „gesägt-gefingerte Passionsblume".

Ihre Heimat sind die tropischen Gebiete Mittel- und Südamerikas sowie die Dominikanische Republik, Martinique und Trinidad.

Mit Ausnahme der Deckblätter ist die Pflanze insgesamt kahl, ihr Stengel rund. Der bis zu 10 cm lange Blattstiel hat an seinem Anfang und an seiner Mitte je ein keulen- oder zungenförmiges Drüsenpaar, dessen Länge beträgt 1–3 mm. Die hand- bzw. palmenförmigen, fünf- bis siebenlappigen Blätter sind insgesamt herzförmig und bis zu 15 cm lang und 18 cm breit. Am Rande sind sie leicht gesägt. Zur Hälfte sind die zart behaarten, bis 5 cm langen Deckblätter miteinander verwachsen.

Die Blüten werden 6–8 cm groß und sitzen auf der bis 2 cm langen, außen grünweißen oder rosafarbenen Kelchröhre. Die etwa 3,5 cm langen Kelchblätter sind außen grünlichweiß gefärbt und innen blau getönt, die rosa-blauen Blütenblätter sind wenig kürzer.

Der Strahlenkranz besteht aus mehreren Reihen, von denen die beiden äußeren besetzt sind mit strahlenartig angeordneten Fäden. Sie sind im unteren Bereich blau oder lila und weiß gebändert, im oberen Bereich tiefblau oder blaßblau. Die äußeren Fäden der Korona haben eine Länge von 1–1,5 cm, die inneren 2–2,5 cm. Der weitere innere Teil des Strahlenkranzes ist reduziert zu warzenartigen kleinen Knötchen von tiefrosa Farbe. Es bestehen davon 15 oder mehr unregelmäßige und unterbrochene Reihen.

Die spröde, 4–5 cm große Frucht hat weißes Fruchtfleisch und ist von angenehmem Geschmack. Von der Bevölkerung in den Anbauländern wird sie als Obst und zur Getränkezubereitung verwandt.

Diese Passionsblumenart hat prächtige Blüten und stellt eine besondere Zier im Warmhaus dar. Im Winter ist ein heller Standort erforderlich, gegebenenfalls mit Zusatzbelichtung.

Die Art kann insbesondere an ihren auffälligen Blättern identifiziert werden, aber auch an Hand der Blüten ist sie von ähnlichen Arten zu unterscheiden. Vermehrt wird durch Aussaat der mit 6–7 mm recht großen Samen oder durch Stecklinge.

Passiflora serrulata Jacq.
Subgenus: Passiflora
Synonyme: *Passiflora nitens, P. velata*

Der Artname *Passiflora serrulata* bedeutet „fein gesägte Passionsblume", womit allerdings der Rand der Blätter gemeint ist.

Sie wächst wild auf Trinidad und Tobago, in Venezuela und in Kolumbien. Ihr Stengel ist zylindrisch, derjenige jüngerer Pflanzenteile auch eckig und unbehaart. Die 3–6 mm langen Nebenblätter sind sehr schmal und ledrig, an der oberen Hälfte gezähnt. In der Mitte der 1–3 cm langen Blattstiele befinden sich 2 aufsitzende Drüsen. Zuweilen befindet sich oberhalb der Blattstielmitte ein weiteres Drüsenpaar. Die Blätter sind von unterschiedlicher Form, oft eiförmig dreigelappt und 6–12 cm lang sowie 5–11 cm breit. Der Mittellappen ist gewöhnlich

P. serrulata

Kelchblätter werden bis 2 cm lang, die ebenfalls weißen, etwas kürzeren Blütenblätter sind ebenfalls weiß. Die Korona besteht aus mehreren Reihen, die beiden äußeren haben eine Länge von 11,5–2 cm. Sie sind an ihrer Basis weiß und darüber purpurn gebändert. Die folgenden Reihen bestehen nur aus winzigen Knötchen.

Die runden, gelblichen Früchte dieser Art haben einen Durchmesser um 2,5 cm und besitzen eine ledrige Schale.

Diese Passionsblumenart ist zwar nur selten in Kultur, jedoch sind ihre weißen, duftenden Blüten ansehnlich. In einem beheizten Gewächshaus bzw. Wintergarten läßt sich *P. serrulata* kultivieren. Vermehrt wird sie durch Aussaat und durch Stecklinge.

Die beiden Synonyme dieser Art unterscheiden sich nur hinsichtlich der Unterseiten ihrer Blätter.

Passiflora sexflora Juss.
Subgenus: Plectostemma
Sektion: Decaloba
Synonyme: *Passiflora capsularis* var. *geminiflora, P. floribunda, P. geminiflora, P. isotriloba, P. miraflorensis, P. pannosa, P. triflora*
In Mexiko und Guatemala wird diese Art auch „granada" genannt, auf Kuba „pasionaria de cerca".

Passiflora sexflora ist die „sechsblütige" Passionsblume.

Sie wächst wild auf den Westindischen Inseln in Höhenlagen um 2.000 Meter sowie in Florida, Mexiko, Guatemala, Costa Rica, Panama und Kolumbien und erreicht dort eine Höhe um 6 m; ihr dicht rauhbehaarter Stengel ist leicht kantig. Die länglichen Nebenblätter erreichen

2–3mal länger als die Außenlappen. Sie sind dünn oder ledrig und am Rande fein gezähnt, oberseits oder auch ganz unbehaart oder weichbehaart oder unterseits weißfilzig. Die Blütenstiele sind 2–3 cm lang, die verkehrt eiförmigen Deckblätter haben eine Länge von 2–5 cm und eine Breite von 1,5-3 cm. Sie sind am Rande dicht filzig, im unteren Bereich zuweilen über 4–5 mm zusammengewachsen.

Die duftenden Blüten haben eine Breite von 5-6 cm. Ihre lanzettlichen weißen

eine Länge von 5 mm. Auch die 2,5–3 cm langen, drüsenlosen Blattstiele sind rauhbehaart. Ihre drei-, manchmal auch zweilappigen Blätter weisen entlang ihres Mittelnervs eine Länge von 3–8 cm auf, entlang ihrer Außennerven 5–12 cm bei einer Breite von 5–11 cm. An der Basis sind die dünnen oder auch leicht ledrigen Blätter rund oder seltener leicht herzförmig. Die Blütenstiele sind paarig angeordnet und tragen 2–10 Blüten, selten nur eine Blüte.

Die purpurfarbenen und weißen Einzelblüten haben eine Größe von 1,5–3 cm. Ihre lanzettlichen, grünlichweißen Kelchblätter werden bis 1,5 cm lang, die weißen Blütenblätter bis 1 cm. Die Korona besteht aus 2 Reihen, die äußere, im unteren Bereich purpurfarbene und oben weiße ist so lang wie die Blütenblätter, die innere halb so lang wie die äußere und insgesamt purpurfarbig. Die Frucht ist rund oder etwas abgeflacht, dicht behaart und erreicht einen Durchmesser bis zu 1 cm.

Diese Passionsblumenart hat ihren ganz besonderen Charme. Das liegt sicher auch an ihren schönen, wenn auch auffallend kleinen Blüten, die in Büscheln bis zu 10 Stück erscheinen. Bei uns ist sie weniger bekannt, wohl aber in Zentralamerika und in der Karibik. Sie ist wärmeliebend, verträgt aber dennoch im Winter etwas niedrigere Temperaturen. Sie gedeiht jedoch am besten in einem Warmhaus oder einem entsprechenden Wintergarten.

Ohne Blüten oder Früchte kann sie leicht verwechselt werden mit den Arten *P. capsularis* und *P. rubra*. Der mittlere Blattlappen ist bei *P. sexflora* gewöhnlich jedoch stärker entwickelt als bei den anderen beiden Arten.

Vermehrt wird problemlos durch Aussaat oder durch Stecklinge.

Passiflora spectabilis Killip
Subgenus: Passiflora

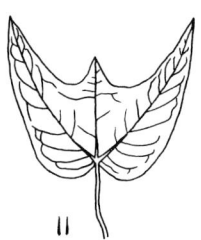

P. sexflora

Passiflora spectabilis bedeutet „prächtige" Passionsblume.

Sie wurde wild wachsend erst Ende der zwanziger Jahre dieses Jahrhunderts im Amazonasbecken des nordöstlichen Perus in Höhenlagen um 1.600 Meter gefunden.

Sie ist in ihrer Gesamtheit unbehaart, der Stengel rund, jüngere Teile auch leicht kantig. Die halb-eiförmigen Nebenblätter erreichen eine Länge von 2–6 cm und bis zu 4 cm Breite. Die 3–8 cm langen Blattstiele tragen 2 oder drei 1,5 mm kleine, eiförmige Drüsen. An ihnen befinden sich die 6–12 cm langen und 10–20 cm breiten dreilappigen Blätter. Sie sind fünfnervig und von leicht ledriger Struktur.

An den einzeln stehenden, 3–6 cm langen Blütenstielen befinden sich die blaßrosa-weißen und blauen Blüten. Sie haben einen Durchmesser bis zu 7 cm. Die eiförmigen, grünen Deckblätter erreichen eine Länge von 6–7 mm und eine Breite von 2–3 mm. Sie entstehen 6–12 mm entfernt von der Blüte, manchmal aber auch direkt an der Blütenbasis. Ihre fleischigen, 4 cm langen Kelchblätter sind außen grün und innen hellrosa oder weiß, sie tragen eine kleine, grannenartige Ausstülpung, das Horn. Etwas kürzer und schlanker sind die hellrosa oder weißen Blütenblätter.

Die Korona besteht aus 4 Reihen mit sehr dünnen Fäden. Die beiden äußeren sind etwa 2,5 cm lang und blau mit weißen Spitzen, die beiden inneren, weißfarbigen haben eine Länge von

205

2–2,5 mm und sind an der Spitze zwei-
gespalten. Die runde Frucht hat eine
Größe von 5 cm, sie ist im Reifezustand
rotviolett und eßbar.

Passiflora spectabilis ist wegen ihrer
rosa und blauen Blüten eine besonders
interessante und schöne Art zur Kultur
im Warmhaus oder entsprechendem
Wintergarten, wo sie Temperaturen unter 10° C nicht ausgesetzt wird. Sie ist leider nur gelegentlich in botanischen Gärten oder bei Privatsammlern zu finden,
doch wer die Gelegenheit dazu hat, sollte sich Vermehrungsmaterial beschaffen.
Denn neben den ansprechenden Blüten
produziert die Pflanze sehr schmackhafte Früchte. Die Vermehrung erfolgt
durch Aussaat und durch Stecklinge.

P. spectabilis ist verwandt mit der aus
Bolivien stammenden Art *P. rubrotincta*
und *P. garckei* aus Guyana. Eine Ver-
wechslung ist möglich, doch hat *P. spectabilis* breitere Blätter als *P. rubrotincta*
und kürzere grannenartige Ausstülpungen an den Kelchblättern und kleinere
Blattstieldrüsen.

Passiflora stipulata Aubl.
Subgenus: Passiflora
Synonym: *Passiflora glauca* Dryand.

Der Name *Passiflora stipulata* bedeutet
„Passionsblume mit Nebenblättern".

Sie wurde wild gefunden auf den
Westindischen Inseln und in Guyana und
wird dort 5 Meter groß. Insgesamt ist sie
unbehaart, ihr Stengel ist rund. Die halb
eiförmigen Nebenblätter erreichen eine
Länge von 1–3 cm und eine Breite von
0,5–1 cm. An den bis zu 5 cm langen
Blattstielen befinden sich 2–5 winzige
aufsitzende Nektardrüsen. Ihre dreigelappten fünfnervigen Blätter sind deut-

lich eiförmig und besitzen Drüsen in
ihrem herzförmigen unteren Bereich.
Sie erreichen eine Länge von 8 cm und
eine Breite von 10 cm.

Die Blütenstiele sind 2–5 cm lang. An
ihnen befinden sich duftende, bis 5–6 cm
breite weiße und violette Blüten. Ihre bis
3 cm langen Kelchblätter sind außen
grün, die gleichgroßen Blütenblätter
sind weiß gefärbt. Die Korona besteht
aus mehreren Reihen. Die beiden äußeren haben die gleiche Länge wie die Blütenblätter und sind weiß, violett an der
Basis. Die anderen Reihen der Korona
sind deutlich kürzer. Sie stehen aufrecht
und haben nur eine Länge von 2–3 mm.

Passiflora stipulata ist in den warmen
Regionen Amerikas ein beliebter Garten-
kletterer, der im Sommer reich blüht.
Auch im Mittelmeerraum und in manchen botanischen Gärten wächst diese
schöne Art.

Wer sie selbst kultivieren möchte,
benötigt dafür einen sehr hellen Platz, an
dem im Winter die tiefsten Temperaturen
nicht unter 7° C fallen sollten. Die Vermehrung erfolgt aus Samen und durch
Stecklinge.

Passiflora glauca, eine auch aus Guyana stammende Art, wurde in „Hortus Kewensis" ausführlicher beschrieben, als
dieses Aublet mit *Passiflora stipulata* zuvor tat. Es bestand jedoch kein Zweifel
daran, daß es sich um identische Arten
handelte. Dennoch wurde *P. stipulata* eine Zeitlang als Synonym für *P. glauca* angesehen ("Botanical Register" von 1815).

Passiflora suberosa L.
Subgenus: Plectostemma
Sektion: Cieca
Synonyme: *Passiflora angustifolia*,
P. calliaquatica, *P. flexuosa*, *P. glabra*,
P. globosa, *P. hederacea*, *P. hederae-*

folia, P. heterophylla Dryand.,
P. hirsuta, P. kohautiana, P. limbata,
P. lineariloba, P. litoralis, P. longifolia,
P. minima, P. nigra, P. olivaeformis,
P. oliviformis, P. pallida, P. parviflora,
P. peltata, P. pseudo-suberosa,
P. puberula, P. tridactylites, P. villosa
MacFadyen, *P. viridis, P. warei*
Auf Kuba hat diese variable Art verschiedene Namen. So wird sie dort „meloncillo", „pintero" und „huevo de gallo" genannt; in Peru „noxbe cimarron".

Der Artname „*Passiflora suberosa*" bedeutet „Passionsblume mit korkiger Rinde".

Die Art wurde in vielen Teilen Zentral- und Südamerikas, auf den Westindischen Inseln und auf Hawaii wildwachsend gefunden. Auch im Bereich der ostasiatischen Inseln wie Neuguinea, Neukaledonien, den Fidschiinseln und auf Samoa ist sie anzutreffen.

P. suberosa ist kahl oder auch dicht behaart, der untere Teil des Stammes bildet eine korkige Rinde. Ihre Nebenblätter sind länglich-pfriemenähnlich und 6-8 mm lang. Die Blattstiele sind 0,5–4 cm lang und tragen 2 kleine Drüsen. Ihr Durchmesser liegt gewöhnlich unter 1/2 mm, sie sind gestielt, selten sind sie größer. Die Form der dünnen oder leicht ledrigen Blätter ist höchst variabel, von ungelappt bis tief dreilappig.

An schlanken, bis 1 cm langen Blütenstielen hängen einzeln oder paarig blaß grüngelbe Blüten mit einem Durchmesser von 0,8–3 cm. Ihre borstenförmigen winzigen Deckblätter fallen schon bald ab. Von grünlichgelber Farbe sind die lanzettlichen Kelchblätter; Blütenblätter sind nicht vorhanden. Die Korona besteht aus 2 Reihen, die äußere weiße

P. suberosa

ist an der Spitze gelb und an der Basis purpurn, die innere köpfchenförmig.

Die Frucht ist rund oder eiähnlich, dunkelpurpurn oder auch schwarz und hat eine Größe von etwa 1 cm.

Diese interessante Art hat eine große Menge von Synonymen. Das hat verschiedene Ursachen. So ist das Gebiet des natürlichen Vorkommens dieser Art sehr groß, viele unterschiedliche Formen sind bekannt. Sie unterscheiden sich unter anderem in der Form der Blätter, in der Ausfärbung und in der Größe ihrer Blüten und im Grad der Behaarung. Sogar an einer Pflanze können unterschiedliche Merkmale auftreten wie ungelappte Blätter und tief eingeschnittene dreilappige. Von den Galapagosinseln wurden zwei „Arten" (*P. lineariloba,* *P. tridactylites*) beschrieben, die eine besondere Blattform aufwiesen.

P. suberosa

Wegen der großen Unterschiede im äußeren Erscheinungsbild (Phaenotypus) dieser Art nahmen viele Forscher und Botaniker an, jeweils auf neue Arten gestoßen zu sein, beschrieben sie und gaben ihnen, als vermeintliche Erstbenenner, eigene Namen. Doch mittler-

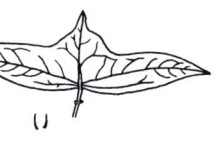

P. suberosa

207

weile hat sich herausgestellt, daß es sich dabei um eine äußerst variable Passionsblumenart handelte.

Passiflora suberosa zählt sicher nicht zu den attraktivsten Passionsblumen, wohl aber zu den interessanten. Ihr Blattwerk und der korkige Stengel, besonders an älteren Exemplaren, ist ansehnlich. Die Pflanze läßt sich im Gewächshaus oder Wintergarten oder auch im Topf gut kultivieren. Im Winter verträgt sie auch recht niedrige Temperaturen, doch sollte man sie nicht dem Frost aussetzen.

Die Vermehrung gelingt einfach durch Aussaat und durch Stecklinge.

P. subpeltata

Passiflora subpeltata Ortega
Subgenus: Passiflora
Synonyme: *Passiflora adenophylla,
P. alba, P. atomaria, P. stipulata,
P. stipulata* var. *atomaria*
In Mexiko wird diese Art auch „granadina" und „granada de zorra" genannt.

Übersetzt bedeutet *Passiflora subpeltata* „fast schildförmige Passionsblume".

P. subpeltata

Diese Art ist wild gefunden worden in Mexiko, Guatemala, Panama, Venezuela und Kolumbien sowie auf Kuba und in Haiti.

Sie erreicht in ihrer Heimat eine Größe um 3 m und hat einen schlanken Habitus, sie ist insgesamt kahl. Ihr Stengel ist rund und gestreift. Die länglichen Nebenblätter werden 1–4 cm lang und halb so breit. An den 4–6 cm langen, schlanken Blattstielen sitzen 2–4 winzige, zungenförmige Drüsen; die bis zu 9 cm langen und 12 cm breiten, drüsigen Blätter sind ab oder ab unterhalb der Mitte dreigelappt.

An den 4–6 cm langen Blütenstielen befinden sich die reinweißen, 4–5 cm breiten Blüten. Außen grün und innen weiß sind ihre bis 2 cm langen Kelchblätter. An ihren Spitzen befinden sich jeweils ein 1 cm langes und bis 2 mm dickes kielartiges grünes Hörnchen. Etwas kürzer als die Kelchblätter sind die weißen Blütenblätter. Die weiße Korona besteht aus 5 Reihen, wovon die beiden äußeren 2 cm Länge erreichen, die nächsten beiden 2 mm und die innerste, aufrecht stehende 4 mm.

Die eiähnliche oder fast runde, auch leicht sechskantige gelbliche Frucht wird 4–6 cm lang.

P. subpeltata ist eine sehr dekorative Art, die in vielen Teilen der Welt wegen ihrer schönen, reinweißen Blüten als Zierpflanze bekannt und beliebt ist. Sie ist zudem auch gut in einem warmen Wintergarten oder Gewächshaus kultivierbar. Weil sie auch in nicht großvolumigen Töpfen gedeiht und mit Zimmerluft zurechtkommt, ist sie auch als Zimmerpflanze geeignet. Hier muß ihr jedoch ein sehr heller Platz gegeben werden. Die winterlichen Niedrigsttemperaturen sollten nicht unter 13° C abfallen. Vermehrt wird die Art durch Aussaat oder durch Stecklinge.

Dieser Art sehr ähnlich sind *Passiflora aristulata* und *P. eichleriana*. Viele dieser Exemplare wurden als *P. alba*, (in Großbritannien auch *P.* 'St. Rule') beschrieben, bei der es sich wiederum nach neuester Nomenklatur um *P. subpeltata* handelt. Die "wahre" *P. eichleriana* hat größere Blüten als *P. subpeltata*. Die Kelch- und Blütenblätter von *P. atomaria* sind auf ihrer Innenseite purpurn gepunktet, daher wurde sie als eigene Art aufgeführt. Inzwischen ist man jedoch der Ansicht, hierbei handele es sich nur um eine Farbvariante von *P. subpeltata*, weil ansonsten sämtliche Merkmale letzterer entsprechen.

Passiflora tarapotina Harms
Subgenus: Tacsonioides

Die Heimat dieser Art ist Peru. Der unbehaarte Stiel dieser Passionsblume ist fast rund. Die Blätter sitzen an 2,5–4 cm langen Blattstielen, welche ungefähr in der Mitte zwei sehr kleine Nektardrüsen aufweisen. Sie besitzen zwei halb-eiförmige Nebenblätter, die an ihrer Basis abgerundet sind. Die dreigelappten fünfnervigen Blätter erreichen eine Länge von 6–8 cm und eine Breite von 9–10 cm. Sie sind leicht ledrig.

Die rosa-lilafarbenen Blüten sitzen an 10–16 cm langen Blütenstielen an der 2–2,5 cm langen Kelchröhre. Die Korona besteht aus 3 oder 4 Reihen, die kaum 1 mm lang sind.

Diese selten in Kultur anzutreffende Art zeichnet sich insbesondere aus durch ihren kräftigen Wuchs und ihre großen, ansehnlichen Blüten. Die Blätter und die Nebenblätter ähneln sehr stark denjenigen der Arten *P. aristulata*, *P. subulata*

P. 'St. Rule'

und *P. subpeltata*, sie unterscheidet sich allerdings in ihrer großen Blüte mit einer entwickelten zylinderförmigen Kelchröhre. Vermehrt wird durch Aussaat und Stecklinge.

Passiflora tiliaefolia L.
Subgenus: Passiflora
In Kolumbien wird diese Art auch „machimbi" genannt.

Passiflora tiliaefolia bedeutet die „lindenblättrige Passionsblume".

Sie wurde wild wachsend in Kolumbien und in Peru gefunden, ist insgesamt unbehaart und hat einen runden Stengel. Ihre lanzettlichen grünen Nebenblätter werden 1–2 cm lang und 0,5–1,5 cm breit, ganzrandig oder mit gezacktem Rand. Wenn sie trocknen, schlägt ihre Farbe oft ins Rötliche um. Eine recht unterschiedliche Länge von 2,5–7 cm weisen die zwei- bis vierdrüsigen Blattstiele auf. Die aufsitzenden oder kurzgestielten, 1–2 mm breiten Blattstieldrüsen sind tellerförmig, sie stehen alle an der Spitze oder 1 Paar steht nahe der Mitte. Ihre 10–25 cm langen und 8–18 cm breiten herz- bis eiförmigen Blätter sind abrupt zugespitzt und an der Basis mehr oder weniger stark herzförmig ausgebildet. Untere Blatteile überlappen sich nicht, wie es bei P. triloba der Fall sein kann. Die dünnen Blätter glänzen oft sowohl auf ihrer Ober- als auch auf ihrer Unterseite. Die eiförmigen Deckblätter erreichen eine Länge um 2 cm und eine Breite um 1,5 cm. Sie sind 1/5 bis 1/3 ihrer Länge zusammengewachsen. Ebenso wie die Nebenblätter verfärben sie sich im trockenen Zustand rötlich.

Die Blüten wachsen zu einer Größe um 8 cm, ihre konkaven Kelchblätter sind dann 5-7 mm breit und äußerlich leicht gekielt. Ihr Kiel endet in einem schlanken Hörnchen. Die länglichen Blütenblätter entsprechen etwa den Kelchblättern.

Die Korona besteht aus 5 Reihen, die Filamente der beiden äußeren Reihen sind rund und etwa halb so lang wie die Blütenblätter, die 3 inneren Reihen sind knapp 3 mm lang.

Die eiähnliche Frucht erreicht eine Größe von 6 cm, sie ist tiefviolett oder fast schwarz.

Diese Passionsblume ist selten einmal zu finden, doch sie ist eine schöne tropische Art, die zur guten Kultur ein Warmhaus benötigt. Sie ist P. *ligularis* und P. *triloba* sehr ähnlich und mit P. *maliformis* und P. *platyloba* eng verwandt. Die Vermehrung erfolgt durch Aussaat und durch Stecklinge.

Es ist nicht unumstritten, ob es sich bei P. *tiliaefolia* wirklich um eine eigenständige Art handelt, weil sie P. *ligularis* sehr ähnlich ist, oder ob es sich um eine Form von P. *triloba* mit ungelappten Blättern handelt. Killip hat die speziellen Unterschiede in den Beschreibungen der drei genannten Arten in Form eines Schlüssels dargestellt, wonach die Arten besser zu unterscheiden sein sollen.

Passiflora tricuspis Mast.

Subgenus: Plectostemma
Sektion: Decaloba
Synonyme: *Passiflora tricuspis* var. *minor*, P. *tricuspis* var. *brevifolia*

Der Artname *Passiflora tricuspis* bedeutet „dreispitzige Passionsblume".

Sie wächst wild in Peru, Bolivien, Brasilien und Paraguay in Höhen zwischen 500 und 1.100 Metern.

Ihr Stengel ist eckig, gebogen und kahl mit sehr rauhem Grat. Die abfallenden, bis 4 mm langen Nebenblätter sind borstenförmig. Bis 1,5 cm lang werden die drüsenlosen Blattstiele, fein weichhaarig bis nahezu kahl. Ihre kräftigen, fast ledrigen Blätter sind variabel und erreichen eine Länge bis 6 cm und eine Breite bis 10 cm oder größer. Sie sind dreinervig und mit netzartiger Struktur und tief zweigelappt. Die untere Krümmung ist halbmondförmig. An der Spitze des Mittelnerves bildet sich eine dritte

P. tricuspis

Spitze oder sogar ein Blattlappen. Dieser kann auch länger werden als die beiden äußeren Lappen.

An den 2–3 cm langen Blattstielen befinden sich die bis 4,5 cm großen weißgelblichen Blüten. Ihre weißen, lanzettlichen Kelchblätter werden 4–5 mm lang, die ebenfalls weißen Blütenblätter nur halb so lang. Die gelbliche Korona steht in 2 Reihen, die äußere, zungenförmige erreicht eine Länge um 1,5 cm, die innere wird nur um 2 mm lang.

Die runden, unbehaarten Früchte haben einen Durchmesser um 1,5 cm. Diese selten anzutreffende Passionsblumenart ist gelegentlich bei Sammlern in Kultur. Ihre bemerkenswerten, verhältnismäßig großen weißgelblichen Blüten machen sie zu einer interessanten Pflanze für das Warmhaus. Vermehrt wird die Art aus Samen und durch Stecklinge.

P. tricuspis ist engstens verwandt mit *P. misera* und *P. trifasciata*. Sie haben alle relativ breite Koronafäden, die sich nach oben stark weiten und zuweilen leicht lappig aussehen.

Die ganze Pflanze, insbesondere aber die Blätter von *P. tricuspis* erinnern stark an *P. organensis*, *P. punctata* und *P. maximiliana*. Nach Killip unterscheiden sich die inneren Koronareihen der beiden ersten Arten deutlich von denen der besprochenen Art; die Blattlappen von *P. maximiliana* sind stumpfer und auch sonst sehr unterschiedlich. *P. maximiliana* und ihre Varietäten sind Synonyme von *P. misera*.

Passiflora trifasciata Lemaire
Subgenus: Plectostemma
Sektion: Decaloba

Der Artname „trifasciata" bedeutet „dreigebändert".

Sie ist insgesamt unbehaart, stammt aus dem Amazonasgebiet und ist heimisch in Brasilien und in Peru. Ihr Trieb ist eckig. Die besonders ansehnlichen, 5–10 cm langen Blätter sind dreigelappt und an der Basis herzförmig ausgebildet. Ihr mittlerer Blattlappen tritt deutlich hervor, die beiden äußeren Teile sind etwa auf zwei Drittel ihrer Länge mit dem mittleren Teil zusammengewachsen. Die dunkelgrünen Blätter sind entlang der Hauptnerven weiß, gelb, ro-

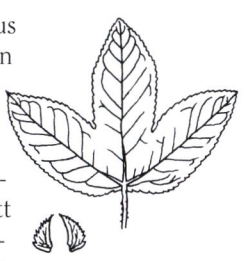

P. trifasciata

P. trifasciata

P. trifasciata ‘Amy'

sa und lachsfarben gefleckt, die Blattunterseiten sind rötlich-violett.

Die 2,5–3,5 cm breiten Blüten stehen an einem etwa 3 cm langen Stiel. Sowohl die Kelch- als auch die Blütenblätter sind von hellgrüner bis cremegelber Farbe. Die weiße bis leicht rosa Korona besteht aus 2 Reihen, wovon die äußere bis 1 cm lang werden kann, die innere etwa 3 mm. Die runde blaugrüne Frucht erreicht eine Größe von 1,5–2,5 cm.

211

Diese wüchsige Passionsblumenart ist recht gut im Wintergarten oder Gewächshaus kultivierbar. Sie benötigt zum guten Wachsen nicht unbedingt soviel Licht wie die meisten anderen Arten und verträgt kurzzeitig – trotz ihrer Tropenherkunft – auch einmal Temperaturen unter 10° C. Zudem bringt sie zwar recht kleine, jedoch ansehnliche, grünlich-gelbe, duftende Blüten hervor. In den USA wird sie in verschiedenen Baumschulen und Gartencentern wegen ihres guten Wachsens und ihres ansehnlichen Blattschmuckes angeboten; hier ist sie wohl in erster Linie bei Sammlern anzutreffen. Die Vermehrung erfolgt durch Aussaat oder durch Stecklinge.

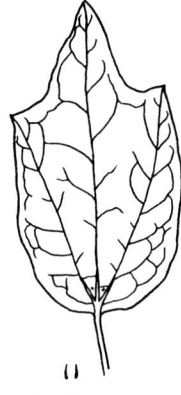

P. tripartita var. mollissima

Passiflora triloba R. & P. ex DC.
Subgenus: Passiflora
Synonyme: *Passiflora colubrina*

Die Artbezeichnung „triloba" bedeutet „dreilappig" und bezieht sich auf die Blattform.

Sie wurde wild in Peru und Bolivien in Höhenlagen um 1.000 Meter gefunden.

P. triloba ist nahezu völlig unbehaart, ihr kräftiger Stengel ist rund. Die eiförmig-lanzettlichen Nebenblätter werden 2–3 cm lang und 1,5–2,5 cm breit, herzförmig an der Basis und fein gezähnt. Ihre 10–15 cm langen und 10–18 cm breiten Blätter befinden sich an 10 cm langen Blattstielen, die an ihrer Spitze 2 gestielte, untertassenförmige Drüsen mit einem Durchmesser von 2–2,5 mm aufweisen. Die oberseits glänzenden Blätter sind gewöhnlich ab der Mitte dreigelappt, manchmal auch nur herz- bis eiförmig. Die einzelnen Blattlappen sind eiförmig oder länglich-eiförmig und bis 7 cm breit. An der Basis

P. tripartita var. tripartita

sind sie deutlich herzförmig, im unteren Teil der winzig gezähnten Blätter können sich die Blatteile überlappen. Die Farbe der Blattunterseite geht ins Bläuliche. Während die Blütenstiele eine Länge um 5 cm erreichen, kommen die eiförmigen Deckblätter auf eine Länge von 4,5–7 cm und eine Breite von 3–5,5 cm. Im oberen Bereich sind sie abgerundet oder spitz zulaufend und drüsig gezähnt, nur an der Basis vereinigt.

Die lilavioletten Blüten werden bis 10 cm groß; ihre länglich-lanzettlichen, ungehörnten Kelchblätter sind außen grün und innen dicht tief purpurn gefleckt, die 2,5–3 cm langen Blütenblätter sind von purpurvioletter Farbe.

Die Korona besteht aus 3 Reihen, wovon die Filamente der beiden äußeren, 1–1,5 cm langen Reihen in der unteren Hälfte purpurn und weiß gebändert sind, in der oberen Hälfte blau und weiß. Die Filamente der inneren Reihe haben eine Länge von 2,5–3 cm, gefolgt von einer aufrecht stehenden, etwa 2 mm hohen purpurnen Membrane mit winzig gezacktem Rand.

Passiflora triloba ist eine besonders ansprechende Blütenpflanze, die wegen ihrer tropischen Herkunft auch bei uns in einem Warmhaus kultiviert werden sollte. Sie hat eine deutliche Ähnlichkeit mit *P. ligularis* und *P. tiliaefolia*. Die Vermehrung erfolgt durch Aussaat oder durch Stecklinge.

Passiflora tripartita (Juss.)Poir.
Subgenus: Tacsonia
Diese Art wird in Ecuador „tacso" genannt, im französischen Sprachraum „Passiflore à feuilles tripartites".

P. tripartita bedeutet „dreiteilige Passionsblume"

Sie stammt aus Ecuador, möglicherweise auch Nord-Peru.

Ihr Stiel ist rund, bei jüngeren Exemplaren auch kantig. Er ist weichbehaart mit gräulichen, gekrümmten Haaren. Nahezu nierenförmig sind die 6–8 mm langen und halb so breiten, wenig gezähnten Nebenblätter. Die bis 2,5 cm langen Blattstiele tragen etwa 8–12 aufsitzende Drüsen, selten auch keine. Ihre Blätter haben eine Länge von 6–8 cm und eine Breite von 8–12 cm. Sie sind dreilappig bis etwa 1 cm oberhalb der Blattbasis und ober- sowie unterseits ganz fein grau behaart, besonders an der Nervatur. Die 2,5–3 cm langen Deckblätter unterhalb der 9-10 cm langen und 1 cm breiten Kelchröhre sind zur Hälfte bis zu zwei Drittel ihrer Länge zusammengewachsen.

Die Kelch- und Blütenblätter der rosafarbenen, um 6 cm großen Blüte messen etwa 3 cm. Die Korona ist reduziert zu einem unauffälligen Ring, ungleichmäßig und feingezähnt am Rand.

In Ecuador wird die Pflanze örtlich zur Fruchtgewinnung kultiviert. Die säuerliche Fruchtpulpe ist aromatisch im Geschmack. Sie wird roh verzehrt oder zu Erfrischungsgetränken verarbeitet.

Wie die meisten Arten des Subgenus Tacsonia sollten die Pflanzen gerade im Winter zusätzlich belichtet werden, um zufriedenstellend zu wachsen, zu blühen und schließlich auch Früchte zu tragen. Im Sommer ist meistens ein heller, geschützter Platz im Garten am besten, wenn die Pflanze im Kübel steht. Ein verregneter, warmer Sommer ist der Pflanze besonders zuträglich. Die Vermehrung erfolgt durch Aussaat oder durch Stecklinge.

Passiflora trisecta Mast.
Subgenus: Granadillastrum
Synonym: *Passiflora thaumasintha*
In Peru wird diese Art auch „montetumbos" genannt.

Die Blüten von P. trisecta öffnen sich nachts und werden von Käfern bestäubt

P. trisecta stammt aus Bolivien und Peru. Dort wächst sie wild in Höhen zwischen 2.400 und 2.800 Metern.

Ihr Stengel ist rund, sparsam oder dicht ausgestattet mit rostroten Zotten. Die 1–2,5 cm langen Nebenblätter sind eiförmig-lanzettlich und spitz zulaufend. An der Basis sind sie deutlich schief, ausgefranst gezackt und rostrot-zottig. Der zackige, mehr oder weniger drüsige Rand endet in einer grannenartigen, drüsigen Spitze. Die Blattstiele werden 2–5 cm lang, sie haben 2 oder 3 fadenförmige Drüsen an der Spitze und 3 oder 4 kleinere nahe der Mitte. Ihre Blätter sind dreilappig, sie haben eine Länge von 4–9 cm und eine Breite von 1,5–3 cm. An ihrer Oberfläche sind sie gelblichgrün und dicht besetzt mit kurzen Zottenhaaren, unterseits gelblichgrau und filzig. Die kräftigen und behaarten Blütenstiele werden bis 15 cm lang. Eiförmig und

P. truxillensis

2,5–3,5 cm lang sind die zugespitzten Deckblätter.

Die weißliche Blüte hat einen Durchmesser bis etwa 5 cm. Ihre 1–1,5 cm lange, zottig-filzige, glockenförmige Kelchröhre ist außen hellgrün. Ihre länglichen Kelchblätter erreichen eine Länge von 2–4 cm, sie sind außen hellgrün und innen weiß, rückwärtig leicht gekielt. Der Kiel endet in einer blattartigen Hörnchen von 1 cm. Die sehr viel schmaleren weißen Blütenblätter werden 2–2,5 cm lang.

Die weiße Korona besteht aus 3 Reihen, wovon die beiden äußeren, fadenförmigen um 2 mm lang werden, die innere ist reduziert auf winzige zähnchenförmige Hügel.

Die Frucht ist rund und hat einen Durchmesser um 5 cm.

P. trisecta ist eine besonders schöne weiße Passionsblumenart, einschließlich ihrer Korona. Sie blüht nachts und wird dann von Fledermäusen bestäubt. Zwar wird sie nicht häufig kultiviert, ist aber bei einigen Sammlern, auch in Europa, zu finden. Zur guten Kultur sollte sie in einem hellen Warmhaus oder entsprechendem Wintergarten gehalten werden.

Ursprünglich wurde die Art von Masters der Untergattung Granadilla (Passiflora) zugeordnet, doch zweifellos zählt sie nunmehr zur Untergattung Granadillastrum. Sie ist verwandt mit *P. manicata* und eng verwandt mit *P. weberbaueri*, doch ist diese unbehaart, hat anders geformte Deck- und Nebenblätter sowie längere Koronafäden. Somit ist ein Verwechseln ausgeschlossen. Vermehrt wird aus Samen oder Stecklingen.

Passiflora truxillensis
Planch. & Linden
Subgenus: Tacsonia

Der Name dieser Passionsblume bezieht sich auf einen Fundort dieser Art, Trujillo in Venezuela.

P. tryphostemmatoides

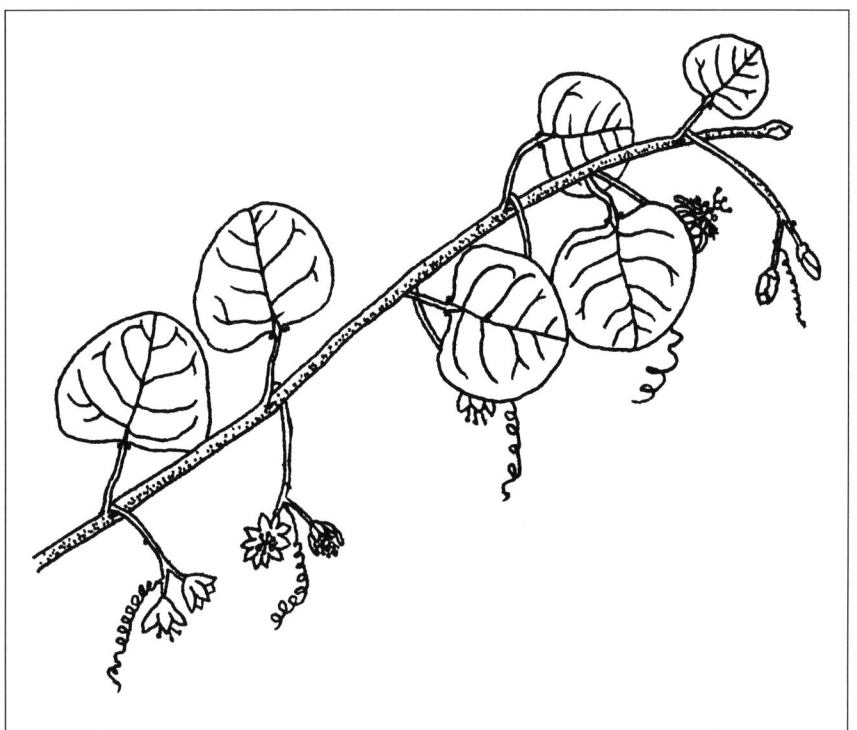

P. truxillensis wurde wild wachsend in einer Höhe um 2.300 Meter im westlichen Venezuela gefunden.

Ihr Stiel ist zylindrisch oder fast eckig und dicht rostfarbig-filzig. Die 5–6 mm langen, ledrigen Nebenblätter sind stark zurückgerollt. An den um 1 cm langen Blattstielen befinden sich winzige Drüsen. Ihre 5–9 cm langen und 3–4 cm breiten Blätter sind eiförmig oder eiförmig-lanzettlich. An der Basis sind sie nahezu herzförmig, ihr ungleichmäßig gezackter Rand ist leicht eingerollt. Die Blattoberfläche ist kahl, die Unterseite dicht wollig. Eine Länge um 7 cm erreichen die Blütenstiele, die länglich-lanzettlichen blaßgrünen Deckblätter haben eine blaßrosa Linie unterhalb der Mitte. Sie werden ungefähr 2 cm lang und laufen

spitz zu und sind von außen kräftigrosa mit einem grünlichen Teil in der Mitte sowie weichhaarig.

Die unbehaarte, zylindrische Kelchröhre wird um 4,5–5 cm lang, an ihr befindet sich die gut 6 cm breite Blüte. Ihre Kelchblätter haben eine Länge von 2–3 cm und sind etwa 1 cm breit. Am Rand sind sie tiefrosa, zuweilen lavendelblau in der Mitte. Die ebenso großen Blütenblätter sind rosafarben. Die Korona ist zu einem Ring reduziert.

Bei dieser Art handelt es sich um eine rare Tacsonie, die wie die meisten Pflanzen dieser Untergattung sehr ansehnliche Blüten trägt und im Sommer im Freien gehalten werden kann. Im Winter reichen Temperaturen um 7° C.

215

P. truxillensis ist *P. lanata* ähnlich. Sie unterscheiden sich jedoch vor allem in der unterschiedlichen Blattstruktur und in der bei *P. lanata* fast doppelt so langen Kelchröhre.

Passiflora tryphostemmatoides
Harms
Subgenus: Tryphostemmatoides
In El Choco, Kolumbien, wird diese
Art auch „Golondrina" genannt.

Diese Passionsblumenart stammt aus Kolumbien. Sie wächst dort in Höhenlagen zwischen 1.700 und 2.600 Metern und ist unbehaart, ihr Stengel ist eckig oder rund und gestreift. Die borstenförmigen Nebenblätter haben eine Länge von 1 mm, die Blattstiele werden 4 mm bis 2 cm lang und besitzen 2 aufsitzende oder gestielte Drüsen an der Verzweigung zum Blatt. Die umgekehrt eiförmi-

P. tuberosa

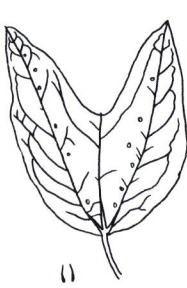

P. tuberosa

gen oder elliptischen, einnervigen Blätter erreichen eine Länge und Breite um 3,5 cm. Die 0,5–1,5 cm langen Blütenstiele verzweigen sich an ihrer Spitze und tragen jeder eine Blüte. An der Verzwei-

gung der Blütenstiele befindet sich eine Ranke. Die 2–3 mm langen Deckblätter sind borstenförmig.

Die weißen bis gelblichgrünen Blüten haben einen Durchmesser bis zu 1,5 cm. Der 2–3 mm lange Strahlenkranz ist gelblichgrün gefärbt und rosa gestreift.

Die fast runde bis eiförmige, sechseckige Frucht erreicht eine Größe um 2,5 cm.

P. tryphostemmatoides ist eine bei uns selten zu findende, jedoch ansehnliche Passionsblumenart. An manchen Orten in Kolumbien ist sie überreich vertreten. Sie ist im Sommer übersät mit ihren kleinen weißen oder gelblichgrünen Blüten und erinnert ein wenig an *Ficus pumila*. Zum guten Gedeihen benötigt sie ein feuchtwarmes Klima. Vermehrt wird durch Aussaat und durch Stecklinge.

Diese Art ist den nahe verwandten Arten *P. gracillima* und *P. arbelaezii* ähnlich. Sie unterscheiden sich jedoch im Strahlenkranz und den Früchten. Gelegentlich wird auch von *P. tryphostemmatoides* berichtet, obgleich es sich um *P. discophora* handelt.

Passiflora tuberosa Jacq.
Subgenus: Plectostemma
Sektion: Decaloba
Synonyme: *Passiflora punctata*

P. tuberosa bedeutet „knollig wachsend" und bezieht sich auf den Wurzelstock.

Sie stammt von den Westindischen Inseln. Auch in Guyana, Venezuela und Brasilien ist sie wild anzutreffen.

Die Pflanze ist unbehaart, ihre tief zweigelappten 7–12 cm langen Blätter sitzen an 2 cm langen Blattstielen. Ihre Blätter besitzen 3 Hauptnerven. Die paa-

P. umbilicata

rig angeordneten Blüten sitzen an etwa 4 cm langen Blütenstielen.

Ihre weißen Blüten erreichen einen Durchmesser von 4–5 cm, wobei die Kelch- und Blütenblätter nur knapp 2 cm lang werden. Die Korona besteht aus 2 Serien, die äußere 3–4 mm lang, die innere sehr viel kleiner.

Diese schöne, am Naturstandort bis 10 Meter hochwachsende Passionsblumenart ist zwar kaum im Handel, jedoch im Besitz mancher Sammler. Im Gewächshaus ist ihre Kultur recht einfach. Sie hat ansprechende, tief zweigelappte Blätter und trägt bis zu 5 cm große weiße Blüten.

Durch ihre kleinen, knöllchenartigen Strukturen im Wurzelstock ist sie leicht zu identifizieren, außerdem hat sie kein Limen. Sie erinnert in ihrem Blattwerk an *P. standleyi* und *P. ornithoura*. Vermehrt wird die Art aus Samen oder Stecklingen.

Passiflora umbilicata
(Griseb.) Harms
Subgenus: Tacsonioides
Synonym: *Passiflora ianthina*
In Bolivien wird diese Art auch „Locosti" genannt.

Der Artname „*Passiflora umbilicata*" bedeutet „doldenartige Passionsblume". Sie ist recht wüchsig. Der kahle Stengel ist nahezu rund und gestreift, auch die Blätter sind unbehaart. Manchmal haben die 2 cm langen Blattstiele zwei sehr kleine Nektardrüsen. Ihre dreilappigen, bis 6 cm langen und 7,5 cm breiten Blätter sind an ihren Spitzen abgerundet. Sie besitzen 5–7 Hauptnerven.

P. umbilicata

217

P. urbaniana

durch. Grund waren in erster Linie die Blattform und die Blütenstruktur sowie die große Ähnlichkeit mit *Passiflora tarapotina*, die demselben Subgenus zugeordnet ist.

Vermehrt wird diese Art durch Aussaat oder durch Stecklinge.

Passiflora urbaniana Killip
Subgenus: Dysosmia

Die Art benannte Killip nach dem deutschen Botaniker Ignatz Urban, der wesentliche Teile von „Flora brasiliensis" schrieb.
P. urbaniana wurde wildwachsend gefunden in Belize und auf Kuba.

Sie klettert mit ihren schlanken Ranken. Ihr runder Stengel ist sanft rostfarben-zottig oder feinfilzig. Die Nebenblätter sind winzig, sie erreichen nur eine Länge von knapp 0,5 mm. Die Blattstiele sind 0,5–1 cm lang und drüsenlos sowie dicht rostfarben-filzig. Ihre länglichen bis lanzenförmig-länglichen ganzen oder entfernt wellig-eingekerbten Blätter werden 4,5–9 cm lang und 2–4 cm breit. Sie sind drei- oder fünfnervig und an ihrer Spitze stumpf oder abgerundet und meist von lediger Beschaffenheit. Die Blattoberfläche ist mit winzigen, aufrecht stehenden Haaren überzogen, die Unterseite ist dicht feinfilzig und rostfarben.

Die lavendel-rosaviolettfarbenen Blüten erreichen einen Durchmesser bis 5 cm, sie hängen an 5–8 cm langen weichbehaarten Stielen. Ihre dreinervigen Kelchblätter sind etwa 2 cm lang und 6 mm breit, außen grünlich und rauhhaarig. Der mittlere Nerv ist zur Spitze hin kielförmig geformt und endet in einem kurzen Horn. Sehr ansehnlich sind ihre lavendelblauen Blütenblätter, die etwas kürzer sind als die Kelchblätter. Die

Die rötlich-violetten, violetten oder dunkelblauen Blüten befinden sich an runden, bis 9 cm langen Blütenstielen. Sie sind ansehnlich und haben eine Größe von etwa 6–8 cm. Ihre Blütenblätter sind etwas kürzer als die Kelchblätter. Die Korona ist in 5 lilafarbenen Reihen angeordnet, wobei die äußeren bis 4 mm lang werden, die inneren 1 mm.

Die eiförmige Frucht erreicht zur Reife eine Größe von 6–7 cm, ihre lederartige Schale ist dann von gelblicher Farbe. Diese Passionsblumenart stammt aus den Hochlagen Paraguays, Boliviens und Argentiniens. Dort wächst sie in Höhen von 2.500 bis 3.000 Metern. Sie verträgt daher auch das kühle Klima in manchen warmen Gebieten Mitteleuropas; sicherer ist ihre Kultur jedoch bei entsprechendem Schutz im Winter.

Ursprünglich wurde die Art von dem deutschen Botaniker Grisebach dem Subgenus Tacsonia zugeordnet, der nordamerikanische Botaniker Killip setzte sich jedoch letzendlich mit seiner Zuordnung zum Subgenus Tacsonoides

P. ursina

Korona besteht aus 5 Reihen, die beiden äußeren sind ungefähr 1,3 cm lang, strahlenförmig und violett an der Basis. Die inneren, aufrecht stehenden Strahlenkranzreihen sind etwa 2 mm lang.

Die runden Früchte werden bis 3,5 cm groß.

Wegen ihrer ansprechenden Blütenfarbe zählt diese Art zu den besonders attraktiven Passionsblumen. In Florida ist sie stellenweise als Zierpflanze in Kultur. Bei uns sollte ihr ein Warmhaus oder ein entsprechender Wintergarten geboten werden. Vermehrt wird aus Samen oder Stecklingen.

Die Art ist verwandt mit *P. clathrata* aus Brasilien, einer Passionsblume mit 5 cm großen, grünlichweißen Blüten.

Passiflora ursina Killip & Custr.
Subgenus: Plectostemma
Sektion: Cieca

Der Artname bedeutet „Bären-Passionsblume".

Sie wurde im Jahre 1941 wild wachsend in Paramo de Santa Lucia in Kolumbien gefunden.

P. ursina ist ein großer, kletternder Busch, die blatttragenden Zweige sind ziemlich dünn und gebogen. Sie sind dicht rotbraun-filzig mit spitz herausschauenden, bis 1 mm langen Haaren. Die filzigen Ranken sind fast spiralenförmig. 5–6 mm lang sind die sehr schmalen, rauhhaarigen Nebenblätter, die kräftigen Blattstiele erreichen eine Länge von 0,8–1,4 cm, sie sind dicht fuchsrot-filzig, und die an der Basis sitzenden Drüsen sind klein. Ihre dreinervigen ledrigen Blätter sind eiförmig-länglich und bis 8 cm lang und 4,5 cm breit. An der Spitze sind sie leicht dreigelappt oder selten un-

gelappt. Die beiden Außenlappen sind sehr kurz und der Rand zurückgebogen. Aus der behaarten Blattoberfläche sprießen einzelne Haare empor, aus der ebenfalls behaarten Blattunterseite sprießen fuchsrote Haare. An der Basis der Blattunterseite sitzen wenige winzige, halbrunde Drüsen. Die dicken Blütenstiele sind bis etwa 1,4 cm lang und fuchsrot-filzig, ebenso die 3–5 mm langen Deckblätter.

Der Blütenstand erscheint in paarig angeordneten Trugdolden, jeweils mit fünf bis sieben 2,5–3 cm großen, grünlichweißen Einzelblüten. Ihre eiförmigen Kelchblätter erreichen eine Länge bis 1,3 cm, rückwärtig leicht rauhhaarig und gekielt, auslaufend in einem etwa 3 mm langen, haarigen Horn. Die ebenfalls eiförmigen, etwa 1 cm langen Blütenblätter sind dünn. Die fadenförmige Korona, die sich nach oben hin erweitert, besteht aus 2 Reihen. Die äußere hat eine Länge um 3,5 mm, die innere ist etwas kürzer.

Die gestaucht-runde, grüne Frucht wird etwa 2–3 cm groß.

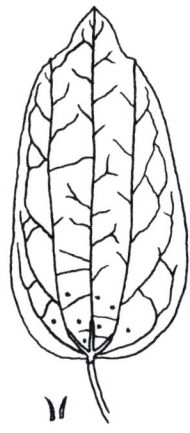

P. ursina

P. vespertilio

werden, ebenso jedoch auch nur 3 cm lang und 10 cm breit. An der Basis sind sie gerundet, dreinervig, ledrig und kahl, unterseits gelegentlich auch leicht behaart.

Die Blüten sind etwa 5 cm groß. Ihre 1,5–2 cm langen Kelchblätter sind gelblichgrün gefärbt, ebenso die bis 1,2 cm langen Blütenblätter. Der Strahlenkranz besteht aus 2 Reihen. Der äußere, gelblichgrüne ist nahezu zungenförmig und an der Basis vereinigt zu einer breiten, grünlichweißen Membrane. Die äußeren Fäden des Strahlenkranzes sind 1–1,5 cm lang, die inneren 3–4 mm.

Die fast kugelrunden Früchte erreichen einen Durchmesser bis 1,5 cm. In den Heimatländern dieser Art wird sie stellenweise zur Obstgewinnung angebaut. Das Fruchtfleisch wird roh verzehrt oder zu Erfrischungsgetränken verar-beitet.

Die Vermehrung erfolgt durch Aussaat oder durch Stecklinge.

P. vespertilio ist eine ansehnliche Pflanze für das Warmhaus, die auch im Winter Temperaturen um oder über 15° C benötigt. Sie kann verwechselt werden mit *P. misera* und *P. punctata*, doch bei genauerem Hinsehen ist eine Unterscheidung, insbesondere an den Blüten, möglich. Auch sind die Blattunterseiten von *P. punctata* mit diversen Nektardrüsen ausgestattet.

Bei dieser Passionsblume handelt es sich um eine seltene Art mit kleinen, ansehnlichen Blüten, die für Sammler sicher von Interesse ist. Sie ist in den USA zuweilen in Kultur und wird durch Aussaat und durch Stecklinge vermehrt.

Sie ist *P. apoda* und *P. sodiroi* ähnlich.

Passiflora vespertilio L.
Subgenus: Plectostemma
Sektion: Decaloba
Synonyme: *Passiflora geminiflora*,
P. hemicycla, *P. surinamensis*
In Surinam wird diese obstliefernde Pflanze auch „blaka markoesa", „jorka markoesa" , „anjomeara koesjilikodo" und „noenonjinopo" genannt.

Passiflora vespertilio bedeutet „Fledermaus-Passionsblume".

Sie stammt aus Brasilien, Peru, Bolivien, Surinam, Guyana und Trinidad in wenig hohen Lagen. Der kantige Stiel ist platt, gestreift und oft gebogen, kahl oder nur spärlich behaart. An den kurzen, nur etwa 1,5 cm langen, drüsenlosen Blattstielen befinden sich die zwei- oder dreilappigen unterschiedlich großen Blätter. Sie können 6,5 cm lang und 9 cm breit

Passiflora violacea Vell.
Subgenus: Passiflora
Synonyme: *P. bangii*, *P. laminensis*

Der Artname deutet hin auf die violette Blütenfarbe.

Die Art wurde wild wachsend gefunden in Bolivien, Brasilien und Paraguay. Mit Ausnahme der Fruchtknoten ist sie insgesamt unbehaart; ihr Stengel ist rund oder leicht eckig. Die eiförmig-länglichen Nebenblätter erreichen eine Länge von 1,5–3,5 cm und eine Breite von 0,8–1,5 cm. An den bis zu 5 cm langen Blattstielen befinden sich 3–8 kurz gestielte Drüsen. Ihre bis zu 12 cm langen und 15 cm breiten, fünf- bis siebennervigen Blätter sind auf mindestens zwei Drittel ihrer Länge dreigelappt. Sie sind recht dünn oder auch fast ledrig.

Die violetten oder blauvioletten, bis 10 cm breiten Blüten hängen an 5–15 cm langen und recht kräftigen Stielen. Die elliptisch bis länglichen Deckblätter werden bis 1,2 cm lang und 8 mm breit und sind in trockenem Zustand tief purpurviolett. Ihre kurze Kelchröhre ist glockenförmig. Die innen purpurvioletten, außen blaugrün bereiften, länglich-lanzettlichen Kelchblätter haben an ihrer Spitze eine grannenartige, blattähnliche Ausstülpung von 0,8–1,3 cm. Die violettblauen Blütenblätter sind mit 0,8–1 cm genauso breit wie die Kelchblätter, jedoch etwas kürzer.

Die Korona besteht aus 6 oder 7 Reihen, wovon die beiden äußeren im unteren Bereich weiß und oben violett gefärbt sind. Sie sind ebenso lang wie die Blütenblätter. Die anderen 4 oder 5 Reihen sind dunkelviolett und 3-6 mm lang.

Die elliptisch geformten Früchte dieser Art sind bei Reife hellorange.

Passiflora violacea zählt zu den bekannten und sehr schönen, blühwilligen tropischen Passionsblumen. Ihre großen, dekorativen Blüten und ihr ansprechender lockerer Wuchs machen sie zu einer Bereicherung für jedes helle Warmhaus oder jeden Wintergarten. Wenn die Temperaturen ausreichen – das sind 20-24° C vom Frühjahr bis zum Herbst – und ihr ein sehr heller Platz geboten wird, blüht sie andauernd von April bis in den späten Herbst hinein.

Passiflora violacea ist ausgesprochen leicht zu verwechseln mit den engverwandten und ihr sehr ähnlichen Arten *P. amethystina* und *P. cornuta* sowie mit ihren Hybriden. Eine sichere und damit eindeutige Zuordnung einer Pflanze zur richtigen Art ist daher manchmal sehr schwierig, bei manchen Hybriden zuweilen unmöglich. Die Vermehrung erfolgt durch Aussaat und durch Stecklinge.

P. cornuta besitzt im Gegensatz zu *P. violacea* nur 4 Koronareihen, die Blattstiele weisen nur bis maximal 4 Nektardrüsen auf, und die Blattoberseiten können sehr sparsam behaart sein, ebenso wie die Unterseite der Blattnerven.

P. amethystina ist am Stengel ganz spärlich zart behaart, manchmal aber auch kahl. Die Blätter und die Blüten sind im Vergleich zu *P. violacea* etwas kleiner, die Blüten- und Kelchblätter sind etwas schmaler. Auch sind die Blütenblätter, im Gegensatz zu denen bei *P. violacea*, wenig länger als die Kelchblätter.

Manche Autoren bezweifeln die Eigenständigkeit von *P. violacea* als Art und bezeichnen sie als Hybride von *P. caerulea* x *P. racemosa* mit *P. x violacea*.

Passiflora viridiflora Cav.
Subgenus: Chloropathanthus
Synonym: *Passiflora tubiflora*
In Mexiko ist diese Art bekannt unter dem Namen „Flor del aresillo".

Der Artname „*Passiflora viridiflora*" bedeutet „Grünblütige Passionsblume" und nennt damit schon das wohl wichtigste Merkmal zur Identifikation.

Am unbehaarten drahtigen und kantigen Trieb wachsen die bis 6 cm langen

P. vitifolia (oben)

P. vitifolia 'Bowker'
(unten)

ter fehlen. Die 2–3 mm lange Korona besteht aus einer Reihe.

Die nahezu runde Frucht erreicht eine Größe von 1,5–2 cm.

Diese Pflanze aus dem südlichen Mexiko wächst dort in Meereshöhe oder geringen Höhen. Sie ist ansonsten – außer bei Sammlern – wohl kaum in Kultur, obwohl sehr interessant. Die Vermehrung erfolgt aus Samen oder Stecklingen.

Ursprünglich wurde diese Art den Untergattungen Tacsonia, Murucuja oder Psilanthus zugeordnet. Allerdings unterschied sich die Art immer in einigen wichtigen Details von den anderen Pflanzen. Daher wurde von dem deutschen Botaniker Harms der Subgenus Chloropathanthus neu geschaffen, dem neben *P. viridiflora* auch *Passiflora lancifolia* (aus Jamaica) zugeordnet wurde. Nur diese beiden Arten sind hinlänglich verwandt und rechtfertigen eine gemeinsame Zuordnung.

Passiflora vitifolia HBK.

Subgenus: Distephana
Synonyme: *P. punicea, P. sanguinea, P. servitensis*
In Panama wird die Art „guate-guate" genannt, in Kolumbien „curuvito" und „granadilla".

Blattstiele, an denen sich 2 flache, untertassenförmige Nektardrüsen befinden. Die tief eingeschnittenen dreilappigen Blätter erreichen eine Länge von 4–7 cm und eine Breite von 6–9 cm. Sie sind dunkelgrün und ledrig, am Rande etwas verdickt.

Die grünen Blüten befinden sich einzeln oder paarweise an den bis 2 cm langen Blütenstielen und erreichen einen Durchmesser von etwa 3 cm, Blütenblät-

Der Name der Art bezieht sich auf die Form der Blätter. „Vitifolia" bedeutet „wein- oder rebenblättrig".

P. vitifolia ist heimisch auf den Westindischen Inseln, in Nicaragua, Costa Rica, Panama, Venezuela, Kolumbien sowie in einigen Gebieten Ecuadors und Perus.

Ihr kräftiger Stiel und die Triebe sind dichtfilzig und rostfarben, ihre etwa 5 mm langen Nebenblätter borstenartig. Die bis 5 cm langen Blattstiele besitzen an ihrer Basis 2 Nektardrüsen, gelegentlich 2–3 weitere nahe der Mitte. Ihre Blätter erreichen eine Länge um 15 cm und eine Breite um 18 cm. Sie sind dreigelappt und drei-fünfnervig sowie symmetrisch aufgebaut; die Nervatur auf der Blattoberseite tritt rostfarbig hervor. Sehr junge Blätter sind auch ungelappt.

Die duftenden, leuchtend scharlachroten Blüten können einen Durchmesser von knapp 20 cm erreichen. Sie befinden sich an bis zu 9 cm langen Blütenstielen. Die länglich-lanzettlichen Deckblätter werden bis 2,5 cm lang, ihre leicht fleischigen, lanzettlichen Kelchblätter 6–8 cm und die Blütenblätter wenig kürzer.

Die Korona besteht aus 3 Reihen, wovon die äußere, pfriemartige, 1,5–2 cm lange leuchtendgelb oder scharlachrot gefärbt ist. Die weiteren Koronareihen haben eine Länge um 0,7 cm.

Die eßbare, leicht ovale bis runde Frucht erreicht eine Größe um 6 cm. Sie ist in unterschiedlichen Grüntönen gezeichnet und ganz leicht flaumig behaart.

Von allen Passionsblumen zählen die zuweilen sehr großen Blüten von *P. vitifolia* zu den attraktivsten. Ihrer Robustheit und Blühfreudigkeit, weniger ihre schmackhaften eßbaren Früchte, sind Gründe dafür, daß diese Art inzwischen häufiger vom hiesigen Handel angeboten wird.

Ihre langen, leuchtendroten Kelch- und Blütenblätter stehen in Kontrast zu ihren kräftiggrünen, symmetrisch aufgebauten dreilappigen Blätter. Wie in ihrer Heimat, sollte die Pflanze auch bei uns ganzjährig möglichst warm und an einem hellen Platz kultiviert werden. Im Sommer steht sie im Glashaus oder an einem windgeschützten Platz im Freien. Die Überwinterung sollte in einem be-

heizten Glashaus erfolgen, in dem die Temperatur nicht unter 10° C absinkt. Ebenso ist es möglich, die Pflanze vor einem entsprechenden Zimmerfenster zu halten. Wird die Pflanze kalt überwintert, ist darauf zu achten, daß der Boden nicht naß ist. In diesem Fall kann Pilzbefall eintreten und die Pflanze absterben. Die Vermehrung erfolgt durch Aussaat und durch Stecklinge.

P. vitifolia ähnelt den Arten *P. speciosa*, *P. quadriglandulosa* und *P. coccinea*. *P. vitifolia* var. *bracteosa* Killip (Syn. *P. servitensis* var. *bracteosa*) unterscheidet sich von der Art durch ihre deutlich eiförmigen, 2,5–3 cm langen und bis 2 cm breiten Nebenblätter, die am Rande drüsig und bewimpert sind. Sie wurde wild wachsend gefunden in der Gegend von Merida in Venezuela.

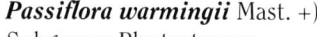

P. vitifolia

Passiflora warmingii Mast. +)
Subgenus: Plectostemma
Sektion: Cieca

Diese Art wurde benannt nach dem Forscher Warming, einer derjenigen, die diese Art wild wachsend in Brasilien fanden.

Passiflora warmingii stammt aus Kolumbien, Brasilien und Paraguay.

Der schlanke, eckige Stengel dieser Art ist gefurcht und etwas steifhaarig. Die 4–6 mm langen und 2–3 mm breiten Nebenblätter sind halbeiförmig und spitz zulaufend. Die schlanken, bis 5 cm langen Blattstiele sind weich- und steifhaarig, an ihrem oberen Ende besitzen sie 2 etwa 1,5 mm lange, dickgestielte Drüsen. Eine Länge von 3–5 cm und eine Breite von 4–6 cm erreichen die dreigelappten, spitz zulaufenden gebogen-gezähnten Blätter. Der mittlere der sehr dünnen Blattlappen ist 2–2,5 cm länger als die

223

Außenlappen, an der Basis sind die dreinervigen Blätter herzförmig. Während die Blattoberfläche mit ganz feinen steifen Haaren ausgestattet ist, ist die ins Blaugrüne gehende Blattunterseite mit winzigen weichen Härchen überzogen. Die bis 1,5 cm langen Blütenstiele stehen einzeln oder in Paaren. Nur gut 2 mm lang sind die borstenförmigen Deckblätter.

Die grünlichweißen Blüten haben einen Durchmesser um 2,5 cm, ihre länglich-lanzettlichen, grünlichen Kelchblätter werden bis 1 cm lang und 5 mm breit, die weißen Blütenblätter sind etwas kleiner und schmaler. Die Korona besteht aus einer fadenförmigen, 5 mm hohen Reihe. Sie ist unterhalb der Mitte purpurn gefärbt. Die Frucht ist eiförmig und weich behaart.

Passiflora warmingii ist bei Passionsblumensammlern eine bekannte Art, Samen werden gelegentlich angeboten. Sie gedeiht in einem Warmhaus gut und blüht über eine lange Zeit im Jahr, wenn ihr Wärme, Licht und Luftfeuchtigkeit zusagen. Dann sollte auch im Winter die Temperatur möglichst nicht unter 15° C absinken. Die Vermehrung erfolgt problemlos jederzeit aus Samen und von Stecklingen.

Die Art ist *P. bryonioides* und der eng verwandten P. morifolia sehr ähnlich und wird mit ihr auch verwechselt. Doch sind die kleineren Blätter von *P. warmingii* weniger stark gelappt und die Samen mit ihrer netzartigen Oberfläche deutlich dicker. Auch die seltene Art *P. sicyoides* ist *P. warmingii* bzw. *P. morifolia* sehr ähnlich. Doch hat sie ganzrandige Blätter – mit Ausnahme des Bereiches um die Basis – und die Blattstieldrüsen sind ziemlich klein.

+) Nach neuen Erkenntnissen sollen *P. morifolia* und *P. warmingii* identisch sein (siehe auch unter *P. morifolia*). John MacDougal untersuchte Hunderte von Exemplaren aus Brasilien und Guatemala und kam zu dem Schluß, daß es sich um identische Pflanzen handeln müsse. Diese Meinung teilen mittlerweile auch weitere anerkannte Taxonomen. *P. warmingii* ist dann Synonym der Art *P. morifolia*.

Passiflora zamorana Killip
Subgenus: Tacsonia

Der Name dieser Art deutet hin auf den Wildstandort, die Provinz Santiago-Zamora in Ecuador, wo sie wild wachsend in einer Höhe von 2.500 Metern gefunden wurde.

Diese Tacsonie wächst krautartig mit rundem Stiel, sie ist bräunlich bis grau und dichtfilzig, mit Ausnahme der Blattoberseiten und der Blüten. Ihre unregelmäßig gezähnten Nebenblätter sind deutlich ei- bis nierenförmig und haben eine Länge und Breite um 1 cm. Die Blattstiele erreichen eine Länge bis 2,5 cm und tragen 3–4 Drüsen, an ihnen befinden sich die 6–9 cm langen und 8–9 cm breiten dünnen Blätter. Sie sind am Rande gezackt und ab der Mitte dreigelappt und spitz zulaufend. Die Blütenstiele werden 12–15 cm lang, sie sind ziemlich kräftig. Die spitz zulaufenden, am Rand gezackten Deckblätter entstehen an der Kelchröhre, sie sind eiförmig-länglich und haben eine Länge um 3 cm und sind dann etwa 1,7 cm breit. Eine Länge um 7 cm und Breite von gut 1 cm erreicht die unbehaarte Kelchröhre.

Mit etwa 14 cm Durchmesser kann die lachsfarbene Blüte eine erhebliche Größe erreichen. Ihre eiförmig-länglichen, tief lachsrosa Kelchblätter werden 6–6,5 cm lang und etwa 2,5 cm breit, sie sind rückwärtig sehr schlank gekielt. Ihre Farbintensität nimmt nach innen hin ab, der Mittelnerv besitzt ein blaßgrünes Zentrum. Ihre Blütenblätter entsprechen etwa den Kelchblättern. Die Korona ist einreihig. Sie besteht aus winzigen Knötchen.

Diese besonders schöne Tacsonie zählt nicht zu den „alten" Passionsblumen, denn sie wurde erst in den vierziger Jahren dieses Jahrhunderts beschrieben. Doch gehört sie mit Sicherheit wegen ihrer sehr großen Blüten und deren recht ungewöhnlichen Farbnuancen in den Kreis der schönsten. *P. zamorana* kann im Sommer im Freien kultiviert werden; im Winter genügt ein heller, temperierter Raum um 7° C. Vermehrt wird sie aus Samen oder Stecklingen. Doch es ist derzeit nicht besonders einfach, an Pflanzenmaterial zu gelangen.

P. zamorana ist verwandt mit *P. jamesonii,* doch ist jene Art vollkommen unbehaart und hat kürzere Blütenstiele. In der Blattform und der Blütenstiellänge erinnert diese Tacsonie an *P. ampullacea.*

Passionsblumen-Hybriden

P. x *adularia*

(R. J. R. Vanderplank 1993)

(*P. citrina* x *P. sanguinolenta*)

P. x adularia

Hierbei handelt es sich um die erste dokumentierte, interspezifische Hybride der Untergattung Plectostemma. *P. sanguinolenta* war von E. P. Killip 1938 der Untergattung Psilanthus zugeordnet worden. Dieses ist aber kürzlich von John MacDougal revidiert worden. Er hat die Art zutreffend Plectostemma zugeordnet.

P. x adularia

P. x adularia („die mondsteinfarbene Passionsblume") ist eine Hybride, wie er im Buche steht. Von jeder Elternpflanze sind etwa gleich viele Eigenschaften übernommen worden. Die Blütenfarbe liegt ungefähr in der Mitte zwischen dem leuchtenden Gelb der P. citrina und dem rötlichen Pink der P. sanguinolenta. Sie ist blaß pfirsich- oder mondsteingelb, der Durchmesser der Blüten beträgt bis zu 5,5 cm. Ihre reizvollen Blätter sind zweilappig und mit weichen Härchen bedeckt sowie mit grünlich-weißen Farbschattierungen entlang der zwei Hauptadern geschmückt. Ihre Länge und Breite liegen zwischen 8 und 8,5 cm. Eine kräftige, üppigblühende Kletterpflanze von kleiner bis mittlerer Größe. Sie wird maximal 3 Meter hoch und ist besonders gut geeignet, um in einem Pflanztopf von circa 12 cm Durchmesser als Zimmer- oder Topfpflanze gehalten zu werden. Im Winter muß sie vor Frost geschützt werden, die Temperatur darf nicht unter 4° Celsius sinken. Im kühlen Gewächshaus oder Wintergarten blüht sie von März bis Oktober. Wird sie bei über 14° C gehalten, blüht sie nahezu das ganze Jahr.

P. x *amethyst*

Der Ursprung dieser Hybride ist nicht bekannt, und ihr korrekter Name ist verwirrend. Inzwischen wird allgemein angenommen, daß sie eine Hybride von *P. caerulea* und - wahrscheinlich – *P. amethystina* ist. Sie wird auch *P.* 'Amethyst', *P.* 'Lavender Lady' und *P.* 'Star of Mikan' genannt. Unter diesen Namen wird sie häufig zum Kauf angeboten.

P. x *amethyst* ist eine sehr widerstandsfähige, reichblühende Hybride, die sich gut als Topf- und Gewächshauspflanze eignet. An geschützten Plätzen Südeuropas und im Südwesten Englands kann sie auch frei ausgepflanzt werden.

Eine nicht endende Folge vieler purpurner Blüten, 9–11 cm groß, kann man

P. 'Amethyst'

mens müssen Sorten einen einzelnen Sortennamen haben. Gibt es Unstimmigkeiten, welches der korrekte Name ist, dann hat die zuerst veröffentlichte Bezeichnung den Vorrang. Ursprünglich war *P.* x *belotii* 1824 von Dr. Lindley gezüchtet und *P. alatocaerulea* genannt worden. Der Name belotii wurde erst 1889 veröffentlicht – viele Jahre später. Er gilt aber als der erste korrekte Name dieser Hybride.

P. x *belotii* wächst kräftig und robust und wird fünf bis acht Meter groß. Die dreilappigen, unempfindlichen Blätter sind groß und glänzend, etwa 14 x 12 cm. Die Blüten sind groß und wohlriechend, ausgesprochen reizvoll und von korallenroter und weißer Färbung.

Die langen Koronafäden sind wunderschön purpurn, weiß und malvenfarbig

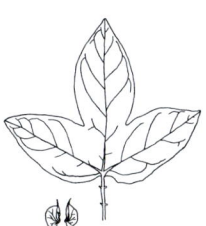

P. x belotii

erzielen, wenn man die Pflanze im beheizten Gewächshaus oder Wintergarten hält, von April bis Oktober unter kühleren Bedingungen. Die hübschen dunkelgrünen, dreilappigen Blätter bilden einen reizvollen Kontrast zu den Blüten. Früchte können erzielt werden, wenn sie durch *P. caerulea* oder *P. caerulea* 'Constance Elliot' fremdbestäubt wird. Von diesen Kreuzungen sind eine ganze Reihe anderer Hybriden bekannt.

Passiflora x belotii

(*P. alata* x *P. caerulea*)

Fast hundert Jahre lang war diese Sorte besser bekannt unter dem Namen *P.* x *alatocaerulea*, aber aufgrund des internationalen Nomenklatur-Übereinkom-

gestreift. Der Fruchtknoten, die Staubgefäße und Narben sind von einem gelblichen Olivgrün. Besonders dekorativ erscheint *P.* 'Kaiserin Eugenie'.

Im Winter muß die Pflanze geschützt stehen. Die Temperatur darf nicht unter 5° Celsius absinken. Wenn sie im kühlen Gewächshaus oder Wintergarten gehal-

P. 'Amethyst'
(links oben)
P. 'Kaiserin Eugenie'
(rechts unten)

227

P. 'Star of Clevedon'

im Winter ausreichend geschützt stehen. Sie sind begrenzt winterhart und können ohne weiteres leichten Frost überstehen. Wenn der oberirdische Teil der Pflanze aufgrund schlechten Wetters zerstört wurde, wächst sie aus den fleischigen Wurzeln nach. Auch sind diese Pflanzen gut geeignet für ungeheizte Gewächshäuser und Wintergärten. Sie ertragen Temperaturen bis zu - 4° C, aber nur für kurze Zeit. Werden sie fremdbestäubt, tragen diese Hybriden im allgemeinen brauchbare Früchte mit lebensfähigen Samen. Sie eignen sich gut zur Anzucht eigener Hybriden.

Die Blätter sind drei- oder fünflappig, von einem hübschen dunklen Grün. Die Blüten sind meist 7–11 cm groß, die Korona hat ungefähr die Hälfte bis Dreiviertel des Durchmessers der Blüte, oft sehr wohlduftend und für Insekten, auch Schmetterlinge, im Sommer sehr einladend. Folgend seien einige bekanntere Hybriden genannt:

Cold Blue
Guido Van Herck (Belgien),
blaue und weiße Blüten.

Creamy
Guido Van Herck (Belgien),
cremeweiße Blüten.

Fixstern
Monika Gottschalk (Deutschland),
zarte malvenfarbige und weiße Blüten.

Jeannette
Patrick Worley (USA), Blüten von einem tiefen Lavendel und Mauve, intensiv duftend.

Marie
Patrick Worley (USA), weiße und sehr

ten wird, blüht sie von März bis November, im geheizten Treibhaus blüht sie während des ganzen Jahres.

P. caerulea x P. x amethyst
(*P. caerulea* 'Constance Elliot'
x *P.* x *amethyst*)

Diese Hybriden sind sehr zahlreich, und alle ähneln sich im Aussehen und in der Art der Blüten. Sie sind robust und blühen das ganze Jahr durch, wenn sie

blaß malvenfarbige Blüten, intensiv duftend.

Star of Bristol
J. Vanderplank (Großbritannien) 1987, zarte, hübsche malvenfarbige Blüten.

Star of Clevedon
J. Vanderplank (Großbritannien) 1987, große weiße Blüten- und Kelchblätter, lavendelfarbige Korona.

Violet Star
Monika Gottschalk (Deutschland), reizende violett-malvenfarbige und weiße Blüten.

Passiflora x colvillii Sweet 1924
(*P. incarnata* x *P. caerulea*)

Diese Hybride wurde von Colvilles Nurseries, Großbritannien, gezüchtet. Sie

P. x colvillii, Frucht

hat die Anlage zu echter Winterhärte, aber wie bei so vielen Hybriden von *P. caerulea* ist sie etwas weniger winterfest als jede ihrer beiden Elternpflanzen, aber dennoch eine beliebte Passionsblume für ungeheizte Wintergärten oder Gewächshäuser. An geschützten Stellen in Süd-europa und dem Südwesten Großbritanniens kann die Pflanze auch im Freien gehalten werden. Sie verträgt Temperaturen um - 2° C nur kurzfristig. Falls ihre oberirdischen Teile den Winter nicht überstehen, kann sie aus den Wurzeln wieder neu ausschlagen.

P. x *colvillii* bringt von April bis September fortlaufend mittelgroße, betörend duftende Blüten hervor, die einen Durchmesser von ungefähr 9 cm aufweisen.

Die dreilappigen, 8 x 9 cm großen Blätter ähneln denen von *P. incarnata*. Die Blüten- und Kelchblätter sind rein weiß; die langen, sich verjüngenden Fäden der Korona kräuseln sich an den Spitzen und sind im Zentrum der Blüte von einem tiefen Lavendel, in der äußeren Hälfte lila, und haben etwa in der Mitte ein breites weißes Band.

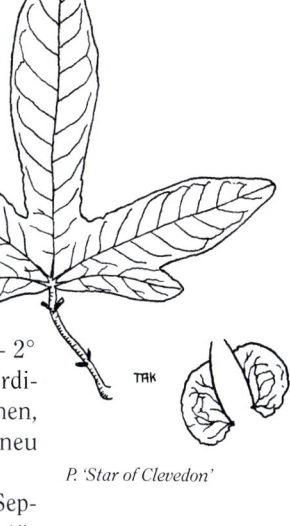

P. 'Star of Clevedon'

P. x colvillii

P. x decaisneana Plandron J. E. 1853
(*P. alata* x *P. quadrangularis*)

Diese Hybride von *P. alata* x *P. quadrangularis* ist in ganz Europa bekannt, allerdings nicht unter ihrem korrekten Namen, sondern irrtümlich als *P. quadrangularis*. Diese Verwirrung entstand, weil sie einer der wilden Formen von *P. quadrangularis* sehr ähnlich ist. Die Wildformen können auch rötliche Blüten haben, aber sie sind kleiner und weniger eindrucksvoll als *P.* x *decaisneana*. Die Früchte der Wildformen dieser Art sind viel größer. Sie können bis zu vier Kilogramm wiegen und sind gelbgrün in der Reife, während die Früchte von *P.* x *decaisneana* bei Reife von bräunlichem Orange sind und nicht einmal ein Kilo wiegen.

Die Blätter sind 30 x 14 cm groß und nicht gelappt. Der Blattstiel hat vier große Drüsen, gelegentlich zwei weitere an der Blattspreite, während *P. quadrangularis* gewöhnlich sechs Blattstieldrüsen hat. Die Blüten sind sehr groß und schwer, duften lieblich, etwa 12 cm im Durchmesser. Blüten- und Kelchblätter

P. 'Evatoria'

sind von einem vollen, tiefen Kastanienbraun, die Fäden der Korona sind dick und fleischig und wunderhübsch mehrfach violett-weiß und rötlich-purpurn gestreift.

Wird die Blüte mit irgendeiner Sorte von *P. alata* fremdbestäubt, dann trägt sie Früchte, die sehr süß und gut zu essen sind. Sie sind besonders geeignet für Säfte.

P. x *decaisneana* kann wie ihre Elternpflanzen sehr groß werden; zudem kann eine einzelne Pflanze in einer Saison vierzig bis fünfzig Früchte tragen. In kleineren Wintergärten oder Gewächshäusern hält man sie am besten in großen Töpfen, damit das Wachstum kontrolliert werden kann. Obwohl sie einen leichten Frost überstehen würde, überwintert man sie am besten in einem frostgeschützten Wintergarten bei nicht unter 4° C. Keine so kultivierte Passionsblume sollte kälter überwintert werden.

Passiflora x *elizabeth* Patrick Worley

P. x *elizabeth* ist *P.* x *colvillii* sehr ähnlich und hat möglicherweise dieselbe Abstammung. Sie ist aber etwas robuster, hat größere Blüten und wird bis zu 5 Meter hoch. Diese Hybride kann an geschützten Plätzen auch - 2° C aushalten. Wie ihre Stammpflanzen ist sie staudenähnlich und schlägt aus den fleischigen Wurzeln wieder aus, falls die oberirdischen Teile bei Frost abgestorben sind.

Die Blätter sind dreilappig und haben eine Größe von 10 x 11 cm. Die duftenden Blüten sind mittelgroß, lavendelfarbig oder hell lavendelfarbig und bis zu 9 cm groß. Die Koronafäden sind lang und gebändert mit lavendelfarbigen Streifen sowie tiefviolett oder purpur. Die Pflanze trägt süße, eßbare Früchte, wenn die Blüte fremdbestäubt wird. Sie eignet sich zur Kultur an geschützten Stellen im Freien oder im ungeheizten Gewächshaus.

P. x *evatoria* Cor Laurens 1992
(*P. quadrangularis* x *P. caerulea*
'Constance Elliot')

Diese Kreuzung ist die erste des Passionsblumenzüchters Cor Laurens aus den Niederlanden, die im Jahre 1992 erstmalig blühte. Der weibliche Teil der Elternpflanzen ist die gewöhnliche *P. quadrangularis* mit großen Blüten und nicht ganz so großen Früchten. Daher besteht auch die Möglichkeit, daß es sich hierbei um *P. x decaisneana* (*P. quadrangularis* x *P. alata*) gehandelt haben könnte. Die männliche Elternpflanze war *P. caerulea* 'Constance Elliot'.

Der Stamm der Kletterpflanze ist rund, die Blätter sind dreilappig und ähneln denen von *P. x belotii*. Die Blüten- und Kelchblätter sind rosafarben, die Koronaspitze ist weiß. Weiterhin ist sie in intensivem Lavendel und Purpur gebändert. Die im Sommer reichlich erscheinenden duftenden Blüten haben einen Durchmesser um 8 cm. Das hervorstehende Androgynophor ist blaßgrün. Die Pflanze muß im Winter frostgeschützt stehen, wobei die Temperatur nicht unter 5° C absinken soll. Im Sommer kann sie im Freien gehalten werden.

Die Pflanze ist benannt worden nach der Tochter des Züchters.

P. x *exoniensis*
(*P. antioquiensis* x *P. mollissima*)

Diese wunderschöne Hybride ist 1916 von L. H. Bailey geschaffen worden und ist heute eine der beliebtesten Gewächshaus-Passionsblumen. Leider wird sie oft mit ihrer Stammpflanze *P. antioquiensis* verwechselt, die ähnlich gefärbte Blüten und fast identische Blätter hat. In den meisten botanischen Gärten und privaten Sammlungen in Europa sind die Pflanzen, die mit *P. antioquiensis* bezeichnet werden, in Wirklichkeit *P. x exoniensis*. Am leichtesten kann man diese beiden Passionsblumen unterscheiden, wenn man die Länge des Blütenstieles und der Kelchröhre mißt. Bei *P. x exoniensis* ist der Blütenstiel selten länger als 10 cm. Bei *P. antioquiensis* ist er über 15 cm, oft sogar über 30 cm lang. *P. x exoniensis* hat eine Kelchröhre von

P. x exoniensis

231

P. x exoniensis

P. x incense

6,5–12 cm Tiefe, während sie bei *P. antioquiensis* höchstens 5 cm mißt.

P. x *exoniensis* bringt sehr große, leuchtendrosa, herabhängende, 21 cm große Blüten mit langer Kelchröhre hervor. Wenn die Wachstumsbedingungen günstig sind, blüht sie von Februar bis Dezember. So wie *P. mollissima* kommt *P.* x *exoniensis* nicht richtig zum Blühen, wenn die Temperaturen im Hochsommer zu hoch sind. Hat man sie aber im Freien an einem kühlen Platz im Garten stehen, kann sie dauerhaft blühen. Schutz vor Frost im Winter ist zwar wichtig, aber wenn die oberirdischen Teile der Pflanze leichtem Frost ausgesetzt sind, schadet ihr das weiter nichts, vorausgesetzt, die Wurzeln sind geschützt.

Wird sie von Hand fremdbestäubt mit *P. mollissima*, trägt sie Früchte, die von akzeptabler Größe und ansprechendem Geschmack sind. Sie ähneln denen von *P. mollissima* (Bananen-Passionsfrucht).

P. x *fledermouse* Patrick Worley
P. perfoliata x *P. biflora*

Eine höchst ungewöhnliche Hybride, die Patrick Worley gezogen hat. Eine überraschend erfolgreiche Kreuzung, die in den USA zum Kauf angeboten wird. Robust und üppig blühend mit Trauben kleiner, kastanienbrauner Einzelblüten. Die zweilappigen Blätter sind äußerst hübsch anzusehen. Diese Pflanze ist nur für beheizte Wintergärten oder entsprechende Gewächshäuser geeignet.

P. x „hot shot" Cor Laurens 1994
(*P. vitifolia* x *P. coccinea*)
Diese Hybride muß sich noch durchsetzen, obwohl ihr Gegenstück von gleicher

Abstammung, *P.* x *cordelia*, in den USA allgemein bekannt ist. Beide sind sich bemerkenswert ähnlich und bringen intensiv rote Blüten mit einer kleinen weißen Mitte hervor und sind *P. vitifolia* recht ähnlich.

Die Vorzüge dieser Hybride müssen noch erforscht werden. Vielleicht erweist sie sich als in größerem Maße winterhart oder ist besonders üppig blühend.

P. x *incense* J. R. Knight 1973
(*P. incarnata* x *P. cincinnata*)

P. x *incense* wurde durch Zufall von der Miami Horticulture Research Station erzeugt, als sie die Möglichkeiten erforschten, neue kälteverträgliche oder winterfeste Hybriden zu züchten, die eßbare Früchte von guter Qualität hervorbringen.

Sie ist seit 1973 zum Verkauf freigegeben, und seitdem wurde sie zur beliebtesten Garten-Hybride der Neuzeit. Heute wird sie in großer Zahl von den Baumschulen und Garten-Centern auf beiden Seiten des Atlantiks angeboten.

Den ganzen Sommer über bringt sie eine Fülle großer, ausgefallener, tief lavendelblauer oder purpurner, intensiv duftender Blüten hervor, bis in den späten Herbst hinein. Sogar während des Winters blüht sie noch, wenn sie ausreichend geschützt steht. Dekorative fünflappige, dunkelgrüne Blätter bilden einen interessanten Hintergrund für die Blüten.

P. x *incense* kann, wie ihre Stammpflanze *P. incarnata*, unterirdisch überwintern mit Hilfe ihrer dicken, fleischigen, staudenähnlichen Wurzeln. Sie kann sogar strengeren Frost überdauern, wenn der Boden nicht zu tief durchfriert.

P. x incense

Dabei muß der Boden gut entwässert und trocken sein. Besser ist es, sie in Töpfen in frostgeschützten Wintergärten oder Garagen zu überwintern. Die neue Wachstumsperiode beginnt in beheizten Wintergärten meist Ende Februar oder Anfang März, im Freien erst im Mai oder Juni oder sogar noch später.

P. x incense ist eine sehr ansprechende und robuste Hybride. Auch wenn sie nicht immer ganz einfach großzuziehen ist, sollte sie in keiner Sammlung fehlen.

P. x kewensis Nichols. 1888 (1901)

Man nimmt an, daß es sich hier um eine Hybride von *P. caerulea* und *P. raddiana* (*P. kermesina*) handelt. Sie ist in mancherlei Hinsicht den Hybriden aus *P. caerulea* x *P. racemosa* ähnlich. Das ist nicht überraschend, wenn man die Ähnlichkeiten von *P. raddiana* und *P. racemosa* bedenkt. Obwohl sie nicht sehr verbreitet ist, findet man sie doch in etlichen botanischen Gärten wie etwa in den Roy-

al Botanical Gardens in Kew, auf die auch ihr Name zurückzuführen ist.

Die hübsche, robuste Kletterpflanze wird vier bis fünf Meter hoch. Ihre Blätter sind ansehnlich dreilappig und weißbehaucht, dick und lederartig. Die Blüten erscheinen in Trauben. Blüten- und Kelchblätter sind hellrosa und die Fäden der Korona rein weiß. Ihre Blütezeit sind die Monate von April bis September. Sie muß vor niedrigen Temperaturen geschützt werden. Unter 7° C ist schädlich. Eine unfruchtbare Hybride, doch es lohnt sich, sie in einem mittelgroßen Gewächshaus oder Wintergarten zu ziehen.

P. x purple haze
Cor Laurens 1994
(*P. caerulea* x *P. amethystina*)

Bei dieser Hybride handelt es sich um eine Kreuzung, wobei es sich beim weiblichen Elternteil um eine wildwachsende *P. caerulea* handelt,

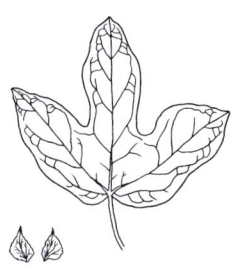

P. x kewensis

P. 'Purple Haze'

233

der männliche Elternteil ist *P. amethystina.*

Die dreilappigen Blätter dieser Hybride sind dunkelgrün glänzend, ihre angenehm duftenden Blüten besitzen bis zu 20 cm lange Blütenstiele wie *P. amethystina.* Die Blüten- und Kelchblätter sind rosafarben. Der innere Teil der Korona ist dunkelrot bis kastanienbraun, es folgt ein schmales weißes Band. Die andere Hälfte der Koronafilamente ist purpurviolett gefärbt. Die Narben sind rot, die Staubbeutel grün mit Gelb.

Die Kletterpflanze blüht reich von Mai bis in den Oktober. Die sich entwickeln-

P. 'Purple Haze' (oben)

P. x kewensis (rechts)

den, elliptisch geformten Früchte erreichen eine Länge von 5 cm und eine Breite von 3,5 cm. Sie sind im Reifezustand hellgelb.

Wie auch *P. x incense* widersteht *P. x purple haze* leichtem Frost.

P. x red inca Cor Laurens 1994
(*P. coccinea* x *P. incarnata*)

Die weibliche Elternpflanze dieser von Cor Laurens in Holland gezüchteten Hybride ist *P. coccinea*, die männliche *P. incarnata*. Das Einzigartige an dieser aufsehenerregenden neuen Kreuzung ist die Zusammensetzung der Elternpflanzen. So stammt *P. coccinea* aus den sehr warmen Gebieten von Venezuela bis zum Amazonasbecken, während *P. incarnata* eine der frostresistentesten Passionsblumenarten ist. Leider hat *P. x red inca* nicht die Frosthärte von *P. incarnata* geerbt, doch können ältere Exemplare durchaus einige Tage leichteren Frost ertragen. Der Boden muß dann allerdings gut drainiert und darf nicht naß sein.

Ihre dreilappigen Blätter sind sehr weich und haarig, ebenso wie ihr Stamm. Die duftende Blüte erreicht einen Durchmesser um 7 cm, ihre Blüten- und Kelchblätter sind rot wie die von *P. coccinea*. Die Korona ist unterschiedlich gefärbt. Im Zentrum ist sie weiß, sonst sind die Koronafilamente rot und weiß und purpurn gebändert. Wie bei der Elternpflanze *P. incarnata* sind die Narben weiß bis hellgrün gefärbt, die Staubbeutel grün und gelb. Früchte konnten an dieser Hybride noch nicht beobachtet werden, möglicherweise ist sie steril. Die Pflanze ist empfindlich gegenüber Spinnmilbenbefall.

P. 'Red Inca'

Es werden weltweit viele Passionsblumenarten und -sorten gekreuzt, doch oft stellen diese Kreuzungen keine Verbesserungen dar und werden nicht weitervermehrt. Eine wirklich einzigartige, besonders wertvolle Hybride zu finden, ist ausgesprochen selten. Züchter neigen verständlicherweise dazu, eher „ihren" Hybriden eine interessante Zukunft zu prophezeien. Doch meistens trifft diese Voraussage, wie Erfahrungen aus der Vergangenheit lehren, nicht ein. Doch die Hybride 'Red Inca' von Cor Laurens hat alle Zutaten, die eine Passionsblume mit Zukunftschancen ausmachen: Eine wunderhübsche rote Blüte, die interessant zu den zartgrünen Blättern kontrastiert, eine reiche Blütefülle und eine relative Kälteakzeptanz. Wenn sich diese Eigenschaften als dauerhaft erweisen, zählt 'Red Inca' sicher zu den wenigen neuen Hybriden mit Zukunft.

P. 'Red Inca'

235

leichten Frost vertragen. In südlicheren
Gegenden kann sie problemlos im Freien
gehalten werden. Zwei ähnliche Hybri-

P. 'Red Bird' (oben)
P. 'Coral Glow' (rechts)
P. 'Coral Sea' (unten)

P. x smythiana

Die Pflanze ist eine Hybride von P. mollissima und einer unbekannten Sorte,
vielleicht P. antioquiensis, aber wahr-
scheinlicher P. manicata. Sie ähnelt in

den, die von Patrick Worley gezogen wurden und möglicherweise dieselben Stammpflanzen haben, werden in den USA sehr
häufig zum Kauf angeboten. Das sind P. x
coral sea und P x coral glow.

Bei *P.* 'Red Bird' handelt es sich um eine Rückkreuzung von *P.* x *coral glow* mit
P. manicata.

P. x sunburst
(*P. gilbertiana* x *P. jorullensis*)
Patrick Worley

P. x smythiana

Aussehen und Blüte P. mollissima, hat
aber sehr auffallende, große orange und
karminrote Blüten. Sie blüht üppig, unter kühleren Bedingungen im Frühling
und Herbst oder im Freien an schattigen
Plätzen während des Sommers und kann

Diese ungewöhnliche Hybride von Patrick Worley wurde erstmals 1983 öffentlich bekanntgemacht. Ihr äußerst anzie-
hendes zweilappiges Blattwerk mit den
sehr auffallenden Nektardrüsen und der
attraktiven Buntheit läßt die leuchtend
orange und gelben, etwa 2,5 cm großen
Blüten besonders gut hervortreten. P. x
sunburst hat eine unangenehme Eigen-
schaft seiner Stammpflanze *P. gilbertiana* behalten, nämlich den Geruch der

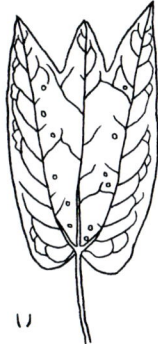

P. 'Sunburst'

P. 'Sunburst'

Blüten, der von ihrem Entdecker Dr. L. G. Gilbert mit dem Geruch im Schweinestall verglichen wurde. Trotzdem lohnt es sich, diese auffällig schöne Pflanze zu ziehen.

Sie ist für frostgeschützte Gewächshäuser oder Wintergärten geeignet, die Temperatur sollte 7° C nicht unterschreiten.

P. x *violacea* Loisel 1824

Gemäß den komplizierten Regeln der internationalen Nomenklatur ist *P. x viola-cea* der korrekte Name für alle Hybriden aus *P. caerulea* x *P. racemosa,* auch für die Varietät *P. caerulea* 'Constance El-liot'. Sie ist die früheste aller Passions-blumen-Hybriden und kann unter vielen Bezeichnungen gekauft werden, nur nicht unter ihrem richtigen Namen. Man findet sie oft in Europa und Großbritan-nien angeboten als *P. racemosa, P. cae-rulearacemosa, P.* 'Victoria', *P.* 'Eynsford Gem', *P.* 'Lila Lady' und *P.* x *tresederi.*

Die korrekten Bezeichnungen für die Varietäten wären:
- *P.* x *violacea* cv. 'Eynsford Gem'
- *P.* x *violacea* cv. 'Victoria'
- *P.* x *violacea* cv. 'Tresederi'
- *P.* x *violacea* cv. 'Lila Lady'

P. x violacea

237

P. 'Victoria'

P. caerulea x P. racemosa Form 3

P. x violacea ist die bekannteste und am häufigsten kultivierte Hybride in Europa. Sie hat die Winterhärte von P. caerulea geerbt und ist auf dem ganzen Kontinent an geeigneten, gut geschützten Plätzen zu finden.

Die genannten vier unterschiedlichen Varietäten sind unter dem Namen *P.* x *violacea* zusammengefaßt. Sie sind sich alle sehr ähnlich und oft auch falsch benannt. Nur *P.* x *violacea* cv. 'Eynsford Gem' unterscheidet sich ausreichend, um sofort erkannt zu werden. Nicht durch ihre Blüten, sondern durch ihren Zwergwuchs. Sie wird selten höher als 1,5 Meter, meist bleibt sie kleiner, was sie zur idealen Kletterpflanze für das kleine Gewächshaus oder für das Fensterbrett macht.

Alle diese kultivierten Hybriden (cv.) haben zähe, wachsartige, dunkelgrüne, drei- oder fünflappige Blätter. Die Blüten sind von leuchtendem rötlichen Purpur und Weiß, 9–11 cm groß. Sie stehen einzeln oder in Paaren in den Blattachseln oder hängen an langen Trauben. Die Blüten- und Kelchblätter sind rötlich purpurn, die Fäden der Korona tief purpurn im Zentrum und von unterschiedlicher

Länge. Sie sind in unterschiedlicher Länge, drei Viertel bis ein Viertel zur Spitze, weiß. Die anderen drei bekannten Sorten kann man hauptsächlich an dem Verhältnis von Weiß zu Purpur bei den Koronafäden unterscheiden. *P.* x *violacea* cv. 'Victora' hat zu ein Viertel purpurne und zu drei Viertel weiße Koronafäden, *P.* x *violacea* cv. 'Lilac Lady' hat je zur Hälfte purpurne und weiße Fäden, und *P.* x *violacea* cv. 'Tresederi' hat zu drei Viertel purpurne und zu einem Viertel weiße Fäden.

Gelegentlich bilden sich Früchte, aber sie haben keinen keimfähigen Samen. Diese Hybride ist unfruchtbar. Sie sollte an frostfreien Plätzen gezogen werden, kann aber leichten Frost vertragen. Es ist immer eine besondere Freude, sie im Sommer in voller Blüte anzuschauen. Weitere Hybriden sind aufgeführt im Abschnitt „Liste der bekannten Hybriden".

Tabelle
Passionsblumen

Arten, Untergattungen, Überwinterung, Herkunft

Folgend sind tabellarisch wichtige Informationen zu verschiedenen *Passiflora-arten* aufgeführt. Das Nennen von Mindesttemperaturen, die bei der Kultur von Passionsblumen, insbesondere im Winter, berücksichtigt werden müssen, kann nicht völlig befriedigen. Zu unterschiedlich sind die individuellen Bedingungen, unter denen die Pflanzen gehalten werden. Besonders abgehärtete Pflanzen, die während des Sommers im Freien gehalten wurden, überstehen gewöhnlich niedrigere Temperaturen besser als solche, die ganzjährig unter Glas kultiviert wurden. Wichtig ist auch die Feuchte des Substrats. Bei trocknerem Boden werden im allgemeinen niedrigere Temperaturen besser verkraftet. Und schließlich ist auch die Ausreife der Pflanze maßgeblich für die Empfindlichkeit gegenüber sehr niedrigen Temperaturen. Wer Passionsblumen optimal über den Winter bringen will, muß auf eine ausreichende Bodentemperatur achten. Die in der Tabelle angegebenen Temperaturbereiche beziehen sich auch auf die Bodentemperatur.

Der Tabelle können daher nur Temperatur-Richtwerte entnommen werden, bei deren Einhaltung die jeweiligen Arten erfahrungsgemäß recht sicher über den Winter kommen.

Einige Arten sind gar nicht oder nur selten in Kultur anzutreffen. Hier beziehen sich die Angaben zur Überwinterung auf die Temperaturen, die hinsichtlich ihres natürlichen Vorkommens und der Ansprüche ihrer engeren Verwandten empfohlen werden.

Die Angaben zur Herkunft beschränken sich auf wichtige Gebiete. Nähere Informationen können den Pflanzenbeschreibungen entnommen werden.

Bei der Zuordnung der Arten zu den entsprechenden Untergattungen wurde in erster Linie auf die derzeit allgemein anerkannte Klassifikation (siehe auch Kapitel „Die Klassifikation") dieser Gattung geachtet. Die Zuordnung einiger neuerer Arten durch John MacDougal zur Untergattung Decaloba (DC) Rehb. wurde mit einem * kenntlich gemacht. Sie soll zukünftig die Untergattung Plectostemma ersetzen.

K – Kalthaus.
> Die Pflanzen sollten im Winter frostfrei bei 5–10°C im hellen Haus überwintert werden. Einige Arten können auch im Freiland gehalten werden, Frostschutz ist gewöhnlich anzuraten.

T – Temperiertes Haus.
> Die Pflanzen werden im Winter bei 10–15°C hell gehalten.

W – Warmhaus.
> Auch im Winter sollen die Temperaturen dieser Tropenarten bei über 15°C liegen.

241

P. naviculata

Z – Zimmerkultur.

Bei diesen Arten hat sich gezeigt, daß sie auch in einem Wohnzimmer an einem hellen Platz befriedigend wachsen. Der Kulturerfolg ist von den jeweiligen Bedingungen sehr abhängig. Auch andere Arten lassen sich u. U. zufriedenstellend im Zimmer kultivieren.

M Amerika
Mittelamerika
M–S Amerika
Von Mittel- bis Südamerika
N Venezuela
nördliches Venezuela
O USA
östliche USA
S Amerika
Südamerika
SO Asien
südöstliches Asien
SO Brasilien
Südostbrasilien
WI Inseln
Westindische Inseln

Die Informationen über die Zugehörigkeit der Arten zur entsprechenden Untergattung und zu ihrer Herkunft sollen Rückschlüsse über die Kulturerfordernisse erlauben. Die Temperaturansprüche der aus höheren Gebirgslagen stammende Arten wurden in der Rubrik „Winter" berücksichtigt.

Art	Subgenus	Winter	Herkunft
P. actinia	Passiflora	K, Z	SO Brasilien
P. acuminata	Passiflora	W	Brasilien
P. adenopoda	Pseudodysosmia	T–W	M–S Amerika
P. adulterina	Tacsonia	T	Kolumbien
P. alata	Passiflora	T, Z	Brasilien
P. allantophylla	Plectostemma	W	Guatemala
P. alnifolia	Plectostemma	T	Kolumbien
P. amabilis	Passiflora	T	Brasilien
P. ambigua	Passiflora	W	M–S Amerika
P. amethystina	Passiflora	T	Brasilien
P. ampullacea	Tacsonia	K	Ecuador
P. andina	Rathea	T	Kolumbien
P. andreana	Plectostemma	T	Kolumbien
P. anfracta	Plectostemma	W	Ecuador
P. antioquiensis	Tacsonia	K	Kolumbien
P. apetala	Plectostemma	T–W	M Amerika
P. apoda	Plectostemma	W	Kolumbien
P. arbelaezzii	Decaloba*	W	Costa Rica
P. arborea	Astrophea	W	Kolumbien
P. arida	Dysosmia	T	Kalifornien
P. aurantia	Plectostemma	W	SO Asien
P. auriculata	Plectostemma	T–W	M–S Amerika
P. bauhinifolia	Plectostemma	T	S Amerika
P. berteriana	Plectostemma	W	WI Inseln
P. biflora	Plectostemma	W	M–S Amerika
P. bilobata	Plectostemma	W	Puerto Rico, Haiti
P. bogotensis	Plectostemma	T	Kolumbien
P. brevifolia	Passiflora	T	Costa Rica
P. brevipes	Plectostemma	W	Belize
P. bryonioides	Plectostemma	T	M Amerika
P. buchtienii	Distephana	K–T	Bolivien
P. caerulea	Passiflora	K, Z	Brasilien
P. candollei	Plectostemma	W	Peru, Bolivien
P. canescens	Passiflora	W	Brasilien
P. capparidifolia	Passiflora	W	Guyana
P. capsularis	Plectostemma	K–T, Z	Brasilien, Paraguay
P. chelidonea	Plectostemma	W	Kolumbien
P. chrysophylla	Dysosmia	T	Paraguay, Uruguay
P. cincinnata	Passiflora	W	Brasilien
P. cinnabarina	Plectostemma	K	Australien
P. cirrhiflora	Polyanthea	T–W	Guyana

Tabelle Passionsblumen

Art	Subgenus	Winter	Herkunft
P. citrina	Plectostemma	T, Z	Honduras, Guatemala
P. clathrata	Dysosmia	W	Brasilien
P. coactilis	Tacsonia	K–T	Ecuador
P. coccinea	Distephana	W	Venezuela
P. colimensis	Plectostemma	W	Mexiko
P. colinvauxii	Pseudogranadilla	K	Ecuador
P. complanata	Decaloba*	W	S Amerika
P. conzattiana	Plectostemma	T–W, Z	Mexiko
P. coriacea	Plectostemma	T–W, Z	M–S Amerika
P. cornuta	Passiflora	T–W	Brasilien
P. costaricensis	Plectostemma	T–W	M Amerika
P. crispolanta	Tacsonia	K–T	Kolumbien

P. gibertii

Art	Subgenus	Winter	Herkunft
P. cuatrecasasii	Tacsonia	K–T	Kolumbien
P. cumbalensis	Tacsonia	K–T	Kolumbien
P. cuneata	Plectostemma	W	Venezuela, Kolumbien
P. cuprea	Pseudomurucuja	W	Kuba, Bahamas
P. cuspidifolia	Plectostemma	W	Kolumbien
P. cuzcensis	Passiflora	T–W	Peru
P. cyanea	Passiflora	W	Trinidad, Tobago
P. dalechampioides	Passiflora	W	Bolivien
P. danielii	Passiflora	W	Kolumbien
P. dasydenia	Passiflora	W	Kuba
P. deltoifolia	Passiflora	W	Ecuador
P. dictamo	Plectostemma	W	Mexiko
P. discophora	Plectostemma	W	Ecuador
P. discoreaefolia	Plectostemma	T	Costa Rica
P. dolichocarpa	Plectostemma	T	Guatemala
P. edulis	Passiflora	K–T, Z	Brasilien
P. eggersii	Passiflora	W	Ecuador
P. eichleriana	Passiflora	T	Paraguay
P. escobariana	Decaloba*	T–W	Kolumbien
P. exoperculata	Plectostemma	T	Bolivien
P. exsudans	Plectostemma	T	Mexiko
P. ferruginea	Plectostemma	W	Peru
P. filamentosa	Passiflora	T	Brasilien
P. filipes	Plectostemma	T	M–S Amerika
P. foetida	Dysosmia	T–W, Z	S Amerika
P. galbana	Passiflora	W	Brasilien
P. gardnerii	Passiflora	W	Brasilien
P. gigantifolia	Astrophea	W	Ecuador
P. gibertii	Passiflora	W	S Amerika
P. gilbertiana	Decaloba*	T–W	Costa Rica
P. glandulosa	Distephana	W	Brasilien
P. goniosperma	Plectostemma	W	Mexiko
P. gracilis	Plectostemma	T–W	M–S Amerika
P. gracillima	Tryphostemmatoides	K–T	M–S Amerika
P. gritensis	Passiflora	T	Venezuela
P. guazumaefolia	Passiflora	W	Venezuela, Kolumbien
P. guentherii	Passiflora	W	Bolivien
P. hahnii	Plectostemma	W, Z	M–S Amerika
P. harlingii	Rathea	K–T	Ecuador
P. helleri	Plectostemma	T	M Amerika
P. herbertiana	Plectostemma	K	Australien

245

Art	Subgenus	Winter	Herkunft
P. heterophylla	Plectostemma	W	WI Inseln
P. hirtiflora	Plectostemma	W	S Amerika
P. holosericea	Plectostemma	W	M–S Amerika
P. incarnata	Passiflora	K	O USA
P. indecora	Pseudogranadilla	K	Ecuador
P. insignis	Tacsonia	K–T	Bolivien
P. involucrata	Distephana	W	Peru
P. ischnoclada	Passiflora	W	Brasilien
P. jamesonii	Tacsonia	K	Ecuado
P. jilekii	Passiflora	W	Brasilien
P. jorullensis	Plectostemma	W	Mexiko
P. kalbreyeri	Plectostemma	T	Venezuela, Kolumbien
P. karwinskii	Plectostemma	T	Mexiko
P. kermesina	Passiflora	W	Brasilien
P. killipiana	Passiflora	W	Kolumbien
P. lancearia	Plectostemma	W	Costa Rica
P. laurifolia	Passiflora	W	M–S Amerika
P. lehmannii	Passiflora	T	Kolumbien
P. lepidota	Dysosmia	W	Brasilien
P. ligularis	Passiflora	T–W	M–S Amerika
P. lindeniana	Astrophea	W	Venezuela
P. lobata	Decaloba*	W	Costa Rica

P. karwinskii

Art	Subgenus	Winter	Herkunft
P. lobbii	Plectostemma	K–T	Peru
P. longipes	Passiflora	T	Kolumbien
P. loretensis	Passiflora	W	Peru
P. lovidesae	Decaloba*	W	Venezuela
P. loxensis	Tacsonia	K	Ecuador
P. lutea	Plectostemma	K	USA
P. lyra	Plectostemma	W	N Venezuela
P. macrocarpa	Passiflora	M	M–S Amerika
P. macrophylla	Astrophea	W	Ecuador, Kolumbien
P. macropoda	Granadillastrum	T–W	Bolivien
P. magnifica	Passiflora	T–W	Kolumbien
P. malacophylla	Passiflora	W	Brasilien
P. maliformis	Passiflora	W, Z	WI Inseln, S Amerika
P. mandonii	Tacsonia	K	Bolivien
P. manicata	Granadillastrum	T	S Amerika
P. mapiriensis	Passiflora	T–W	Bolivien
P. marginata	Passiflora	T	Brasilien
P. miersii	Passiflora	T	Brasilien
P. matthewsii	Tacsonia	K	Ecuador
P. mayarum	Distephana	W	M Amerika
P. membranacea	Plectostemma	T	Mexiko
P. menispermifolia	Passiflora	W	S Amerika
P. mexicana	Plectostemma	T–W	Mexiko
P. micropetala	Plectostemma	W	Amazonas Brasilien
P. microstipula	Decaloba*	W	Mexiko
P. misera	Plectostemma	W	M–S Amerika
P. mixta	Tacsonia	K, Z	S Amerika
P. mollissima	Tacsonia	K	S Amerika
P. monadelpha	Plectostemma	T	Ecuador
P. montana	Passiflora	W	Ecuador
P. mooreana	Passiflora	W	Argentinien, Bolivien
P. morifolia	Plectostemma	T, Z	M–S Amerika
P. mucronata	Passiflora	W	Brasilien
P. multiflora	Apodogyne	W	Westindische Inseln
P. multiformis	Passiflora	W	Venezuela
P. mutisii	Astrophea	W	Kolumbien
P. naviculata	Passiflora	T	S Amerika
P. nelsonii	Passiflora	T	Mexiko, Guatemala
P. nigradenia	Passiflora	W	Bolivien
P. nitida	Passiflora	W	Venezuela
P. obovata	Plectostemma	W	Honduras

Tabelle Passionsblumen

Art	Subgenus	Winter	Herkunft
P. obtusiloba	Plectostemma	K	Peru
P. ocanensis	Astrophea	W	Kolumbien
P. odontophylla	Passiflora	W	Brasilien
P. oerstedii	Passiflora	T-W	M–S Amerika
P. organensis	Plectostemma	T	Brasilien
P. ornithoura	Plectostemma	T–W	Guatemala
P. palenquensis	Passiflora	W	Ecuador
P. pallens	Passiflora	T	Südflorida
P. palmatisecta	Passiflora	W	Bolivien, Argentinien
P. palmerii	Dysosmia	T–W	Mexiko
P. parritae	Tacsonia	K–T	Kolumbien
P. pedata	Passiflora	W	WI Inseln
P. pendens	Decaloba*	W	Mexiko
P. penduliflora	Astephia	W	Jamaica
P. perfoliata	Pseudomurucuja	K–T	Jamaika
P. pergrandis	Passiflora	T–W	Ecuador
P. pedata	Passiflora	W	WI Inseln, Brasilien
P. pediculata	Plectostemma	W	Costa Rica
P. pinnatistipula	Tacsonia	K	S Amerika
P. pittieri	Astrophea	W	Costa Rica, Belize
P. platyloba	Passiflora	W	M Amerika
P. podadenia	Plectostemma	T–W	Mexiko
P. poeppigii	Plectostemma	W	Peru
P. popenovii	Passiflora	W	Ecuador
P. porphyretica	Plectostemma	W	Mexiko, Guatemala
P. praeacuta	Passiflora	T	Kolumbien, Ecuador
P. prolata	Passiflora	T	M Amerika
P. psilantha	Tacsonia	K	Ecuador
P. pterocarpa	Decaloba*	W	Guatemala
P. pubera	Astrophea	W	Kolumbien
P. pulchella	Plectostemma	T–W	M–S Amerika
P. punctata	Plectostemma	W	S Amerika
P. pusilla	Decaloba*	W	Costa Rica
P. pyrrhantha	Astrophea	W	Peru, Kolumbien
P. quadrangularis	Passiflora	T–W, Z	M Amerika
P. quadriflora	Plectostemma	T	Peru
P. quadriglandulosa	Distephana	W	WI Inseln, Brasilien
P. quercetorum	Plectostemma	T	Mexiko
P. quindiensis	Tacsonia	K–T	Kolumbien
P. racemosa	Calopathanthus	W	Brasilien
P. raimondii	Tacsonia	K–T	Peru

Art	Subgenus	Winter	Herkunft
P. recurva	Passiflora	W	Brasilien
P. reflexiflora	Tacsonioides	W	Ecuador
P. resticulata	Pasiflora	W	Ecuador
P. riparia	Passiflora	W	Peru, Brasilien
P. rojasii	Passiflora	T–W	Brasilien, Paraguay
P. roseorum	Tacsonia	K–T	Ecuador
P. rotundifolia	Plectostemma	T	Kleine Antillen
P. rovirosae	Plectostemma	W	M Amerika
P. rubra	Plectostemma	K–T, Z	WI Inseln
P. salvadorensis	Plectostemma	T	San Salvador
P. sanctae-barbarae	Tacsonia	K–T	Kolumbien
P. sanguinolenta	Psilanthus	T, Z	Ecuador
P. saxicola	Plectostemma	W	Brasilien
P. schlimiana	Tacsonia	K–T	Kolumbien
P. seemannii	Passiflora	T–W	M–S Amerika
P. serratifolia	Passiflora	T–W	S Amerika
P. serratodigitata	Passiflora	K–T –W	S Amerika
P. serrulata	Passiflora	T–W	Kolumbien

P. standleyi

Tabelle Passionsblumen

Art	Subgenus	Winter	Herkunft
P. setacea	Passiflora	W	Brasilien
P. sexflora	Plectostemma	T–W	M–S Amerika
P. sicoides	Plectostemma	T–W	Mexiko
P. sidaefolia	Passiflora	T	Brasilien
P. smithii	Passiflora	T	Kolumbien
P. sodiroi	Plectostemma	T	Kolumbien
P. speciosa	Distephana	T	Brasilien
P. spectabilis	Passiflora	W	AmazonasbeckenPeru
P. spinosa	Astrophea	W	Peru
P. sprucei	Passiflora	W	Ecuador
P. standleyi	Plectostemma	T–W	San Salvador
P. stellata	Plectostemma	W	Venezuela
P. stipulata	Passiflora	T	WI Inseln
P. suberosa	Plectostemma	T–W	M–S Amerika, SO Asien
P. subpeltata	Passiflora	T–W	M–S Amerika
P. subpurpurea	Plectostemma	T	S Amerika
P. subrotunda	Passiflora	W	Brasilien
P. talamancensis	Plectostemma	W	Costa Rica
P. tarapotina	Tacsonioides	W	Peru
P. tatei	Plectostemma	T	Bolivien
P. tenella	Plectostemma	W	Peru
P. tenuiloba	Plectostemma	T–W	M Amerika
P. tiliaefolia	Passiflora	W	Kolumbien, Peru
P. tolimana	Passiflora	T	Kolumbien
P. tonkinensis	Plectostemma	W	Vietnam
P. tricuspis	Plectostemma	W	Bolivien, Paraguay
P. trifasciata	Plectostemma	T	Brasilien, Peru
P. trifoliata	Tacsonia	K–T	Peru
P. triloba	Passiflora	W	Peru, Bolivien
P. tripartita	Tacsonia	T	Ecuador
P. trisecta	Granadillastrum	T	Bolivien, Peru
P. trisulca	Passiflora	T	Kolumbien
P. truncata	Plectostemma	W	Brasilien
P. truxillensis	Tacsonia	K–T	Venezuela
P. tryphostemmatoides	Tryphostemmatoides	W	Kolumbien
P. tuberosa	Plectostemma	W	WI Inseln
P. umbillicata	Tacsonioides	K–T, Z	Paraguay, Brasilien
P. urbaniana	Dysosmia	W	Belize, Kuba
P. ursina	Plectostemma	T	Kolumbien
P. vespertillo	Plectostemma	W	S Amerika
P. vestita	Passiflora	W	Peru

Art	Subgenus	Winter	Herkunft
P. villosa	Dysosmioides	T–W	Brasilien
P. violacea	Passiflora	W	S Amerika
P. viridiflora	Chloropathanthus	W	Mexiko
P. vitifolia	Distephana	K–T, Z	M–S Amerika
P. warmingii *1)	Plectostemma	W	S Amerika
P. watsoniana	Passiflora	W	Brasilien
P. williamsii	Passiflora	W	Panama
P. zamorana	Tacsonia	K–T	Ecuador

* Zuordnung nach jüngster Klassifikation (siehe dort).
*1) Nach John MacDougal Synonym von *P. morifolia*

Adressen und Literaturhinweise

Adressen

Passiflora Society International
Butterfly World
Tradewind Parks, 3.600 W. Sample Road
Coconut Creek, Florida 33073, USA

Interessengemeinschaft Passionsblumen
p. Adr. Barbara Post
Neckarstraße 245
D-70190 Stuttgart

National Collection of Passiflora
John Vanderplank
Lampley Road, Kingston Seymour
Clevedon, Avon, BS21 6XS, England
(Samen und Pflanzen, Postkarten)

Nationale Collectie Passifloras
Cor Laurens
Veerweg 35
NL-4471 BJ Wolphaartsdijk
Niederlande
(Viele Arten und Hybriden, Postkarten)

Samen&Töpfe
Peter und Monika Klock
Postfach 520604
D-22596 Hamburg
(Sehr große Auswahl,
Sämereien aus aller Welt)

Peter Klock
Baumschule für subtropische
und tropische Pflanzen

Stutsmoor 42
D-22607 Hamburg
(Pflanzen, auch Versand)

Michael von Allesch
Ackermannstraße 21
D-22087 Hamburg
(Pflanzen)

Rudolf und Klara Baum
Scheffelrain 1
D-71229 Leonberg
(Pflanzen)

Jens Buddrich
Amselstraße 75
D-24837 Schleswig
(Pflanzen)

Flora Mediterranea
Christoph und Maria Köchel
Königsgütler 5
D-84072 Au/Hallertau
(Pflanzen)

Helga Mittmann
Eichenweg 21
48499 Salzbergen
(Pflanzen)

Torsten Ulmer
Hevener Straße 18
D-58455 Witten
(Pflanzen)

Literaturhinweise

Cheesman: Flora of Trinidad and Tobago, Vol. 1, 1940

Danert, Siegfried: Urania Pflanzenreich, Band 2, Leipzig, 1994

Escobar, Linda K.: Flora de Colombia, 10. Passifloraceae, Bogota, 1988

Holm-Nielsen u. Møller Jørgensen: Flora of Ecuador, 126. Passifloraceae, 1988

Kantharajah, Arumugam S.: Einfluß von Bodentemperatur und Bodenfeuchte auf das vegetative und generative Wachstum von Passiflora edulis f. edulis (Passionsfrucht), Berlin, 1985

Killip, E. P.: The American Species of Passifloraceae, Vol. XIX, Part 1 und 2, Chicago, 1938

Killip, E. P.: Supplemental Notes of the American Species of Passifloraceae with Descriptions of New Species, Washington, 1960

Kranz, B: Das große Buch der Früchte, München,1988

ohne Namen: El Cultivo del Maracuya, Federación Nacional de Cafeteros de Colombia

Rehm: Handbuch der Landwirtschaft und Ernährung in den Entwicklungs-ländern, Band 4, Spezieller Pflanzenbau in den Tropen und Subtropen, Stuttgart, 1989

Vanderplank, John: Passionflowers, London, 1991

Wichtl, M: Teedrogen, Stuttgart, 1989

Danksagung

Dieses Buch konnte nur in enger Zusammenarbeit der vielen Beteiligten entstehen. Neben der Familie des Herausgebers sei an dieser Stelle all jenen gedankt, die maßgeblich an seiner Entstehung mitgewirkt haben. Das sind insbesondere die Autoren und Gesprächspartner John Vanderplank, England, Christopher Howell, USA, Nestor und Camilo Gutierrez, Kolumbien, Alvaro Lopez, Kolumbien, Cor Laurens, Niederlande und aus Deutschland Dr. Frauke Gaedcke, Anke Ehms, Dr. Hartmut Groeschel, Ingmar Heuer, Dr. Heidrun Wurm und Harri Reimann. Wir danken all denen, die uns freundlicherweise Fotos zur Verfügung gestellt haben. Dank gebührt neben dem Generalkonsulat von Kolumbien in Hamburg auch der „Federación Nacional de Cafeteros de Colombia" für die gewährte Hilfe.

Register

*Früchte von P. edulis f.
flavicarpa, P. quadrangu-
laris, P. edulis, P. ligularis*